新时代大学生思想政治教育的
创新发展研究

彭国柱　周湘莲 ⊙ 著

XINSHIDAI DAXUESHENG
SIXIANG ZHENGZHI JIAOYU DE CHUANGXIN FAZHAN YANJIU

中南大学出版社
www.csupress.com.cn
·长沙·

图书在版编目(CIP)数据

新时代大学生思想政治教育的创新发展研究／彭国柱,
周湘莲著. --长沙：中南大学出版社,2024.7.
ISBN 978-7-5487-5923-2

Ⅰ.G641

中国国家版本馆 CIP 数据核字第 20249CV288 号

新时代大学生思想政治教育的创新发展研究

XINSHIDAI DAXUESHENG SIXIANG ZHENGZHI JIAOYU DE CHUANGXIN FAZHAN YANJIU

彭国柱　周湘莲　著

□出 版 人	林绵优
□责任编辑	潘庆琳
□责任印制	唐　曦
□出版发行	中南大学出版社
	社址：长沙市麓山南路　　　　邮编：410083
	发行科电话：0731-88876770　　传真：0731-88710482
□印　　装	长沙雅鑫印务有限公司

□开　　本	710 mm×1000 mm 1/16　□印张 14.5　□字数 251 千字
□版　　次	2024 年 7 月第 1 版　□印次 2024 年 7 月第 1 次印刷
□书　　号	ISBN 978-7-5487-5923-2
□定　　价	68.00 元

前 言 ◯∶

　　随着经济全球化的进一步发展，我国与其他国家的交流合作更加密切。随之而来的是各种文化间的交流日益加深，外来文化的涌入，引发了一些新的文化思潮。多元文化给主流文化带来了巨大冲击，也加大了大学生道德选择的盲目性。因此高校要针对这种变化进行思想政治教育创新，从而更好地帮助大学生树立正确的世界观、人生观和价值观，在困惑时能指引他们前进的方向。

　　高校思想政治教育创新的本质就是发展。高校思想政治教育是我国高等教育体系中最重要的一部分，它对培养当代大学生优秀的思想品格、高尚的道德情操、坚定的理想信念、远大的志向抱负、坚强的意志品质、积极的人生态度，起到了极其重要的作用。高校思想政治教育还关系到中华民族的复兴大业，以及社会主义事业的兴衰成败。而要实现这个伟大的教育目的，就必须在新形势下实现高校思想政治教育的创新发展。

　　本书紧紧围绕新时代大学生思想政治教育的创新与实践来展开，共有五章内容。第一章对新时代大学生思想政治教育创新发展作了概述；第二章主要分析了当前大学生思想政治教育创新发展的现实境遇；第三章具体研究了新时代大学生思想政治教育的定位、发展趋势与要求；第四章具体阐释了新时代大学生思想政治教育创新发展的模式；第五章详细分析了新时代大学生思想政治教育创新发展的实践路径，包括新时代大学生思想政治教育理念、内容、方法、载体、机制、管理等方面的创新。

在本书的撰写过程中，作者查阅了大量文献资料，吸收借鉴了相关的研究成果和实践经验，同时也得到了同事亲朋的鼎力相助，在此深表谢意。虽然在写作中力求完美，但鉴于知识水平和时间有限，不足之处在所难免，恳请各位专家、读者不吝赐教。

作者

2024 年 1 月

目 录

第一章

新时代大学生思想政治教育创新发展导论

第一节　新时代大学生思想政治教育创新发展概述

一、相关概念界定

（一）新时代

在中国共产党第十九次全国代表大会上，习近平总书记宣布："经过长期努力，中国特色社会主义进入了新时代，这是我国发展新的历史方位。"①这是党中央对当前所处的历史方位作出的重大战略判断，这一判断对指导我国未来社会发展方略谋断、政策制定、制度安排等都具有极为重大的意义。我们进入的是一个什么样的新时代？它的深层内涵应该如何理解？目前学术界对新时代的内涵的研究比较多，这些丰富的研究成果对于本书研究的开展具有重要的借鉴和启发意义。本书将在梳理学界对新时代内涵研究的基础上，进一步丰富新时代的内涵。

战继发在《准确把握"新时代"的内涵》一文中指出，党的十九大报告中提

---

① 习近平.习近平谈治国理政：第三卷［M］.北京：外文出版社，2020：8.

出的"三个意味"和"五个时代定位"科学地阐释了新时代的丰富内涵。田克勤在《中国特色社会主义新时代内涵的多维思考》中从"三个意味着"的角度出发，认为中国特色社会主义新时代是中华民族从站起来、富起来到强起来的伟大时代，是中国特色社会主义展现强大生机活力的伟大时代，是中国社会主义现代化走向成功的伟大时代。陶富源在《中国特色社会主义新时代之"新"的内涵解析》一文中着重阐释了新时代的"新"，指出这里的"新时代"，"新"在对毛泽东作为艰辛探索者、邓小平作为主要创立者的中国特色社会主义加以坚持和划时代发展；"新"在肩负使中国强起来、实现中华民族伟大复兴，使人民过上更美好生活的更大历史使命；"新"在着眼百年未有之大变局，抓住高科技创新、国家治理现代化建设、实现全体人民共同富裕、共产党自我革命能力建设，以及"一带一路"建设等关键环节，进行更大历史作为；"新"在充分肯定中国所具有的中央领导、经济体制、大型经济规模和内生动力等优势，激发更强胜利信心。李庚香在《中国特色社会主义进入新时代的重大意义和基本内涵》中指出，新时代是使中国特色社会主义强盛起来的新时代，使社会主义现代化国家强大起来的新时代，使全体人民共同富裕起来的新时代，使中华民族复兴起来的新时代，使我国日益走近世界舞台中央、不断为人类作出更大贡献的新时代。张海波、秦书生在《中国特色社会主义进入新时代的内涵及意义》中指出，党的十九大分别从旗帜方向、奋斗目标、中心任务、历史使命和国际地位五个维度，深刻阐明了新时代的深刻内涵。从时代主题看，新时代明确中国接续发展的旗帜方向；从目标任务看，新时代昭示中国共产党人的奋斗目标；从主体力量看，新时代提出中国共产党人的中心任务；从复兴伟业看，新时代提出中国共产党人的历史使命；从国际关系看，新时代彰显中国不断上升的国际地位。张建云在《新时代的内涵阐释》中提出，我们进入的是一个后物欲时代，是一个生产力质的飞跃的大数据互联网时代，是一个生产方式根本变革的生产与消费一体化的时代，是一个社会主要矛盾根本转变的时代。陈江生、张滔在《习近平关于"新时代"思想初探》中，从"变"与"不变"两个维度来解析新时代的内涵。所谓变，主要体现在两个方面：一是从国内来看，我国社会主要矛盾已经转变，这说明经过改革开放近 40 年的发展，我国社会生产力水平取得了历史性巨大发展和飞跃，人民对更加美好、更加全面的生活向往更加热切。二是从国际来看，我国日益走近世界舞台中央，这反映出中华人民共和国的建立和改革开放的伟大成果，已经改变了中华民族近代以来的悲惨处境，已经逐步接近中华民族伟大复兴梦，同时也正在为世界的发展贡献出新的力量。所谓不变，主要体现在三个方面：一是社会主要矛盾的变化并没有改变我国仍处于社会主义初级阶段的基本国情，并没有改变我国仍然是世界最大发展中国家的客观事实。二是没有改变中国社会的发展方向，也就是说"新时代"与之前的时代是紧密相连的，是一体的，中国仍然走在中国特色社会主义道路这条坦途上。三是没有改变中国的领导力量，不管是革命、建设还是改革，中国之所以能够取得成功、人民之所以能谋求幸福、民族之所以能实现兴盛，最根本的原因就在于中国共产党的领导，因而"新时代"仍是中国共产党带领中华民族不断前进的新征程。辛向阳在《深刻把握新时代的丰富内涵和伟大意义》中指出，要站在中华民族伟大复兴的历史维度看待中国特色社会主义进入新时代，要站在科学社会主义的理论维度看待中国特色社会主义新时代，要站在社会主要矛盾发生关系全局的历史性变化的现实维度来看待中国特色社会主义新时代。杨守明、杨鸿柳在《论习近平新时代观的内涵、依据和价值》中分别从国内与国际双重意蕴的角度出发阐释新时代的内涵。新时代观国内意蕴的要素之一，是我国社会主要矛盾发生了变化，已经转化为人民日益增长的美好生活需要和不平衡不充分的发展之间的矛盾；新时代观国内意蕴的要素之二，是中国社会发展进入"强起来"的新阶段；新时代观国内意蕴的要素之三，是21世纪科学社会主义在中国焕发出强大生机活力。新时代观国际意蕴的要素之一，中国特色社会主义道路，拓展了发展中国家走向现代化的途径，给世界上那些既"希望加快发展"又"希望保持自身独立性"的国家和民族走向现代化，提供了有力实践支持和全新选择；新时代观国际意蕴的要素之二，是为解决人类问题贡献了中国智慧和中国方案。李涛在《理解新时代深刻内涵的五个维度》中，从新时代的历史脉络、新时代的实践主题、新时代的人民性、新时代的民族性、新时代的世界性五个维度分析了新时代的内涵。欧阳月明、程样国在《多重视角理解把握新时代的科学内涵和本质特征》中，从五个角度把握新时代的科学内涵。从历史视角来看，新时代体现了中国特色社会主义事业的接续传承；从哲学视角来看，新时代蕴含着马克思主义哲学的理性光芒；从发展视角来看，新时代凸显了党和国家各项事业高质量发展的鲜明特征；从价值视角来看，新时代展现了对国家、民族、社会主义和人类发展的重大意义；从党建视角来看，新时代彰显了中国共产党勇于自我革命的政治自觉。

从学术界对新时代的内涵的研究成果来看，学者对新时代的内涵作出了丰富的解读。本书主要从党的十九大报告讲话的文本出发，对新时代的内涵作出阐释。第一，从新时代的主题来看，这个新时代是承前启后、继往开来，在新的历史条件下继续夺取中国特色社会主义伟大胜利的时代。这个定位明确规定了新时代的主题，回答了在中国特色社会主义这个新的阶段，要举什么旗、走什么路、朝着什么样的目标前进的问题。习近平指出，这个新时代是中国特色社会主义新时代，而不是别的什么新时代。党要在新的历史方位上实现新时代党的历史使命，最根本的就是要高举中国特色社会主义伟大旗帜。这一重要论断，深刻揭示了新时代为什么要坚持和发展中国特色社会主义，以及新时代如何坚持和发展中国特色社会主义这一根本问题，为我们深刻理解把握新时代的准确定位和科学内涵，指明了正确方向和科学路径。第二，从新时代的目标任务来看，这个新时代，是决胜全面建成小康社会、进而全面建成社会主义现代化强国的时代。这个定位明确规定了这个阶段要完成什么任务、进行什么战略安排、实现什么目标的问题。概括地说，新时代要完成的历史任务，就是要决胜全面建成小康社会，进而全面建成社会主义现代化强国，实现"两个一百年"奋斗目标、实现中华民族伟大复兴的中国梦。新时代的"两个一百年"奋斗目标，是以习近平同志为核心的党中央向人民和历史作出的庄严承诺，是从温饱、总体小康、全面小康到全面建成社会主义现代化强国的持续发力，昭示了新时代中国共产党的奋斗目标。第三，从新时代的主体力量来看，这个新时代，是全国各族人民团结奋斗、不断创造美好生活、逐步实现全体人民共同富裕的时代。这个定位明确规定了新时代的价值取向和人民立场，回答了新时代发展为了谁、依靠谁、发展成果由谁共享等基本问题，是坚持以人民为中心的发展思想的集中体现。第四，从新时代实现中华民族伟大复兴来看，这个新时代，是全体中华儿女勠力同心、奋力实现中华民族伟大复兴中国梦的时代。这个定位明确规定了新时代的宏伟目标，就是要凝聚起同心共筑中国梦的磅礴力量，实现中华民族伟大复兴。实现中华民族伟大复兴是近代以来中华民族最伟大的梦想，是一百多年来中国社会发展的主题，也是近代以来全体中华儿女的共同愿望。随着中国特色社会主义进入新时代，实现中华民族伟大复兴进入了一个新的阶段。第五，从新时代中国与世界的关系来看，这个新时代，是我国日益走近世界舞台中央不断为人类作出更大贡献的时代。这个定位明确规定了新时代中国与世界关系的深刻变化，回答了新时代中国在国际上处在一个什么样的地位、对人类要作出什么样贡献的问题。我们知道，要正确把握一个国家所处的发展方位,既要从这个国家自身纵向的发展来看,同时也要从横向与其他国家的比较来看。新时代中国与世界的关系已经发生了深刻的历史性的变化,这给新时代中国的发展带来了新的机遇、新的挑战和新的使命。中国将以更加积极的精神风貌和社会姿态展现起负责任大国的形象,为人类文明作出更大贡献。

(二)大学生思想政治教育

目前,学界关于大学生思想政治教育的概念的研究并不太多,也没有统一的定义,但是对于思想政治教育已经有了明确的定义。思想政治教育主要指一定的阶级、社会群体有计划、有目的、有组织地对其成员施加影响,通过所谓的道德规范、政治观点来完善人们的思想品德,且符合阶级、社会的发展规律。因此,本书基于思想政治教育的概念试图阐释大学生思想政治教育的内涵。

大学生思想政治教育是通过向大学生施加有目的、有计划、有组织的影响,促使他们自觉地接受这种影响,进而帮助大学生树立起共产主义的崇高信念。大学生思想政治教育是以大学生为特定的教育对象,以马克思主义理论为指导,运用强大的理论体系来武装大学生的思想和指导他们行为的过程的概念。

(三)新时代大学生思想政治教育创新发展

中国特色社会主义进入新时代,大学生思想政治教育创新发展迎来全新的契机。习近平总书记强调:"今天,宣传思想工作的社会条件已大不一样了,我们有些做法过去有效,现在未必有效;有些过去不合时宜,现在却势在必行;有些过去不可逾越,现在则需要突破。"[1]因此,新时代大学生思想政治教育的创新发展必须结合新时代思想政治教育理论,突破传统思想政治教育的束缚,紧紧围绕新时代大学生思想政治教育的新任务与新要求,以立德树人为根本任务,培养中国特色社会主义伟大复兴的建设者与接班人。同时,结合大学生思想政治教育在新形势下的发展规律与特点,不断创新大学生思想政治教育的教育理念、教育内容、教育载体、工作机制,进一步提升大学生思想政治教育质量,推动新时代大学生思想政治教育的创新发展。

---

[1] 中共中央文献研究室.习近平关于全面深化改革论述摘编[M].北京:人民出版社,2014:84.

二、新时代大学生思想政治教育创新发展的特征

(一) 政治性

习近平强调："我国高等教育肩负着培养德智体美全面发展的社会主义事业建设者和接班人的重大任务，必须坚持正确的政治方向。"①"好的思想政治工作应该像盐，但不能光吃盐，最好的方式是将盐溶解到各种食物中自然而然地吸收。"②要使思想政治教育像盐一样融化于大学生内心，就要把握政治方向，坚持新时代大学生思想政治教育的导向不动摇。随着时代的发展，信息技术不断进步，各国交流和沟通不断增强，高校逐渐成为各种思想交流交融交锋的集结点，容易形成意识形态多样化、文化多元化局面，成为西方敌对势力进行思想渗透的主要场所，并试图影响和改变大学生的政治方向和社会主义意识形态。因此，无论新时代大学生思想政治教育怎样创新发展，都必须把握政治底线，牢牢把握意识形态的领导权，加强大学生社会主义核心价值观的培育，坚决抵制西方意识形态的渗透，推进马克思主义中国化时代化大众化，建设具有强大凝聚力和引领力的社会主义意识形态，使全体人民在理想信念、价值理念、道德观念上紧紧团结在一起。

(二) 时代性

中国特色社会主义进入新时代，对大学生思想政治教育提出了更高的要求。新时代是大学生思想政治教育创新发展的现实依据与逻辑起点。紧扣时代脉搏，把准立德树人航向，是新时代大学生思想政治教育创新发展的时代课题。首先，新时代大学生思想政治教育内容的时代性体现在思想政治教育理论的与时俱进。每个时代都有每个时代的思维与理论。习近平新时代中国特色社会主义思想就是对马克思主义、毛泽东思想、中国特色社会主义理论体系的继承与发展。其次，新时代大学生思想政治教育载体的时代性体现为在新时代发展背景下，互联网信息技术的迅猛发展打破了传统的教育载体的单向性、一元

① 习近平.习近平谈治国理政：第二卷[M].北京：外文出版社，2017：377.
② 沿用好办法　改进老办法　探索新办法：三论学习贯彻习近平总书记高校思想政治工作会议讲话[N].人民日报，2016-12-11(1).

化的教育格局。再次，随着新时代的发展，新时代大学生思想政治教育传统
"各自为政"的工作机制已经满足不了学生个性化的需求了，为适应新时代大学
生的发展规律与特点，高校必须以"协同育人""三全育人"的工作机制开展思
想政治教育工作。

(三) 创新性

要想实现新时代大学生思想政治教育的创新发展，就必须按照习近平总书
记提出的"因事而化、因时而进、因势而新"的要求，深入研究和把握学生的新
特点、时代的新变化、社会的新环境。新时代大学生思想政治教育的创新性，
主要体现在其内容、理念、载体及工作机制上。因此要不断推动思想政治教育
内容的创新，继承并弘扬中华优秀传统文化，坚持并发展马克思主义理论，深
入贯彻习近平关于思想政治教育的思想；同时，要努力实现新时代大学生思想
政治教育载体、工作机制的创新，坚持立德树人的根本任务，紧紧围绕"以学生
为中心"的教育理念，丰富并发展多样化、融合式的教育载体与全员性、协同性
的工作机制。

三、新时代大学生思想政治教育创新发展的理论阐释

(一) 马克思主义关于人的全面发展理论

马克思主义关于人的全面发展理论是马克思主义的核心理论之一，贯穿于
马克思主义思想中，它既是马克思主义理论的出发点，又是马克思主义理论的
最终归宿，有着丰富而深刻的内涵。首先，人的全面发展就是人的素质的提
高。马克思认为人是自然、社会和精神的统一体，人的全面发展要追求人与自
然、人与社会的协调以及人的素质的全面提高。可以说，马克思认知下的人的
全面发展既包括了物质生活、精神生活的同步改善，又包括了世界观、人生观
和价值观的全面发展，是"批判和改造旧世界，创造新世界"的全面发展。其
次，人的全面发展是人的社会关系的充分发展。马克思认为："一个人的发展
取决于和他直接或间接进行交往的其他一切人的发展。"[①]个人的全面性不是想

---

① 中共中央马克思恩格斯列宁斯大林著作编译局.马克思恩格斯全集：第三卷[M].北京：人民出版
社，1960：515.

象和设想的全面性，人的能力是在一定的社会活动中形成和发展的，人的全面发展应以其与社会关系的协调为前提，是人的社会关系的丰富及人对社会关系控制程度的提升。再次，人的全面发展是人的劳动能力的充分发展。马克思认为，人的劳动能力是人全面发展的基础。人的劳动能力分为体力与智力，马克思认为人的全面发展是指体力与智力的协调发展，只有消灭旧的社会分工，使劳动者将脑力与体力相结合，才能使人的自身实现全面发展。

新时代大学生思想政治教育肩负着培养思想合格、政治可靠、德才兼备、全面发展的时代新人的重大任务。无论面对何种情况的变化，新时代大学生思想政治教育的创新发展必须立足于人的全面发展，立足于培养德智体美劳全面发展的社会主义建设者和接班人。因此，就必须从马克思主义关于人的全面发展理论的立场出发，坚持以人为本的发展要求，促进大学生全面发展，坚持新时代大学生思想政治教育的创新发展，探索思想政治教育的新方法、新手段和新话语，将新媒体、新技术与课堂教学相结合，形成立体化教学，对接时代和生活，满足大学生"胃口"，提升思想政治教育吸引力。

(二) 中国传统文化中的思想

中国传统文化以其丰厚的积淀、深邃的思考，在许多方面契合唯物辩证法的基本观点和基本方法。中国传统文化中的人本立场、运动变化思维等思想，为新时代大学生思想政治教育创新发展提供了文化资源与思维方式方面的诸多启示。

诸子百家的学说可谓包罗万象，而其基本立场却都是"人"。老子提出："道大，天大，地大，人亦大。域中有四大，而人居其一焉。人法地，地法天，天法道，道法自然。"(《道德经·二十五章》) 庄子则言："天地与我并生，而万物与我为一。"(《庄子·齐物论》) 可见，道家虽然较多地论及自然，但却是从伦理和政治的角度去观察自然和宇宙，本质上还是一种人生哲学。儒家以"仁""礼"为核心观念，整个理论体系围绕着"人"展开。孔子"敬鬼神而远之"(《论语·雍也》)，孟子言"万物皆备于我矣"(《孟子·尽心上》)，都表现了鲜明的人本立场。西汉以来，吸收了其他各家的成分并加以改造的儒学，人本立场得到了继承和发展。儒学发展到宋明理学阶段之后，更加突出道德修养的重要意义。宋明理学特别推崇的"三纲领"(明明德、亲民、止于至善)、"八德目"(格物、致知、诚意、正心、修身、齐家、治国、平天下)无不关涉"人事"，力图通过塑造以伦理纲常为核心的世界观来维护封建宗法关系与等级制度。

中国古代思想家在研究万物生成的同时，还考察了事物的运动、发展与变化规律。孔子曾面对大川的奔流不息而感叹人生的流逝。《周易》认为"生生之谓易"（《周易·系辞上》），就是说明事物发展变化的生生不息。老子不仅肯定了万物是从"道"演化而来，而且看到了万物永恒的运动。贾谊认为万物变化"未始有极"，一切事物永处变化之中而无停息。扬雄则提出演化生成、两极相通、循环周始的思想。周敦颐则指出，"二气交感，化生万物。万物生生，而变化无穷焉"（《周元公集·太极图说》）。周敦颐讲的"变化无穷"可谓言简义丰，深刻揭示了事物发展变化的永恒性。张载提出了事物发展变化的"渐化"观点，认为事物的发展中有渐变的过程，渐变到一定程度，就会引起事物显著的变化，比较深刻地揭示了事物发展变化的辩证过程。明清之际的王夫之则认为，天地之化日新，"静"也是"动之静"，揭示了事物运动的绝对性和静止的相对性，把变易观推向了中国古代哲学变易思维的最高峰。

思想政治教育是做人的工作，研究新时代大学生思想政治教育创新发展，应当深入发掘中国传统文化的人本立场所提供的思想资源，厘清新时代大学生对思想政治教育的新需求，掌握新时代大学生思想政治教育的作用规律，以提高新时代大学生思想政治教育的实效性。同时，要根据新的社会实践提出的新的问题、依据思想政治教育的成绩及与目标要求的差距和社会成员的思想状况实际，不断地推陈出新。新时代大学生思想政治教育创新发展要根植于传统的优秀文化土壤，关切当下的主流价值形态，更着眼于未来的育人发展走向，把握好创新发展的有利机遇，用发展的眼光、历史的态度、理性的思维将使命意识、改革意识、历史意识、全球意识、发展意识贯穿其中。

（三）中国共产党关于思想政治教育的思想

思想政治教育是我们党的传家宝，时代不断发展，思想政治教育结合不同时期发展情况得到丰富和发展。毛泽东对思想政治教育尤为重视，将其提到政治经济的"生命线"、"团结全党进行伟大政治斗争的中心环节"的地位。毛泽东思想作为中国共产党活的灵魂，主要表现在三个方面：实事求是、群众路线、独立自主。毛泽东善于灵活运用思想政治教育解决中国社会现实问题，他强调要保持同人民群众的血肉联系，坚持党性原则，要保持头脑清醒，戒骄戒躁，发扬不畏艰难、不畏牺牲、艰苦奋斗的优良作风。邓小平对思想政治教育的地位与作用、教育目标、教育原则、教育对象、教育内容都提出了许多新观点，邓小平立足于社会主义初级阶段，强调思想政治教育的必要性，强调思想政治教育的地位和作用只能加强，不能削弱。邓小平提出以经济建设为中心，坚持四项基本原则、坚持改革开放；在思想方法上坚持解放思想，将实事求是观点提升到新境界，提出并论证了解放思想同实事求是是辩证统一的关系，强调理论联系实际，把培育有理想、有道德、有文化、有纪律的"四有"新人作为思想政治教育的主要目标。提出了要在继承中发展马克思主义，推动马克思主义中国化的第二次飞跃，提出了"有中国特色的社会主义"。江泽民针对思想政治教育的新情况、新问题，提出了新观点、新论断。其中，主要包括以下三个方面：以"三个代表"重要思想为指导，引领思想政治教育工作展开，实现了指导思想上的创新；坚持依法治国与以德治国相结合，把思想政治教育的地位和作用上升到了治国方略的高度；提出并解决了困扰人们思想的"四个如何认识"问题，实现了思想政治教育内容的创新。胡锦涛坚持马克思主义基本理论和当代中国的具体实际相结合，继承和发展了毛泽东、邓小平和江泽民思想政治教育理论，对思想政治教育的目标及任务、内容、原则、方法等做了全新的探索，为中国共产党思想政治教育的发展作出了重要的理论贡献。

党的十八大以来，习近平总书记结合历代中国共产党人关于思想政治教育的经验，针对如何解决思想政治教育所面临的问题进行了深入思考和科学总结，进一步丰富和发展了党的思想政治教育理论，为新时代思想政治工作的建设与创新提供了科学指南，进一步完善了我国思想政治教育体系。习近平总书记高度重视对大学生的培养，并对大学生思想政治教育作出了许多重要指示。在党的十九大报告中，习近平再次强调："要全面贯彻党的教育方针，落实立德树人根本任务，发展素质教育，推进教育公平，培养德智体美全面发展的社会主义建设者和接班人。"①在 2019 年召开的学校思想政治理论课教师座谈会上，习近平指出："我们党立志于中华民族千秋伟业，必须培养一代又一代拥护中国共产党领导和社会主义制度、立志为中国特色社会主义事业奋斗终身的有用

---

① 习近平.决胜全面建成小康社会　夺取新时代中国特色社会主义伟大胜利：在中国共产党第十九次
全国代表大会上的报告[N].人民日报，2017-10-28(1).

人才。"①除此之外，习近平总书记的讲话还涉及大学生思想政治教育的内容，包括马克思主义理论教育、世界观人生观价值观教育、法治教育、生态文明教育和"四史教育"，其中马克思主义理论教育包括马克思列宁主义教育、毛泽东思想教育、中国特色社会主义理论体系教育；世界观人生观价值观教育包括社会主义核心价值观教育、理想信念教育和家国情怀教育；法治教育包括宪法教育、全面依法治国教育、社会主义法治思维教育；生态文明教育包括绿色发展方式和生活方式教育、人与自然和谐共生教育；"四史教育"包括中国共产党党史教育、新中国史教育、改革开放史教育和社会主义发展史教育等。总之，自党的十八大以来，习近平总书记关于大学生思想政治教育的理论形成了一个相对完整的体系，为学校实施具体的思想政治教育提供了指南，为新时代大学生思想政治教育创新发展指明了方向。

中国共产党关于大学生思想政治教育的重要论述内涵丰富，涵盖了大学生思想政治教育的各个方面。尤其是党的十八大以来习近平总书记关于新时代大学生思想政治教育的系列重要论述回应了为新时代社会主义现代化建设培养什么样人才的发展要求，契合当前大学生思想政治教育实际。习近平总书记关于大学生思想政治教育的重要论述抓住了时代的脉搏，指出只有发挥主动性，才能在时代潮流中获得发展的胜利。因此，对于当前所处的日新月异的时代，分析其发展脉络和趋势，根据时代的需要不断创新和发展，新时代大学生思想政治教育才能够与时俱进、创新发展，才能为国家现代化建设服务。

第二节 新时代大学生思想政治教育研究的意义

党的十八大以来，以习近平同志为核心的党中央高度重视大学生的思想政治教育工作，习近平总书记指出："基础教育是立德树人的事业，要旗帜鲜明加强思想政治教育、品德教育，加强社会主义核心价值观教育，引导学生自尊自信自立自强。"②在现阶段，加强大学生思想政治教育，既是一项事关民族和国

① 习近平主持召开学校思想政治理论课教师座谈会强调 用新时代中国特色社会主义思想铸魂育人 贯彻党的教育方针落实立德树人根本任务[N].人民日报,2019-03-19(1).
② 中共中央文献研究室.习近平关于社会主义社会建设论述摘编[M].北京:中央文献出版社,2017:58.

家前途命运的基础工程，又是社会主义大学的本质要求，也是应对新形势、新任务、新问题的必要之举。

一、大学生思想政治教育是科教兴国和人才强国的战略发展需要

大学生作为国家十分宝贵的人才资源，是推动未来社会经济、文化发展的主力军，在社会主义事业发展中有着特殊的地位，他们的健康成长，事关国家和民族的未来。

2017年2月，中共中央、国务院印发《关于加强和改进新形势下高校思想政治工作的意见》（以下简称《意见》），强调高校肩负着人才培养、科学研究、社会服务、文化传承创新、国际交流合作的重要使命。加强和改进高校思想政治工作，事关办什么样的大学、怎样办大学的根本问题，事关党对高校的领导，事关中国特色社会主义事业后继有人，是一项重大的政治任务和战略工程。[①]《意见》指出，高校要培养又红又专、德才兼备、全面发展的中国特色社会主义合格建设者和可靠接班人。

所谓科教兴国，就是在科学技术是第一生产力的理论基础上，坚持教育为本，把科技和教育摆在经济、社会发展的重要位置，增强国家的科技实力及向现实生产力转化的能力，提高全民族的科技文化素质，把经济建设转移到依靠科技进步和提高劳动者素质的轨道上来，加速实现国家的繁荣昌盛。所谓人才强国，其核心是人才兴国，依靠人才兴邦，大力提升国家核心竞争力和综合国力。习近平总书记曾指出，要培养造就一大批具有国际水平的战略科技人才、科技领军人才、青年科技人才和高水平创新团队。[②]

科教兴国和人才强国战略的制定和实施，是从当代世界和中国深刻变化着的实际出发，根据党和国家事业发展的迫切要求而做出的重大决策。自从实行改革开放政策以来，"中国速度"成为世界经济发展的一大奇迹，中国经济的持续发展令世界瞩目。而随着经济的发展和改革的深入，经济社会发展对人才的需求也急剧增长，人才问题成为国家发展的重大问题。中国共产党科学分析和总结世界近代以来特别是当代经济、社会、科技发展趋势和经验，并充分估计未来科学技术特别是高技术发展对综合国力、社会经济结构、人民生活和现代

① 中共中央党史和文献研究院.十八大以来重要文献选编：下[M].北京：中央文献出版社，2018：478.

② 习近平.习近平谈治国理政：第三卷[M].北京：外文出版社，2020：25.

化进程的巨大影响，在分析我国国情基础上意识到，要实现国民经济的持续、健康、快速发展，尤其是加快经济增长方式的转变，必须依靠科技进步和人才的培养。

　　科教兴国和人才强国战略的实施，是关系到民族未来和国家发展的基础性工程，对加快社会主义现代化建设，不断把中国特色社会主义事业推向前进，具有极其重要的意义。而无论是科教兴国战略还是人才强国战略，都强调人才的作用，都要求尊重知识、尊重人才。正因为如此，邓小平从经济发展的全局出发，反复强调人才问题的重要性，他讲道："改革经济体制，最重要的、我最关心的，是人才。改革科技体制，我最关心的，还是人才。"①他曾明确地提出人才是最宝贵的资源，是第一要素，从战略的高度提出人才在改革开放的各项事业中的极端重要性："正确的政治路线要靠正确的组织路线来保证。中国的事情能不能办好，社会主义和改革开放能不能坚持，经济能不能快一点发展起来，国家能不能长治久安，从一定意义上说，关键在人。"②人才不仅影响经济发展大局，也影响政治发展大局。江泽民则尤其注重从创新的角度看人才的重要性，他强调"创新是一个民族进步的灵魂，是国家兴旺发达的不竭动力"③，而创新的关键是人才。因此，他明确提出人才是科技进步、国家繁荣、经济社会发展的第一资源，人才问题关系到党和国家的兴旺发达和长治久安，对待人才问题不仅要有具体的培养使用政策，更要有政治远见："培养同现代化要求相适应的数以亿计高素质的劳动者和数以千万计的专门人才，发挥我国巨大人力资源的优势，关系二十一世纪社会主义事业的全局。"④当前，我国面临着百年未有之大变局，习近平总书记指出："青少年是祖国的未来、民族的希望。我们党立志于中华民族千秋伟业，必须培养一代又一代拥护中国共产党领导和我国社会主义制度、立志为中国特色社会主义事业奋斗终身的有用人才。在这个根本问题上，必须旗帜鲜明、毫不含糊。这就要求我们把下一代教育好、培养好，从学校抓起、从娃娃抓起。在大中小学循序渐进、螺旋上升地开设思想政

---

① 邓小平.邓小平文选：第三卷[M].北京：人民出版社，1993：108.

② 邓小平.邓小平文选：第三卷[M].北京：人民出版社，1993：380.

③ 江泽民.江泽民文选：第一卷[M].北京：人民出版社，2006：432.

④ 江泽民.江泽民文选：第三卷[M].北京：人民出版社，2006：34.

治理论课非常必要，是培养一代又一代社会主义建设者和接班人的重要保障。"①

全面实施科教兴国和人才强国战略，都强调教育的基础地位，都要求将教育摆在首位。科技的进步靠人才，人才的培养则靠教育。无论是培养高素质的人才，还是提高整个民族和国家的创新能力，教育都发挥着不可替代的作用，教育也是中国作为发展中国家追赶发达国家，实现经济社会的跨越式发展的基础性事业。因而，邓小平一直强调要将教育当作一个民族最根本的事业来抓，很早就指出："不抓科学、教育，四个现代化就没有希望，就成为一句空话。"②江泽民也曾说明："百年大计，教育为本。教育是社会主义物质文明和精神文明建设极为重要的基础工程。它对提高全体人民的思想道德素质和科学文化素质，对培养一代又一代社会主义事业接班人，具有重大的战略意义。"③习近平总书记指出："教育兴则国家兴，教育强则国家强。高等教育是一个国家发展水平和发展潜力的重要标志。今天，党和国家事业发展对高等教育的需要，对科学知识和优秀人才的需要，比以往任何时候都更为迫切。"④

而实施科教兴国和人才强国战略，无论是重视人才，还是强调教育，加强思想政治教育就成为题中应有之义。科技的发展需要高素质的人才，其中最为根本的一条是思想政治素质；我们培养的人才是德智体美全面发展的人才，思想道德素质是重要的方面。同样，教育事业，既包括知识和技能的培养，也包括思想政治素养的提高；教育作为一项系统工程，既包括科学文化知识教育，也包括思想政治教育。从这个意义上来说，加强思想政治教育就是实施科教兴国和人才强国战略的重要内容。

大学生作为国家宝贵的人才资源，是建设创新型国家的强大依托，是实施科教兴国的生力军，是祖国的未来和民族的希望，是中国特色社会主义事业的建设者和接班人，同样也是各种外来力量和意识形态竞相争取的对象。正因为如此，加强大学生的思想政治教育在整个科教兴国和人才强国战略中的地位就显得尤为重要。

---

① 习近平.习近平谈治国理政：第三卷[M].北京：外文出版社，2020：328-329.

② 邓小平.邓小平文选：第三卷[M].北京：人民出版社，1993：68.

③ 江泽民.江泽民文选：第一卷[M].北京：人民出版社，2006：160.

④ 习近平.在北京大学师生座谈会上的讲话[M].北京：人民出版社，2018：4.

尤其是当今世界正处在大发展、大变革、大调整时期，以信息科学、信息技术为主要标志的世界范围内的技术革命正在形成新的高潮，科技进步日新月异，当今的国际经济、科技竞争越来越围绕人才和知识的竞争展开。"现在看得越来越清楚，当今和未来世界的竞争，从根本上说是人才竞争。"①大学生是未来社会主义现代化建设的中坚力量，能否培养好、使用好、凝聚好他们，就成为影响国际竞争的重要因素。胡锦涛就曾明确指出："大学生的思想政治状况、道德品质、科学文化素质和健康素质如何，不仅直接关系现阶段中华民族的素质，而且直接关系未来中华民族的素质。特别是大学生思想政治素质如何，更是直接关系到党和国家的前途命运。"②2021年习近平总书记在考察清华大学时指出，当代中国青年是与新时代同向同行、共同前进的一代，生逢盛世，肩负重任。广大青年要爱国爱民，从党史学习中激发信仰、获得启发、汲取力量，不断坚定"四个自信"，不断增强做中国人的志气、骨气、底气，树立为祖国为人民永久奋斗、赤诚奉献的坚定理想。③

二、大学生思想政治教育是社会主义制度的内在要求

思想政治教育作为一项意识形态实践，普遍存在于阶级社会的一切国家和一切历史发展阶段。无论在名称和称谓上有何区别，作为一项社会活动，它都是客观存在的。区别在于其他的统治阶级出于愚弄民众、维护统治的需要，对此大都不敢承认或者不会公开声明。就像马克思所说的那样："每一个企图取代旧统治阶级的新阶级，为了达到自己的目的不得不把自己的利益说成是社会全体成员的共同利益，就是说，这在观念上的表达就是：赋予自己的思想以普遍性的形式，把它们描绘成唯一合乎理性的、有普遍意义的思想。"④即使在他们上升为统治阶级以后仍然如此。而无产阶级则不然，他们作为未来社会的代表，在进一步的斗争中除了锁链什么也不会失去，他们只有在解放全人类的同时自身才能够得到解放。作为其先锋队的共产党同样如此，他们除了解放全人

① 江泽民.江泽民文选：第三卷[M].北京：人民出版社，2006：40.

② 中共中央文献研究室.十六大以来重要文献选编：中[M].北京：中央文献出版社，2006：633.

③ 习近平在清华大学考察时强调　坚持中国特色世界一流大学建设目标方向　为服务国家富强民族复兴人民幸福贡献力量[N].人民日报，2021-04-20(1).

④ 中共中央马克思恩格斯列宁斯大林著作编译局.马克思恩格斯选集：第一卷[M].3版.北京：人民出版社，2012：180.

类没有任何自身特殊的利益，因而也并不害怕会失去什么，所以他们并不讳言自己的鲜明阶级性，并不讳言思想政治教育，相反，由于思想政治教育在推动无产阶级革命运动和社会主义建设过程中的重要作用而大力加强并明确声明。

中国的革命、建设和改革开放事业必须时刻注意社会主义意识形态的教育。事实上，中国共产党也正是按照这种要求来实践的。在马克思主义中国化的历史进程中，中国共产党一直注意加强思想政治教育，从未放松。毛泽东同志在总结我们党领导的中国革命斗争实践历史经验的基础上，深刻指出："掌握思想教育，是团结全党进行伟大政治斗争的中心环节。如果这个任务不解决，党的一切政治任务是不能完成的。"[①]江泽民则在世纪之交，面临综合国力竞争日益激烈的局面，要求"思想政治教育，在各级各类学校都要摆在重要地位，任何时候都不能放松和削弱"[②]。而胡锦涛更是将其提高到影响国家发展和民族未来的战略高度。加强思想政治教育，是中国共产党在领导革命、建设和改革开放事业中取得胜利的一条重要经验，恰是因为这是社会主义意识形态的本来含义。习近平总书记在南开大学调研时指出，学校是立德树人的地方，爱国主义是中华民族的民族心、民族魂，培养社会主义建设者和接班人，首先要培养学生的爱国情怀。高校党组织要把抓好学校党建工作和思想政治工作作为办学治校的基本功。[③]

以毛泽东为核心的第一代中央领导集体，在领导中国革命和社会主义建设的过程中，坚持将马克思主义的普遍真理同中国的具体国情相结合，开创了"农村包围城市"的中国革命道路，创立了毛泽东思想。在中华人民共和国成立前召开的党的七大中，毛泽东思想被确立为党的指导思想并被写入党章，1949年后，毛泽东思想理所当然地成为大学生思想政治教育的重要内容。各高校开辟以马克思主义为主要内容的政治课，进行关于"历史唯物论""社会发展史""政治经济学""新民主主义论"的教育，换言之，大学生的政治理论课一方面是要讲授马克思主义的普遍原理，另一方面则是要传授毛泽东思想的内容。尽管课程名称和具体内容后来有所调整，但这两大方面的内容很长时间内一直

---

① 毛泽东.毛泽东选集：第三卷[M].2版.北京：人民出版社，1991：1094.

② 江泽民.江泽民文选：第二卷[M].北京：人民出版社，2006：332.

③ 习近平.在京津冀三省市考察并主持召开京津冀协同发展座谈会时强调　稳扎稳打勇于担当敢于创新善作善成　推动京津冀协同发展取得新的更大进展[N].人民日报，2019-01-19(1).

未变。1949 年以后，开展对大学生的思想政治教育，一方面是要求大学生认清形势；另一方面则是要求大学生在实践中接受教育。

中国共产党在领导经济建设的过程中又逐渐创立了邓小平理论，在党的十五大上被写入党章同样成为指导思想。很快，中国共产党的理论进一步体现在大学生的思想政治教育上。1980 年教育部、共青团中央发布《关于加强高等学校学生思想政治工作的意见》，1986 年颁布中共中央、国务院批转的《国家教委关于加强高等学校思想政治工作的决定》，1987 年又发布《中共中央关于改进和加强高等学校思想政治工作的决定》等，都是随着邓小平理论的形成与丰富，对大学生的思想政治教育提出新的要求，充实新的内容。

以江泽民为核心的第三代中央领导集体创立了"三个代表"重要思想后，1994 年颁布《中共中央关于进一步加强和改进学校德育工作的若干意见》，1999 年中共中央颁布《关于加强和改进思想政治工作的若干意见》等重要文件，对高校的思想政治教育提出新的要求，主要是为了保证大学生及时学习到马克思主义中国化的新成果，保证"三个代表"重要思想进教材、进课堂、进大学生头脑。

党的十八大以来，以习近平同志为核心的党中央领导集体高度重视高校思想教育工作。2019 年 3 月 18 日，习近平主持召开了学校思想政治理论课教师座谈会，明确指出思想政治理论课是落实立德树人根本任务的关键课程。青少年阶段是人生的"拔节孕穗期"，最需要精心引导和栽培。我们办中国特色社会主义教育，就是要理直气壮开好思政课，用新时代中国特色社会主义思想铸魂育人，引导学生增强中国特色社会主义道路自信、理论自信、制度自信、文化自信，厚植爱国主义情怀，把爱国情、强国志、报国行自觉融入坚持和发展中国特色社会主义事业、建设社会主义现代化强国、实现中华民族伟大复兴的奋斗之中。思政课作用不可替代，思政课教师队伍责任重大。①

三、大学生思想政治教育是高校一切工作的生命线

2018 年，习近平总书记在全国教育大会上指出，思想政治工作是学校各项工作的生命线，各级党委、各级教育主管部门、学校党组织都必须紧紧抓在手上。要精心培养和组织一支会做思想政治工作的政工队伍，把思想政治工作做

---

① 习近平.习近平谈治国理政：第三卷[M].北京：外文出版社，2020：329.

在日常、做到个人。① "生命线"的提法，最早见于周恩来同志在1938年所写的《抗战军队的政治工作》一文。周恩来同志关于"生命线"的提法有两种含义：其一是说，"革命的政治工作是民族革命的生命线"②；其二是说，"以革命主义为基础的革命政治工作是一切革命军队的生命线与灵魂"③。这就是说，政治工作不仅是革命军队的生命线，而且是民族革命事业的生命线。

建党以来，我们党依靠强有力的思想教育和政治动员工作，在极为艰苦的条件下，发动了人民战争，战胜了国内外的强大敌人，取得了革命的胜利。1949年以后，我们又依靠着卓有成效的思想政治教育工作，保证了社会主义革命和建设事业的胜利发展。实践证明，我们党领导的一切工作，都离不开思想政治教育工作这个重要法宝。善于做好思想政治教育工作，是中国共产党的一个重要特点，是中国共产党的一个突出优点。思想政治教育是高校工作的生命线主要表现在思想政治教育为高校各项工作提供方向指导，具体包含以下三个方面。

(一)奋斗目标导向

思想政治教育工作通过帮助人们形成正确的奋斗目标来激发动力、促进发展。正确的奋斗目标只有被各民族大学生所认识、所理解、所掌握、所接受，才能成为引领人民前进、推动历史发展的强大物质力量。中国共产党的最终奋斗目标是实现共产主义，现阶段的奋斗目标是全面建成小康社会、构建社会主义和谐社会。思想政治教育工作的奋斗目标导向，是把党的最终奋斗目标和现阶段奋斗目标转化为各民族大学生现实的奋斗目标和精神动力，促进经济社会发展，实现人的全面而自由的发展。

(二)价值认同导向

价值，一般是指客体对主体需要的满足或客体对主体所具有的意义。这里所说的价值，是指大学生思想政治教育工作的内容对大学生产生的作用与意

---

① 习近平在全国教育大会上强调 坚持中国特色社会主义教育发展道路 培养德智体美劳全面发展的社会主义建设者和接班人[N].人民日报，2018-09-11(1).

② 周恩来.周恩来选集：上卷[M].北京：人民出版社，1980：92-93.

③ 周恩来.周恩来选集：上卷[M].北京：人民出版社，1980：92-93.

义。价值导向的主要依据和主要内容是社会意识形态。而作为在一个社会中占统治地位的意识形态来说，它的内容是多方面的，如政治意识形态、道德意识形态、法律意识形态等。在今天，大学生思想政治教育工作的价值认同导向的主要内容是社会主义核心价值体系。通过在大学生思想政治教育工作中融入社会主义核心价值体系教育，教育和引导大学生坚定中国特色社会主义的理想信念，坚定他们对马克思主义的信仰、对社会主义制度的信心、对党和政府的信任。

(三)行为规范导向

思想政治教育工作的行为规范导向，主要包括道德规范导向和法纪规范导向。道德规范导向是思想政治教育工作通过道德的规范作用，以社会舆论、内心信念和传统习惯为调节方式所进行的行为导向。法纪规范导向是思想政治教育工作通过法律、法规的教育和执行，以监督检查、强化管理的方式进行的行为导向。思想政治教育工作的行为规范导向，就是坚持依法治国和以德治国相结合的基本治国方略，坚持将法治教育与思想政治教育相结合，贯彻落实《公民道德建设实施纲要》，深入开展以社会主义荣辱观为主要内容的社会主义荣辱观教育，不断提高各民族大学生的法律素质和思想道德素质，引导他们明辨是非、善恶、美丑的界限，树立正确的世界观、人生观和价值观。

第三节　新时代大学生思想政治教育创新发展的目标与任务

中国共产党第十九次全国代表大会表示，中国特色社会主义进入新时代，这就为大学生的思想政治教育指明了新的方向。长期坚持正确的教育素养以及正确的领导实践，为中国特色社会主义进入新时代奠定了坚实的基础。社会主要矛盾的变化也使得社会的内外部环境发生变化，群体受众开始转变。再者，社会主要矛盾的变化也要求新时代大学生思想政治教育与时俱进，适应新的形势。现阶段的大学生思想政治教育只有不断顺应时代需求，才能做到因事而化、因时而进、因势而新，履行大学生思想政治教育的根本任务。

一、新时代大学生思想政治教育创新发展的目标

党的十一届三中全会以后，我国进入了发展社会主义市场经济、建设富强民主文明的社会主义现代化国家的新时期。新时期在中国社会主义发展史乃至中国发展史上，都将是一个十分关键的时期。我国经济、政治、文化、社会状况会发生巨大的变化，社会主义制度会变得更加完善和更有感召力，中华民族伟大复兴将基本实现。这一时期也是思想政治教育大展身手、大有作为的时期。在政治多极化、经济全球化、文化和文明多元化、科学技术日新月异的国际背景下，在我国经济体制深刻变革、社会结构深刻变动、利益格局深刻调整、思想观念深刻变化的国内形势下，思想政治教育会受到前所未有的严峻挑战，肩负着极其光荣而艰巨的历史使命，加强和改进思想政治教育就成了全党和全国人民的一项战略任务。加强和改进思想政治教育，首先要确立一个整体目标。新时代思想政治教育创新发展的整体目标，可分为社会层面上的目标和广大社会成员层面上的目标，分别简称社会目标和个体目标。

(一) 新时代思想政治教育创新发展的社会目标

新时代大学生思想政治教育创新发展的社会目标，可概括为不断巩固马克思主义在意识形态领域的指导地位；加强新时代大学生理想信念教育；树立良好社会风气，提高全社会思想道德水平。

1.不断巩固马克思主义在意识形态领域的指导地位

我们党和国家历来十分重视社会主义意识形态的建设。在社会主义革命和社会主义建设过程中，通过多次党内整风运动、全社会的社会主义教育活动，以及对思想文化领域出现的资产阶级思潮和封建主义残余的大批判，坚持和巩固马列主义、毛泽东思想的指导地位，树立和宣传社会主义思想观念，消除和批判资产阶级个人主义、自由主义和封建专制主义、伦理纲常。这些工作，可以说都是建立和发展社会主义意识形态的工作。

近40年来，在思想意识领域，党和国家面临着极其错综复杂的形势。特别是随着苏联解体、东欧剧变和全球化浪潮的兴起，国际范围内思想文化相互激荡，对国内产生了很大的影响。"意识形态淡化论""意识形态终结论"等西方学者的口号，影响和波及了青年学生和知识分子中的一部分人。对此，党中央保持着高度的清醒。习近平总书记在系列重要讲话中强调，意识形态工作是党

的一项极端重要的工作。正反两方面的经验都告诫我们，以经济建设为中心，并不意味着意识形态斗争可以终结。相反，思想意识领域的问题在当前社会生活中日益突出，正越来越成为全局性问题。经济全球化也绝不是全球"非意识形态化"。在经济全球化时代，意识形态领域的斗争并没有减弱，更没有消失。如果发展中国家只把自己的视野盯在经济发展上，而不注意意识形态问题，就会在全球化大潮中丧失自我。特别是我国作为一个发展中国家，目前生产力水平还不够高，社会主义制度还不够完善，长期面对着发达国家在经济、技术等方面占优势的压力，面临着资本主义世界思想文化的广泛渗透，如果不旗帜鲜明地坚持社会主义意识形态，后果是不堪设想的。因此坚持和巩固社会主义意识形态，始终是我们党和国家的一项战略任务，自然也成为大学生思想政治教育的一项战略目标。

习近平总书记指出："宣传思想工作就是要巩固马克思主义在意识形态领域的指导地位，巩固全党全国人民团结奋斗的共同思想基础。"①中国特色社会主义进入新时代，意味着科学社会主义、马克思主义的胜利，表明用中国化的马克思主义指导中国建设实践具有强大的生命力。新时代大学生思想政治教育要牢牢坚持马克思主义在意识形态领域的指导地位，要坚持不懈地用马克思主义科学理论、中国特色社会主义理论体系及马克思主义最新理论成果——习近平新时代中国特色社会主义思想武装人民，宣传阐释好党的十九大精神和习近平新时代中国特色社会主义思想，"要加强理论武装，推动新时代中国特色社会主义思想深入人心"②，做好新时代条件下的宣传思想工作。

2.加强新时代大学生理想信念教育

中国共产党在革命、建设和改革的各个时期始终高度重视理想信念教育，将其作为思想政治教育的核心任务与内容。习近平总书记尤其重视青少年的理想信念教育，并对大学生寄予深厚期望。"理想信念坚定，骨头就硬，没有理想信念，或理想信念不坚定，精神上就会'缺钙'，就会得'软骨病'"、"就可能会导致政治上变质、经济上贪婪、道德上堕落、生活上腐化"③。理想信念对于大

---

① 中共中央文献研究室.习近平关于社会主义文化建设论述摘编[M].北京：中央文献出版社，2017：22.

② 习近平.决胜全面建成小康社会　夺取新时代中国特色社会主义伟大胜利：在中国共产党第十九次全国代表大会上的报告[N].人民日报，2017-10-28(1).

③ 中共中央宣传部.习近平总书记系列重要讲话读本[M].北京：学习出版社，2016：106-107.

学生个体具有重要意义，它关系着一个人的眼界和视野，更关乎人的前途命运。大学生需要理想信念来指引自己的精神生活，激励自己为人生追求而奋斗。习近平指出大学生一定要对自己的理想信念有一个清晰的认知。习近平在同各界优秀青年代表座谈时，指出："理想指引人生方向，信念决定事业成败。没有理想信念，就会导致精神上'缺钙'。"①大学生理想信念不够坚定，其精神世界会出现空虚状态，为人生目标的奋斗就找不到精神寄托。当前大学生面临复杂环境，亟须我们通过思想政治教育帮助大学生重新树立对马克思主义的坚定信仰，提升坚持走社会主义道路的信心，"矢志不渝为实现中国特色社会主义共同理想而奋斗"。习近平总书记在纪念五四运动100周年大会上的讲话指出，"新时代中国青年要树立远大理想。青年的理想信念关乎国家未来。青年理想远大、信念坚定，是一个国家、一个民族无坚不摧的前进动力"②。新时代大学生作为我国青年中的主力军更应坚定理想信念，提高政治免疫力，做好新时代答卷人。

新时代大学生思想政治教育创新发展要继续加强理想信念教育，引导大学生正确认识和处理共产主义崇高理想与中国特色社会主义共同理想的辩证关系，坚定共产主义事业必将胜利的信心；引导大学生正确认识和处理个人理想与共同理想的关系，激发为实现共同理想而奋斗的动力；重点抓好青年群体的理想信念教育，补足精神上的"钙"，增强青年一代的责任感和使命感。一方面，新时代大学生要增强制度理论宣传教育，认真上好思想政治教育理论课，坚持马克思主义在意识形态中的领导地位，以习近平新时代中国特色社会主义思想为引领，坚持社会主义核心价值观，加强"四个意识"，筑牢"两个维护"，坚定"四个自信"，守好思想底线，掸去新时代大学生思想中的灰尘，树立正确的文化观、历史观、民族观及祖国观，永葆政治本色，增强新时代大学生历史使命感与政治责任感，加强大学生的情感认同及理性认同，补足精神"钙"，把好思想之舵。另一方面，新时代大学生要将理想信念付诸实践，让理想信念在奋斗中升华。各高校应立足实际，因地制宜开展社会实践活动，如带领大学生参观当地博物馆、纪念馆，还可邀请专家学者或者当地榜样人物现身说法。此外，大学生还可利用假期参与社会志愿者服务，走向社会，与时代共进，体验

---

① 习近平. 在同各界优秀青年代表座谈时的讲话[N]. 人民日报, 2013-05-05(2).

② 习近平. 在纪念五四运动100周年大会上的讲话[M]. 北京：人民出版社, 2019：6.

各个岗位的艰辛与责任；或者走进西部，走向基层，义务支教，向西部孩子传授知识，给予孩子关爱，承担基层岗位的职责与使命，勇于担当，学会奉献，为新时代强国梦而奋斗。每位大学生的人生目标不同，职业选择也会存在差异，但只有"小我"融入国家的"大我"之中，才能更好地实现每位大学生的人生价值，人生境界也会因此得到升华。

3.树立良好社会风气，提高全社会思想道德水平

习近平总书记指出，人民有信仰，民族有希望，国家有力量。实现中华民族伟大复兴的中国梦，物质财富要极大丰富，精神财富也要极大丰富。我们要继续锲而不舍、一以贯之抓好社会主义精神文明建设，为全国各族人民不断前进提供坚强的思想保证、强大的精神力量、丰润的道德滋养。①

社会风气，亦称社会风尚，是指一定时期在全社会范围内或较大人群中，为许多人自觉或不自觉地崇尚和追求而普遍流行的价值观念、心理倾向、行为习惯的总和。社会风气还包括一定民族或地域所特有的日常生活和社会交往的传统习俗，如饮食、服饰、婚丧、节庆、娱乐等方面的仪式、礼节、禁忌等。社会风尚的核心是社会道德风尚，即在社会生活中实际通行的对大众影响较大的道德观念、善恶荣辱标准、道德行为习惯等的综合体。而传统习俗中，必定渗透着一定的道德要求，因而它也就成了道德风尚的组成部分。由于社会道德风尚从根本上决定着社会风尚的性质和特点，因此人们平常往往把二者看作同一意义的范畴而相互通用，所谓树立良好的社会风气，主要就是培育良好的社会道德风尚。

一定社会一定时期的社会道德风尚，都是多元复合体，由主流道德风尚和其他多种形态的道德风尚共同组成，它们之间相互影响、相互作用、相互渗透、相互斗争。如果把社会道德风尚作为一个整体来看，它又是一个复杂的矛盾统一体。其中既包含统治阶级对整个社会的道德要求，又包括被统治阶级的一些道德要求；既包含建立在现实基础上的新道德内容，又包含旧道德遗留；既包含科学文明、知荣明耻、尊奉道德、催人奋进的健康内容，又包含落后愚昧、消极颓废、败坏道德、颠倒荣辱的错误内容。其内部正反两个方面此消彼长、对立统一，决定了它的整体面貌，推动着它不断演变。这种情况是社会道德多元化的一种表现，归根到底是现实生活中人们之间利益多元和利益冲突的反映。

---

① 习近平.习近平谈治国理政：第二卷［M］.北京：外文出版社，2017：323.

在社会主义社会，由于消灭了阶级剥削与压迫，建立了以公有制为主体、人民群众当家做主的社会制度，代表着无产阶级和广大劳动人民利益的社会主义道德，就理所当然成了社会上占统治地位的道德。由此也就决定了社会主义时期道德风尚的核心和主体部分，必然是社会主义道德原则和规范的具体展开。所谓道德风尚的良好或不良，也是以它在多大程度上符合社会主义道德要求为评判标准的。

习近平总书记指出，要把培育文明道德风尚作为重要着力点，坚持正确的价值取向、舆论导向，坚持以文化人、以文育人，弘扬真善美，贬斥假恶丑，推动形成知荣辱、讲正气、作奉献、促和谐的社会风尚。这是对社会风气在经济社会发展和先进文化建设中的重大意义的高度概括。

良好的社会道德风尚，可以为经济发展和社会进步奠定共同的思想道德基础，提供强大的精神动力，从而凝聚人心、激发活力、振奋精神、增进团结与和谐，形成同心同德、共谋发展的局面。反之，就会导致人们贪图享乐、唯利是图、损人利己、损公肥私、金钱至上、个人至上，不良的道德风尚必然会引起社会经济秩序混乱以至整个社会动荡不安、奢靡成风、腐败肆虐，已有的发展成果也会丧失。不良的社会风气还会成为社会生活的潜规则，使法律、制度、政策、规章在运行过程中走样变形。

良好的道德风尚本身就是社会主义的价值目标之一，是社会主义本质的内在要求。社会主义社会的优越性，不但要体现在可以创造比资本主义社会更高的生产力水平，以及丰裕的物质生活，而且应体现在可以创造出以往社会无法企及的高度政治文明和精神文明。社会风气就是对社会精神文明水平的一种外在的、显性的、综合的反映，可以成为衡量社会文明水平，特别是社会整体思想道德水平的标尺。社会道德风尚与个人道德品质是相对应的，前者反映社会整体的思想道德面貌，后者反映个人的思想道德面貌，二者又是相互联系、相互影响的。大多数社会成员个人的思想道德面貌汇集成社会整体的思想道德面貌，社会整体的思想道德面貌又对个人思想道德品质的发展变化产生广泛而深刻的影响。良好的社会道德风尚，为人们判断行为得失、确定价值取向、做出道德选择提供基本的坐标参照系，总是引领人们不断向思想道德高峰前进。相反，社会道德风气不良，善恶混淆、荣辱错位、歪风邪气盛行，就必然出现讲道德的人处处受委屈吃闷亏，品质不好的人反倒得意忘形，坏人则更加颐指气使的恶劣局面，从而导致不良道德风尚。

在一定的社会历史条件下，必然形成一定的社会道德风尚，但新的或良好的道德风尚取代旧的或恶劣的道德风尚这种客观要求，是不会自发的，必须通过领导和群众坚持不懈地做好工作才能实现。我们平常说的"树新风""弘扬正气""移风易俗"，说的就是这种主观努力。社会主义道德风尚，既反映了社会主义的本质要求，又体现了现代社会的时代精神，同时继承了中华民族传统风尚中的精华，是必然会得到广大人民群众的高度认同的。在当今社会转型时期，道德风尚和社会风气方面出现多元复杂的情况，有其一定的必然性。通过扎实工作，包括强有力的思想政治教育工作，是一定可以实现道德风尚和社会风气的根本好转的。

(二) 新时期思想政治教育的创新发展的个体目标

新时期思想政治教育的个体目标可概括为全面提高人的思想、政治、道德、心理素质，塑造健全人格，培养"四有"新人。

全面提高广大社会成员的思想、政治、道德、心理素质，是提高人的整体素质的核心和主体部分，是从素质教育角度对教育目标提出的要求；塑造健全人格，是从健全人格与理想人格的区别与联系出发对教育目标提出的要求；培养"四有"新人，则是从培养社会主义建设者和接班人的角度出发对教育目标提出的要求。三者角度有所不同，但实质内容是完全一致的。下面我们通过重点研究人格塑造问题，把三方面内容统一起来。

1. 人格的内涵与结构层次

人格中的"格"，按照词义解释，有资格、格式、标准等义项。人格就是做人的资格、人之为人的格式和标准。对"人格"概念，不同的学科有不同的具体理解。在心理学上，人格指人的较为稳定的心理素质和特征的总和，表现为人的个性；伦理学用人格描述和评价人们的道德修养、道德境界，如人格高尚、人格卑劣；在法学和法律规范中，人格被解释为自然人的民事权利能力，是法律赋予自然人依法享有民事权利或承担民事义务的资格，诽谤、侮辱、伤害他人人格，视为违法；在人类学中，人格既指人区别于动物的特点，又指不同地域、民族、文化环境中人的素质、能力、知识、习惯等的差异。上述不同学科的不同理解，各自从一个方面来说明人格的规定性，而实际上人格是一个统一体，其本质是人的社会化的性质和水平。正如马克思所指出的："'特殊的人格'的本质不是人的胡子、血液、抽象的肉体本性,而是人的社会特质。"①

　　人格也应该是思想政治教育的一个重要范畴。思想政治教育从整体上研究如何通过教育和自我教育促进人的思想道德观念和行为的转化,也就是从整体上研究如何塑造健全人格。从思想政治教育角度所理解的人格,就是人经由教育和自我教育所获得的具有内在统一性和相对稳定性的思想、品德、心理的有机综合体。通俗地讲,就是一个人特有的品格、人品。著名教育家苏霍姆林斯基认为:"道德是照亮全面发展的一切方面的光源,而同时它又是人的个性的一个个别的、特殊的方面。"②即认为道德是人格素质的核心和主导力量。这些认识是有道理的,可以说思想政治教育所说的"人格",主要指道德人格。

　　整体上说,人格与人的整体素质意义相近,都包括人的思想素质、政治素质、道德素质、心理素质、智能素质,以及在这些素质基础上形成的创造素质,甚至还包括人的生理素质和健康素质。也就是说,一个人的人格怎样,可以从上述这些素质及它们之间的关系上得到说明。当代素质教育思潮的兴起,我国教育界素质教育的启动和实践,使人格塑造问题从过去长期受冷落变成了热门话题。现在越来越多的人认识到,以升学考试为中心的应试教育、用人单位偏重学历的倾向是与社会主义教育目标相违背的,学校教育必须转到提高学生整体素质、塑造健全人格上来。学校教育如此,全社会教育亦应如此。

　　人格是一个多层次的结构系统。按其性质划分,可区分为传统人格与现代人格、依附性人格与独立性人格等。传统人格建立在人对人的依赖关系的基础上,盲目服从、不思进取、因循守旧是其显著特点,"颂扬怯懦、自卑、自甘屈辱、顺从驯服,总之,颂扬愚民的各种特点"③。中国奴隶社会、封建社会以及欧洲中世纪,普遍流行的就是这种依附性人格特征。欧洲社会经过文艺复兴和启蒙运动,人的独立、自由、民主、平等意识高涨,出现了"人格的普遍提高",依附性人格逐渐向独立性人格转化,但是又陷入了人对物的依赖,人成了金钱的奴隶,因此所谓的独立性人格也就大打折扣。只有建立在以公有制为主体、

---

① 中共中央马克思恩格斯列宁斯大林著作编译局.马克思恩格斯全集:第一卷[M].北京:人民出版社,1956:270.

② 王正平.中外教育名言新编[M].天津:天津教育出版社,2013:147.

③ 中共中央马克思恩格斯列宁斯大林著作编译局.马克思恩格斯全集:第四卷[M].北京:人民出版社,1958:218.

人民当家做主的社会主义社会基础上，独立性人格才有真正实现的可能。

人格按其境界的高低可区分为理想人格、健全人格、病态人格（畸形人格）。理想人格指的是理想的做人标准和充分体现社会与时代本质要求的先进人物典范。每一个时代、每一个社会都要树立自己的理想人格，如中国古代的孔子、孟子等所谓"圣人""贤人"，当代的雷锋、孔繁森等英模人物。他们是实践社会思想道德要求的典范，是引领时代潮流的先锋和旗手，是全社会学习的人格楷模。社会主义理想人格，也就是人的全面发展要求在社会主义社会的集中体现，是我们所追求的最高理想目标。虽然在很长时间里，绝大多数人不可能达到，但"虽不能至，心向往之"。在整个社会主义初级阶段，对于广大人民群众来说，所要确立的目标应是健全人格。这种健全人格就是具有自我意识、创新意识、民主作风、合作精神、社会责任感的品格。健全人格虽然不像理想人格那样崇高，但它是符合现实社会物质生活条件和绝大多数人实际思想道德状况的，是与现行法律和社会公德要求相一致的，具有最大的广泛性、群众性。从塑造健全人格到成就理想人格，从"四有"新人和"六有"大学生的一般标准提升到较高标准，是人格提高的必由之路。

2. 人格塑造的重要意义

健全人格是人之为人的最基本的本性与资格，是人安身立命的重要精神条件。人是以人格的形态存在于世界上的，并以人格与社会和他人交往。维护人格尊严，是人的本性的需要和表征；形成健全人格，才能堂堂正正做人，光明磊落处世，"穷不失义，达不离道"，既无愧于世，也无愧于心。一个真正的人，在任何情况下，都不应丧失自己的独立性人格，即便金钱、权利甚至生命受到损害也在所不惜，对自己人格的污辱是不能容忍的。除了个体人格，还有群体人格即国格，也就是所谓的"国民性"。

人格是一种价值存在形式。人格价值中蕴含着巨大的力量，称为人格力量、人格魅力。人格力量激励、推动人们去追求崇高的人格境界，展示人性中高尚美好的品质，表现个体生命自由、自尊、自觉、自为的特征，从而实现自己的人生价值。对人格的追求，也就是对崇高人生价值的追求。人格魅力是人格力量的一种具体表现。高尚的人格，必然会受到世人普遍的尊崇、赞扬，对人们的价值追求、人生意向、处世态度、思维方式、行为方式产生影响，形成一种无形的但却是实实在在的感染力。因此，它对强化教育效果是不可缺少的。

由于健全人格和理想人格凝结了时代精神和社会与人的发展要求，是人的多方面素质的有机统一体，具有全面综合性，因此开展人格培养可以起到提纲挈领的作用，从宏观上解决素质教育中时常出现的顾此失彼问题，以及撇开素质教育核心而专注形式的"泛素质教育"问题。只有真正确立了教育的核心是在传授科学文化知识的同时培养健全人格的教育理念，把素质教育的目标定位于塑造学生的健全人格，素质教育才可能方向明确、主题突出，高屋建瓴而又具有层次性和广泛性。

重视和搞好人格塑造，是社会转型时期推进改革开放、发展社会主义市场经济和民主法治、加速现代化国家建设的客观需要。美国学者阿历克萨·英格尔斯经过20多年对几十个国家现代化进程的研究之后，深刻地指出："一个国家，只有当它的人民是现代人，它的国民从心理和行为上都转变为现代的人格……这样的国家才可真正称为现代国家。"这就是说，国家现代化的关键是人的现代化，而人的现代化的核心则是国民人格的现代转型。

随着经济建设的日益深入，现代人格取代传统人格已经成了历史发展的必然趋势，同时又出现了某些"人格失范"的现象。刚开始从依附性人格状态中摆脱出来的人们，往往因制度的不完善、秩序的不规范而出现种种道德冲突、价值困惑，导致边际人格甚至病态人格的出现。在这种情况下，大力塑造社会主义性质的现代人格，显得十分重要。特别是在党中央提出"建设创新型社会、创新型国家"的口号以后，认真研究马克思主义的人格理论，尽快实现整体国民人格从传统到现代的转变，使大多数个人成为马克思所说的"真正普遍的个人"，显然是思想政治教育的一项重大课题。

3.思想政治教育在人格塑造中的重要作用

人格教育包括思想道德教育、知识教育、心理教育等许多方面的内容。其中思想道德教育是核心，贯穿和渗透在其他人格教育中，决定其他人格教育的方向和效果，而思想道德教育又是思想政治教育的核心。这就是说，思想政治教育在人格教育和人格塑造中，有着十分重要的作用，具体表现在以下几方面。

(1)思想政治教育是人格塑造的决定力量

人格的形成是教育、自我教育、社会环境影响三者相互联结、综合作用的结果。其中，自我教育的自觉性、积极性是人格形成的内在条件和内在根据。人是世界上唯一具有自我选择、自我调节、自我完善能力的动物，但是人的主观能动性只是提供了一种可能性，只有经过正确的、坚持不懈的思想政治教育,人才能形成明确而理性的自我意识,懂得选择什么、应该如何,产生自我修养的愿望和行为。社会环境是人格塑造的外部条件。从一定意义上说,人是环境的产物,但人并非只能被动地适应环境。在思想政治教育过程中,人可以对环境加以利用和改造,充分发挥环境的正面影响,最大限度降低环境的消极影响。在人格形成中,教育特别是思想政治教育才是起决定性作用的东西。任何人不经教育就只能是一个生物性存在,不可能成为真正的人的存在,是谈不上什么人格的。

(2)思想政治教育是人格塑造的主导力量

思想政治教育是左右人格发展方向的力量。随着时代的进步、社会的发展,人的思想道德境界和精神文明程度是应该而且能够走向崇高的。虽然要求社会大多数人达到理想人格境界是不现实的,但从健全人格到理想人格则应成为人格培养的正确方向。思想政治教育不但能够帮助人们丰富健全人格的内容,而且能够不断提高健全人格的层次,引导人们一步步接近理想人格的终极目标。把握人格发展的方向,还包括对那些为了金钱、享受、出国、权力等而罔顾人格、国格的无耻行径进行揭露和谴责。一些人荣辱、美丑颠倒,完全没有人格概念,其实也是一种人格类型,叫负人格,与人格发展方向是背道而驰的,对社会影响极坏,在思想政治教育中理所当然地要予以批判。

(3)思想政治教育是调动人格塑造内在驱动力量的主要手段

人格需要和人格判断能力相结合,形成人格发展的内在驱动力量。人格需要包括生理需要、安全需要、归属需要、尊重需要、自我实现的需要等。人格动机和行为与需要层次是对应的、有关联的,需要层次高,才可能产生高层次的人格要求。因此,要提升人的人格层次,就先要提高人的需要层次,使人明确认识到生理需要是人存在和发展的基础,而精神文化需要是人格核心的道理。人格判断能力是指人对需要、动机、行为的分析、评价、选择能力,是人固有的主观能动性的表现。人格需要与人格判断能力只有结合起来,才能产生现实动机与行为。因为需要有正当不正当之分、层次高低之别,须经判断才可做出正确选择,进而转化为动机与行为。思想政治教育的一个重要任务,就是要在现实社会条件的基础上,根据社会和人自身发展的趋势,不断提高人的需要层次和判断能力,形成持续的内在驱动力量,推动广大社会成员健全人格的形成与发展。综上所述,思想政治教育在人格形成与发展中,发挥着极为重要的作用,正因为如此,塑造健全人格就成为它的现实目标,培养理想人格就成为它的终极目标。而"四有"新人作为健全人格与理想人格的统一，也就成为新时期思想政治教育的根本目标。

二、新时代大学生思想政治教育创新发展的任务

大学生是十分宝贵的人才资源，是民族的希望，是祖国的未来。我国高等教育实现了跨越式发展，已经实现了从精英教育向大众化教育的转变。明确当代大学生思想政治教育的任务具有重要的指导意义。

(一)大学生思想政治教育创新发展任务的确定依据

大学生是祖国的未来和民族的希望，他们正处在人生观、价值观形成和确立的重要时期，他们的思想状况、价值取向决定了未来整个社会的价值取向。做好大学生思想政治教育工作，首先必须明确教育的具体任务，通过大学生思想政治教育塑造中国特色社会主义事业的合格建设者和可靠接班人。

1. 大学生思想政治教育要满足社会发展的需要

人的本质是社会关系的总和，脱离一定生产力和生产关系的抽象的人是不存在的，人的发展不能离开社会的发展。大学生思想政治教育是社会实践活动的重要组成部分，它既是社会发展的产物，也是促进社会进一步发展的条件。确立大学生思想政治教育的任务，必须适应和满足一定的社会发展需要。我们在构建大学生思想政治教育的任务时，既要立足现实，从实际出发，又要超越现实，面向未来，适应未来社会发展的需要，只有这样，大学生思想政治教育的任务才能完成。

2. 大学生思想政治教育要体现党的教育方针

思想政治教育要体现党在这个社会中占统治地位阶级的要求，要体现党的教育方针。高校是培养高素质人才的重要基地和摇篮，肩负着培养社会主义事业接班人的重任。培养社会主义建设者和接班人是我们党的根本教育方针，因此，高校必须坚持社会主义办学方向，加强大学生思想政治教育，努力培养造就具有社会主义思想觉悟和良好道德修养、掌握现代化建设所需要的丰富知识和扎实本领的优秀人才。

3. 大学生思想政治教育要满足大学生自身的发展需要

大学生思想政治教育是培养和塑造大学生的活动，其直接作用于大学生。正确认识和分析大学生的主体特点和需要是大学生思想政治教育任务确定的起

点和基础。大学生思想政治教育要以大学生的特点和需要为基础，反之，则不利于其效果的实现。因此，大学生思想政治教育既要满足社会发展的客观需要，又要体现大学生的主体特点和需要。大学生思想政治教育只有建立在社会发展与大学生发展的客观现实基础上，才能真正引导人们积极从事教育实践活动。

(二)新时代大学生思想政治教育创新发展的具体任务

1.社会层面

随着知识经济的浪潮席卷全球，各国的生产方式都在发生深刻的变革，过去依靠的那种"资金+资源+劳动力"的粗放型经济增长模式已经不再适应时代的要求。全世界都在寻找一条"科技含量高、经济效益好、资源消耗低、环境污染少"的经济发展之路，大学无疑成为探索这条道路的中坚力量。在经济全球化的今天，社会的进步将更加依赖科技的发展。而随着具有学科门类齐全、人才密集、设施先进、文献资料丰富、信息资源广泛等方面优势的高校日渐向社会敞开大门，参与到为社会经济服务的行列中来，以科技为核心要素的生产力得到空前的释放，极大地推动了社会经济的发展。正如保罗·科利尔在《资本主义的未来》一书中预言的那样，在21世纪重要竞争方式的改变中，高等教育扮演的角色是具有决定性意义的。

大学生思想政治教育激发了学校的活力，增强了办学实力。通过社会服务，高校可以促进学科发展。大学教育适应社会发展的需要，积极扶植若干学科，使弱势变为优势；积极推动学科间的交叉融合，在对经济和社会发展有重大推动作用的领域抢占制高点。通过大学生思想政治教育，高校可以促进人才培养。这里的人才培养不仅体现在可以开阔教师和科研人员的视野，提高他们理论联系实际的能力，从社会实践中发现自身的不足，从而激发学习和研究的热情；还体现在对学生实践能力和创新能力的培养上，训练了他们解决问题的实践技能，增强了社会责任感，强化了社会价值观。

2.学校层面

(1)全面提高高校思政课教学质量和水平

习近平总书记指出，思想政治教育理论课要遵循"八个相统一"，不断加强思想政治教育理论课的思想性、针对性与实效性。高校思政课能否有效教育引导青年学生对马克思主义真学真懂真信真用，做到学、思、用贯通，知、信、行统一，有满满的获得感，很大程度上取决于思想政治教育课程质量和水平。由此可见，提升思想政治教育课程质量和水平尤为重要。因此，高校要全面提高思想政治理论课的教学质量和水平，努力把高校思想政治理论课建成青年学生真心喜爱、终身受益的优秀课程。

全面提高高校思想政治理论课教学质量和水平，一方面要重视高校思想政治理论课的课堂教学。思想政治理论课是高校思想政治教育的主渠道和主阵地，推进新时代大学生思想政治教育创新发展，务必利用好思想政治理论课课堂教学这一主线，充分把握和发挥课堂教育引导对学生良好思想品德形成的重要作用。应立足于课堂教学更好更及时地把中国特色社会主义理论和实践成果传递给大学生，在此基础上形成以思想政治理论课程为核心的思想政治教育体系，形成各门学科、各门课程互相配合的全方位的人才培养系统。例如课程思政的广范围、大面积地开展就是要形成以思政课为核心的相对完备的大学生教育体系；又如对于思想政治理论课教学方法的改进创新，习近平总书记在学校思想政治理论课教师座谈会上提出了"八个相统一"的标准。针对整体的大学生思想政治教育方法，依据指示性文件的下发，学界相继掀起了研究热潮，形成了大学生思想政治教育方法创新的具体思路。例如多次提倡且应用显性教育与隐性教育相结合、理论与实践相结合、理性教育与感性教育相结合、问题式教学、研究型教学、情感教学、信息化教学、智能化教学等众多方法，为大学生思想政治教育方法上的创新提供良好的发展基础。另一方面，要贴近大学生的生活和实际。贴近大学生的生活和实际是增强思想政治教育课程内容的关键。思想政治理论课要坚持在改进中加强，满足学生成长发展需求和期待。改革创新是时代精神，青少年是最活跃的群体，思政课建设要向改革创新要活力。长时间以来，高校思想政治理论课在教学育人的过程中出现了个别问题，例如教学内容只为传输思想政治理论知识，讲授内容相对单一，有的大学生的学习情绪不高，有的教师授课的热情得不到激发，甚至存在个别课堂应付教学的状况，一定程度上形成了对思政课不利的气氛。因此习近平总书记对思政课改革创新提出了众多要求，从全国高校思想政治工作会议、全国教育大会、学校思想政治理论课教师座谈会到党的十八大以来关于大学生思政课教育教学相关的文件陆续出台，逐渐促使思政课教育教学找到了质量提升的根本方法。

（2）打造一支素质优良、甘于奉献的教师队伍

"百年大计，教育为本。教育大计，教师为本。"①作为教育事业发展的支撑力量，教师始终处于这一社会主义教育事业中的关键位置，习近平总书记明确要求"把加强教师队伍建设作为教育事业发展最重要的基础工作来抓"。习近平总书记在同北京师范大学师生代表座谈时对教师的工作性质做了重要定位："教师重要，就在于教师的工作是塑造灵魂、塑造生命、塑造人的工作。"②他在全国高校思想政治工作会议上强调，教师是人类灵魂的工程师，承担着神圣使命。③怎样的老师才是好老师？习近平总书记提出了四条标准：要有理想信念、要有道德情操、要有扎实学识、要有仁爱之心。他在北京市八一学校与教师座谈时提出："广大教师要做学生锤炼品格的引路人，做学生学习知识的引路人，做学生创新思维的引路人，做学生奉献祖国的引路人。"④他在全国高校思想政治工作会议上强调，高校教师要努力成为先进思想文化的传播者、党执政的坚定支持者，更好担起学生健康成长指导者和引路人的责任。⑤

思政课教师作为广大教师队伍中必不可少的重要组成部分，在全面贯彻党的教育方针、落实立德树人根本任务、培养社会主义建设事业接班人和担当民族复兴大任的时代新人中起着思想聚焦、认识提高、行动引导的重要使命，发挥着关键作用。习近平总书记指出："有了我们这支可信、可敬、可靠、乐为、敢为、有为的思政课教师队伍，我们完全有信心有能力把思政课办得越来越好。"⑥由此可见，打造一支素质优良、甘于奉献的教师队伍尤为重要。高校应设法拓宽培养教师专业素质的渠道，加大外部引进和内部培训力度，提高教师

① 习近平. 做党和人民满意的好老师：同北京师范大学师生代表座谈时的讲话 [M]. 北京：人民出版社，2014：13.

② 习近平在北京师范大学考察时号召全国广大教师：做党和人民满意的好老师 [N]. 人民日报，2014-09-10(1).

③ 习近平在全国高校思想政治工作会议上强调　把思想政治工作贯穿教育教学全过程　开创我国高等教育事业发展新局面 [N]. 人民日报，2016-12-09(1).

④ 习近平在北京八一学校考察时强调：全面贯彻落实党的教育方针　努力把我国基础教育越办越好 [N]. 人民日报，2016-09-10(1).

⑤ 习近平在全国高校思想政治工作会议上强调：把思想政治工作贯穿教育教学全过程　开创我国高等教育事业发展新局面 [N]. 人民日报，2016-12-09(1).

⑥ 习近平主持召开学校思想政治理论课教师座谈会强调　用新时代中国特色社会主义思想铸魂育人　贯彻党的教育方针落实立德树人根本任务 [N]. 人民日报，2019-03-19(1).

职业道德水平及自我修养能力。同时，教师要不断改进教学方法，提升教学思想高度，提高课堂教学效果。

(3)推进大学校园文化建设

校园文化对大学生各方面品行的塑造、价值观的形成、行为的养成等方面有着深远的影响。大学生在校园内形成的素质能够带到社会生活中，无论对大学生自身来说还是对发挥大学生的榜样作用进而影响周围更多的人来说都具有积极的影响。实践证明，大学生思想政治教育与校园文化建设两者之间关系紧密。例如在校园文化建设方面，应营造文明礼貌和谐友善的氛围，让学生在生活学习中体悟到道德教育的内容，在体验中深化认知。当前的校园文化建设存在忽视思想政治教育作用的现象，不同院校对思想政治教育的重视程度也不尽相同。教育者能够通过塑造良好的教育氛围，打造合理的校园文化环境，进而引导学生树立正确的世界观、人生观和价值观等，形成看待和认识问题的正确视角，校园文化的建设能够更好地促进学生将理论知识与实践生活相结合，丰富多彩的校园文化生活能够扭转学生被动接受知识的局面。要重视大学生思想政治教育和校园文化建设这两者的价值和作用，以及校园文化建设对大学生思想政治教育的影响。大学生思想政治教育不仅要靠内容上的与时俱进和不断渗透灌输，而且需要良好氛围和学习环境，利用好校内的一切教育资源，提升大学生对思想政治教育的感悟和认知，更高效地推进大学生思想政治教育向科学化和日常化发展。因此，推进大学校园文化建设是新时代大学生思想政治教育创新发展的重要一步。

习近平总书记指出："要更加注重以文化人以文育人，广泛开展文明校园创建，开展形式多样、健康向上、格调高雅的校园文化活动，广泛开展各类社会实践。"因此，大学校园文化建设要坚持正确的思想引导，突出学校文化主旋律，打造校园文化特色品牌。校园文化建设活动要坚持社会主流价值观念的引导，形成良好的育人氛围，突出主旋律，形成最强音。校园文化建设也要提升学生综合素质，软硬件并行，与思想政治教育形成良性互动。中国特色社会主义进入新时代，在新时代将大学生思想政治教育过程融入校园文化建设过程是极为重要的，也是习近平总书记对大学生思想政治教育提出的要求，要将党的理论、路线、方正和政策等都融入大学校园文化建设进程中来。如通过文明就餐班级、优秀寝室、先进班级等先进集体的评选，选拔表现较为优异的典型集体或个人，在大学生群体中发挥它们的榜样示范作用，培养大学生积极的心态、争先创优的精神。通过校园风气的建设和熏陶，形成学生严谨、向上、求知的学风。良好的学风能够促进学生在学习和生活中形成一种相对良好和稳定的心理状态和行为习惯，能够促进学生更有效率地学习，进而促进学生在心理和行为层面更好地接受思想政治教育的内容，将思想政治教育的内容转变为大学生自身的行为习惯，促进学生群体将大学生思想政治教育内化于心。

3. 个体层面

（1）培养大学生坚定的政治素质

良好的政治素质是大学生形成科学的世界观、树立正确的人生观和价值观的根本保证，是大学生成长的内在因素和成才的动力。好的政治素质，是大学生成为社会主义国家人才的关键。政治素质的高低，标志着大学生在政治上的觉悟程度和认识、参与政治能力的强弱。政治素质关系着"为谁培养人"的问题。当代大学生要具备以下政治素质。

①坚定的政治方向。大学生首先要为社会主义国家服务，我国的大学生要成为社会主义现代化建设的人才。为此，大学生要深入学习党在社会主义初级阶段的基本理论、基本路线、基本纲领和基本经验，了解我国历史，正确认识现阶段国内形势，承担起国家赋予的使命，把实现个人理想与服务祖国人民统一起来，脚踏实地地为实现党在现阶段的基本纲领而奋斗。

②崇高的理想信念。崇高的理想和坚定的信念，是大学生实现人生价值和前进的动力。大学生要树立社会主义的理想信念。社会主义的理想信念是科学的世界观、人生观和价值观的集中表现，是与社会主义市场经济相适应的思想道德体系的核心。高校要对大学生有计划、有系统地加强马克思主义理论教育，用马克思主义世界观、人生观和价值观构筑大学生的精神支柱，使大学生正确认识人类社会发展的必然规律，树立起远大的共产主义理想。

③扎实的科学理论基础。任何实践都必须有科学的理论做指导，只有有了科学理论的指导，实践才能取得成功。当代大学生要掌握马克思主义、毛泽东思想和中国特色社会主义理论体系的基本原理和科学方法，要在把握其科学体系和精神实质上下功夫；要立足于我国的具体实际，形成正确的学习风气，提升自身思想政治素质。

④积极参加社会实践。我国历来重视对大学生社会实践的教育。社会实践是大学生思想政治教育的重要途径。只有将书本上的知识运用到实践中去，学

以致用，理论知识才能发挥其价值。坚持理论与实践相结合，可以帮助大学生全面了解社会，深刻认识中国社会现状和群众生活，能够使大学生切身感受到国家发生的巨大变化，有助于大学生确立奋斗目标，增强社会责任感。

（2）坚定大学生的理想信念

理想信念在人的主观精神世界中居于核心地位，起着主导和统领的作用。大学生思想政治教育的任务之一，就是引导大学生树立正确的个人理想与社会理想，坚定他们为理想坚持不懈奋斗的信念；引导大学生把个人的成长进步同中国特色社会主义伟大事业、同祖国的繁荣富强紧密联系在一起。

①坚定对马克思主义的信仰。马克思主义是将科学的世界观方法论、彻底的唯物主义、无产阶级的党性原则、全心全意为人民服务的精神融为一体的崇高信仰。它是不断创新的理论，能一直引领时代潮流，成为指导社会发展、人类进步的指路明灯。在21世纪我党提出的"三个代表"重要思想和科学发展观是在不断深化对人类社会发展规律、社会主义建设规律、共产党执政规律的认识的基础上提出来的，是与时俱进的马克思主义的体现。它体现着鲜明的时代性，把握着事物发展与社会发展的规律性，从而富有伟大的理论创新性。中国特色社会主义的健康发展已经向世人昭示，以马克思主义为指导，社会主义必定迎来新的辉煌。

②坚定对党和政府的信任。信任，指的是人民群众对领导干部的信任，这实际上也是对党和政府的信任，对马克思主义和社会主义制度的信任。大学生作为社会主义现代化事业的建设者和接班人，他们中的许多人将会走上领导岗位。当大学生担任领导干部后，更应该通过称职有效的工作，获得人民群众的信任。要自觉地树立以人民群众为本的价值观，实现好、维护好、发展好人民的利益，真正做到亲民、爱民、为民，权为民所用、情为民所系、利为民所谋。

③坚定对建设中国特色社会主义的信念。以最高理想作为人的最高价值追求，是一种未来的目标，它只有具体化为一些阶段性的理念目标，并付诸实践，才能逐步得以实现。共产主义这一最高理想，只有在社会主义社会充分发展和高度发达的基础上才能实现。实现共产主义是空前伟大而艰巨的事业，建设中国特色社会主义现代化事业，是一项全新的伟大工程。建设中国特色的社会主义是一项艰巨的任务，在这个过程中，很多深层次的思想问题也会表现出来。而要解决这些问题，就要依靠大学生思想政治教育，重点是加强社会主义核心价值观教育，通过马克思主义理论、共产主义和社会主义思想及集体主义和爱

国主义的教育，使青年学生真正从思想上认识到社会主义代替资本主义的总趋势是改变不了的；坚持四项基本原则是立国之本，"三个代表"重要思想和科学发展观是我们党的立党之本、执政之基、力量之源，是指引我们通过中国特色社会主义迈向共产主义美好未来的根本保证。唯有如此，才能坚定建设中国特色社会主义的信念，也才能将信念转变为自觉的行动，为中华民族伟大复兴作出自己最大的贡献。

④坚定对改革开放和现代化建设的信心。经过多年的建设，特别是1978年后40多年来的发展，我国的综合国力大大增强，为今后的发展创造了有利的条件，奠定了比较坚实的物质基础。当前，以习近平同志为核心的党中央正率领全国人民向着全面建成小康社会的宏伟目标奋勇前进。广大青年学生一定要积极参与改革开放和社会主义现代化建设的伟大实践，提高对"三个代表"重要思想和科学发展观实践性的认同，使之内化为坚强的信心。

（3）带领大学生在新时代找到自己的方向

对大学生而言，思想政治教育的重要任务是帮助他们解决"为谁学习"的问题。目前，我国高校思想政治教育面临诸多挑战，例如经济社会的变化、多元社会思想的融合等。在推动社会的前进和发展中，高校思想政治教育应帮助大学生找到前进的方向，引导学生过上美好的生活。

第一，大学生思想政治教育必须严格地遵循党和国家的基本路线，和政治高度兼容，并且不能迷失新时代道路上的发展方向。

第二，思想政治教育主要是树立以人为本的基本方针，不断地改变教育的方式，调整相应的教育观念，以不断增强学生的责任感和使命感，为实现中华民族伟大复兴而努力。

第三，大学生的思想政治教育应该坚持中国特色社会主义的基本原则。2014年，习近平总书记在山东考察时强调，一个国家、一个民族的强盛，总是以文化兴盛为支撑的，中华民族伟大复兴需要以中华文化发展繁荣为条件。我们必须在理论和制度上加强中国特色社会主义道路自信、理论自信、制度自信，说到底就是要坚持自身的文化自信。由此可见，文化自信是促进国家繁荣的强大内生力量。培养和加强学生文化自信，最重要的途径应该是对学生进行思想政治教育。

（4）促进大学生的全面发展

人的全面发展，既指人的体力和智力的充分发展，又指人在德智体美劳各方面和谐的发展。其与片面发展、畸形发展相对。

实现人的全面发展，是马克思主义的本质要求、社会发展的必然趋势、人自身发展的理想状态和共产主义的存在形式。1978 年以来，我国高校一直秉持促进大学生全面发展的培养目标，为社会主义现代化建设事业培养了大批德智体美劳全面发展的高素质人才，大学生整体素质不断提升。但是，不少高校至今仍存在重智轻德、重技术能力培养忽视道德养成、重知识传授轻思想道德熏陶的客观现实，严重地背离了促进大学生全面发展的目标要求，偏离了促进大学生全面发展的教育航向。因此，在新形势下，加强和改进大学生思想政治教育，必须以促进大学生全面发展为目标，深入进行素质教育，促进大学生的全面发展。

以促进大学生全面发展为目标的大学生思想政治教育，要以学生思想政治素质的提高为核心，实现德育、智育、体育、美育、劳动教育的有机统一，为大学生成长成才提供强大精神支撑。

(5)帮助大学生在新时代找到自己的定位

中国共产党第十九次全国代表大会的报告概述了两个主要目标：一是建设一个强大的教育国家；二是发展教育并实现中华民族伟大复兴的中国梦。要完成这两个目标，需要高质量人才的支持。高校负责引导学生协调社会主义新时代生活的发展。学生的主体性是指对思想政治教育的教学目标和内容的自觉理解，对自身行为的适应。大学生应正确认识中国梦的含义，积极了解新时代需要什么样的人才，了解个人发展与国家需求、个人梦想与民族梦想之间的辩证关系，使个人命运与国家命运紧密联系在一起。大学生的思想政治教育应引导大学生在新时代坚守信念，以奋勇担当为己任，不断提高政治道德素质，促进学生的全面发展。

(6)培养大学生的爱国情感

爱国是一个公民应有的道德，也是中华民族的优良传统。爱国一定程度上是保证人的生存自由权利的需要。公民爱国，实际上就是爱自己国家的人民，捍卫公民自己的根本利益。爱国是基于个人对自己祖国依赖关系的深厚情感，也是调节个人与祖国关系的行为准则。它同社会主义紧密结合在一起，要求人们以振兴中华为己任，促进民族团结、维护祖国统一、自觉报效祖国。

爱国的基本要求是了解历史与国情，继承和弘扬中华优秀传统文化；坚持四项基本原则，拥护改革开放；遵纪守法，自觉维护社会和治安稳定；明确个人利益与国家利益的关系。

(三) 明确新时代大学生思想政治教育创新发展任务的意义

现阶段以大学生思想政治教育任务为导向，对加强和改进大学生思想政治工作具有重大意义。只有以大学生思想政治教育任务为导向，才能从根本上把握大学生思想政治工作的特性，提高大学生思想政治工作的成效。

1. 方向性意义

目标，就是方向。大学生思想政治教育任务明确了培养大学生在思想、政治、道德素质上应该达到的标准，明确要培养具有什么样的政治思想和道德素质的人。大学生思想政治教育任务是大学生思想政治教育者和受教育者都应努力的方向。大学生思想政治教育任务对教育者而言，是实际工作的指标；对受教育者而言，是思想素质和道德水平所应达到的程度。这为大学生思想政治教育提供了方向性的指导。

2. 推动性意义

明确大学生思想政治教育任务能够推动大学生思想政治教育活动的开展。大学生思想政治教育任务让教育者和受教育者看到了教育的结果及其价值所在，从而产生为完成大学生思想政治教育任务而努力的动力。大学生思想政治教育任务对教育者和受教育者都具有激励作用。对教育者而言，任务完成表明其工作有效，会得到社会的褒奖和肯定，从而激励教育者继续努力。对受教育者而言，任务完成意味着其思想素质和道德水平达到社会的要求，成为社会需要的人，得到社会的认同和接纳，从而激发受教育者更主动地接受大学生思想政治教育。因此，在大学生思想政治教育活动中，科学、具体和可行的任务要求可以调动教育者和受教育者的积极性，发挥他们积极参加大学生思想政治教育的主动性。

第二章

新时代大学生思想政治教育
创新发展的现实境遇

第一节　当前大学生思想政治教育的基本现状

中国共产党自成立以来，特别是新中国成立 70 多年来，始终将大学生群体作为自己思想政治教育工作的重点对象，经过长时期的探索，大学生思想政治教育工作也取得了一系列重大成就、积累了丰富的经验，当然在某些方面还有欠缺，需要不断补齐短板，促进新时代大学生思想政治教育创新发展能够行稳致远。

一、取得的成绩

新中国成立 70 多年来，党和国家高度重视大学生思想政治教育工作，制定了一系列工作意见、教育大纲等政策，为思想政治教育开展起到了思想先导作用，大学生思想政治教育也大致经历了新起点与稳步发展时期、曲折发展时期、恢复发展时期、跨越式发展时期和创新发展时期等五个发展阶段。在这 70 多年的发展历程中，大学生思想政治教育始终与执政党建设、社会发展、国家治理和思想政治教育学科建设紧密相连，积累了丰富经验。要实现新时代大学生思想政治教育创新发展必须回顾和总结我国大学生思想政治教育工作所取得的成绩，为在中国特色社会主义新时代实现第二个百年奋斗目标提供了强大的精神动力。

（一）坚决确保党的教育方针政策能够在高校得以贯彻落实

讲政治是大学生思想政治教育的首要特点。新中国成立以来，大学生思想政治教育从保障新中国建设到助力社会主义发展，在全国范围内重视加强大学生的政治教育，着力把大学生的思想凝聚到新中国的建设上。1978 年，颁布的《全国重点高等学校暂行工作条例（试行草案）》强调大学生思想政治教育必须宣传党在新时期的总任务和各项方针政策。进入新世纪以来，我国高校大学生招生数量不断扩大，调整中央和地方两级教育系统也基本完成，普通大学扩招后带来了一系列问题，加强高校的日常管理特别是思想政治教育需要一系列新的解决方案。2004 年，中央发布《关于进一步加强和改进大学生思想政治教育的意见》，在此文件的指导下，大学生思想政治教育工作体系逐步形成。党的十八大以来，以习近平同志为核心的党中央高度重视大学生思想政治工作。2017 年中共中央、国务院颁布了《关于加强和改进新形势下高校思想政治工作的意见》，该文件对新时期加强和改进大学生思想政治教育工作做了统筹设计，有助于以高校党的建设带动大学生思想政治教育的蓬勃发展。2019 年 3 月18 日，习近平总书记主持召开学校思想政治理论课教师座谈会，明确指出思想政治理论课是落实立德树人根本任务的关键课程，对推动思政课程改革提出了明确要求，为新时代大学生思想政治教育创新发展提供了根本遵循。随后，全国高校积极学习习近平总书记关于思想政治教育工作的重要论述，切实保障党的教育方针政策在高校落地开花。

（二）努力培养一代又一代合格建设者和可靠接班人

高校是人才培养的重要阵地，新时代的大学生群体能否承担得起社会主义建设者和接班人这一艰巨的任务，是考验我国高校育人效果的重要指标之一。大学作为青年学生从校门跨入社会的最后一个重要环节，大学生思想政治教育工作是否能够按照国家的相关要求，出色地实施和完成教育任务，引导大学生学与做、学与用相结合具有重要作用。新中国成立初期，毛泽东同志在《关于正确处理人民内部矛盾的问题》中指出，我们的教育方针，应该使受教育者在德育、智育、体育几方面都得到发展，成为有社会主义觉悟的有文化的劳动者。这是我国在成立初期就明确了的青年群体培养目标任务。党的十一届三中全会以后，为了适应我国工作中心转向经济建设的局面，邓小平同志在全国科技工作会议上指出要教育广大青年努力做到"有理想、有道德、有文化、有纪律"。共青团中央积极响应国家号召在全国青年中评选"争当新长征突击手",教育部等部门积极评选"全国三好学生""全国优秀学生干部"等,鼓舞了一大批大学生群体积极投身到社会主义现代化建设浪潮之中,为实现中华民族伟大复兴积极贡献青春、智慧和力量。党的十九大开启了中国特色社会主义建设新征程,面临着新的时代和环境,在深刻认识"两个一百年"奋斗目标的基础上,以习近平同志为核心的党中央适时提出要以培养担当民族复兴大任的时代新人为着眼点,这为新时代大学生思想政治教育提出了新的目标要求。2021 年,在中国共产党成立一百周年之际,我国已经全面建成了小康社会,在这个中华民族伟大复兴的关键阶段,大学生思想政治教育必须紧紧围绕着培养时代新人的伟大目标,不断激发和鼓舞当代大学生通过努力奋斗从而推动中华民族走向伟大复兴。

(三)积极构建和完善大学生思想政治教育工作体制机制

完善的体制机制是大学生思想政治教育不断成熟的标志。新中国成立后,高校思想政治教育经历了中央直接指导、顶层设计、细化要求、系统构建等阶段。在新中国成立初期,党中央把培养大学生作为一项重要工作来抓,甚至是中央直接指导高校开展工作,如中央统一批复每年高校招生计划,国务院每年对高校毕业生进行统筹分配的指导等。改革开放以后,中央颁布《全国重点高等学校暂行工作条例(试行草案)》,这一文件更加明确了高校党委的重要地位,有利于强化高校大学生思想政治教育工作。1980 年,教育部和共青团中央联合印发了《关于加强高等学校学生思想政治工作的意见》,明确要求高校党委要将学生思想政治工作列入党委重要议事日程,校系两级都要有一名副书记主管学生的思想政治工作,校党委可根据情况设立学生政治思想工作的机构。2004 年,中央出台《关于进一步加强和改进大学生思想政治教育的意见》,该文件对于在新世纪开展大学生思想政治教育工作具有重要的意义,及时解决了关于大学生思想政治教育体制机制的重要问题,对于优化当时大学生思想政治教育的体制机制具有重要作用。2016 年,习近平总书记专门主持召开了全国高校思想政治工作会议,大学生思想政治教育创新发展迎来了新的春天。2017 年,中共中央、国务院印发《关于加强和改进新形势下高校思想政治工作的意见》,对新时代大学生开展思想政治教育工作提出了新的范本,对如何扎根中国大地办大学、育新人提出了方法、路径、要求。随后，我国大学生思想政治教育工作体制机制得到进一步完善，逐渐跳脱了过去以"部门"为中心的条块分割，更加重视大学生的权益保障，逐步建立了以"事务"和"学生"为中心的协同议事决策机构，全程全方位育人的"大思政"格局构建初见成效。

（四）不断探索新时代思想政治教育科学化发展

高校思想政治教育的科学化发展，是我国大学生思想政治教育历史发展逻辑、理论演变逻辑和工作实践逻辑的必然。在新中国成立初期，华北人民政府高等教育委员会要求专科以上学校必修课应包含"辩证唯物论与历史唯物论"；政务院颁布《关于实施高等学校课程改革的决定》，要求全国高等学校开设新民主主义革命的政治课程。1979年，邓小平同志在《坚持四项基本原则》中论及当前思想理论工作的任务时指出，四项基本原则"都需要根据新的丰富的事实作出新的有充分说服力的论证"，"这是一项十分重大的任务，既是重大的政治任务，又是重大的理论任务"。1980年，《光明日报》发表了《思想政治工作是一门科学》一文，全国掀起了关于"思想政治工作科学化"大讨论。从1984年开始，我国高校开始陆续设立思想政治教育本科专业，这标志着我国思想政治教育学科的正式创立。随后相继设立第二学位和硕士学位，到1996年博士学位确立，至此，我国形成了较为完整的思想政治教育专业培养体系和学位学历体系。进入新时代以来，以习近平同志为核心的党中央先后召开哲学社会科学座谈会和全国高校思想政治工作会议，提出"所有课堂都有育人功能""各门课都要守好一段渠、种好责任田""使各类课程与思想政治理论课同向同行，形成协同效应"，在思想政治理论课程的基础上提出"课程思政"。2019年3月，中央召开思想政治理论课教师座谈会，对思想政治理论课改革创新提出了"八个统一"的要求，拓展和丰富了思想政治教育科学化的内涵和外延，这为新时代大学生思想政治教育科学化发展指明了方向、提供了根本遵循。

二、存在的不足

（一）贯彻新理念还存在不足

虽然我国大学生思想政治教育已经取得了一系列的成就，但是也在某些方面存在一些现实短板，亟须我们解决。新理念贯彻落实相对落后。每个时代都会有新的思想和新的理念，大学生的思想政治教育必须积极贯彻党中央的新的理念，不断更新内容，做到与时俱进。目前，国内一些高校仍然将大学生思想政治教育看成一项软任务，并没有引起足够的重视，思想政治教育资源投入还很缺乏，尤其是对于先进的思想政治教育理念没有得到相应的贯彻落实。纵观党的思想政治教育发展史，大学生思想政治教育工作在不同阶段会有不同的目标和任务，会有新的指导思想。新中国成立后，党的中心工作主要在于经济恢复和社会建设，此时大学生思想政治教育的重点在于加强毛泽东思想在大学生群体中的普及与教育，着力培养大学生群体的政治意识和社会主义建设热情。改革开放以后，我国的经济中心转移到经济建设上来，大学生思政教育的内容有邓小平理论、"三个代表"重要思想和科学发展观。进入中国特色社会主义新时代，习近平总书记关于大学生思想政治教育发展有了一些新的思想和新的论述，因此，大学生思想政治教育必须能够聚焦培育担当民族复兴大任时代新人的课题，以促进人的自由全面发展为价值引导，强化以德树人、以文化人，完善人格、培育人才。突出劳动教育，并把其作为实现人的自由全面发展的根本途径加以重视。但是，就目前我国大学生思想政治教育现状而言，高校落实新理念新思想还不够到位，思想政治教育内容更新还不够及时有效，还需要继续加强和改进。

(二)尚未形成思想政治教育合力

新时代大学生思想政治教育必须积极落实"三全育人"理念，积极构建大思政体系，形成大学生思想政治教育合力。但是，目前我国大学生思想政治教育具有一些问题。首先，高校的管理观念有待更新。要形成大学生思想政治教育合力，必须加强顶层设计，而顶层设计离不开高校的管理理念。部分高校对于思政课教师和辅导员队伍建设还不够重视，对于课程思政建设理解不够深刻。其次，部分高校的教育机制有待完善。一些高校由于自身管理不到位，各部门的相关职责还不够明确，难以形成各部门有机配合推动大学生思想政治教育创新发展的良好局面。再次，高校作为青年群体进入社会的重要阵地，必须积极加强和家庭、社会的沟通联系，不断健全反馈、回访等机制。但就目前而言，我国很多高校在思想政治教育方面并没有跟家庭、社会之间有密切沟通交流协作，反馈和回访机制还应继续建立。最后，课程思政建设推进缓慢。习近平总书记指出，其他各门课都要守好一段渠、种好责任田，使各类课程与思想政治理论课同向同行，形成协同效应。立德树人是高校的中心工作，在积极发挥思政课程主渠道作用的同时，必须加强课程思政建设。但当前，我国很多高校对于课程思政建设并没有较好的思路和有效的做法，课程思政建设还任重而道远。

(三)相关队伍建设力度不够

高校思想政治理论课是大学生思想政治教育的主渠道，思想政治理论课教师在新时代大学生思想政治教育过程中发挥着非常大的作用，是影响新时代大学生思想政治教育实际效果的重要因素之一。高校思想政治理论课教学难度大于其他专业课程，其原因在于思想政治理论课教学目标是"学生信"，其他课程的教学目标是"学生懂"，"信"和"懂"之间存在巨大的难度差距。纵观我国高校思想政治理论课教师的教育背景，不难发现他们中的一些人出身于非师范类院校的马克思主义理论专业或哲学、历史专业等其他相近专业，一部分新进老师并没有受过专业的教学训练，还没有熟练掌握教学技能，教学艺术性还不强。学科背景较为单一，知识涉猎面还难以满足高质量课堂需求。另外，当前我国一些高校思政课教师配比还不足，马克思主义理论等相关学科的博士毕业人数还不能满足全国高校岗位需求。我们必须注意到，其他专业课教师对思想政治教育内容的认识程度和教育教学表现，对大学生思想政治教育实效性也有很大的影响。不难理解，专业课教师对市场现实需求的了解往往会比思想政治理论课教师更加敏锐和深刻，但当前我国部分高校以"就业为导向"的办学理念导致专业课教师甚至是高校领导层容易出现功利化倾向。这种功利倾向必然会在教学和师生交往中渗透给大学生，从而形成大学生学习的功利性，对就业影响不大的思想政治道德素养缺乏重视。辅导员是大学生思想政治教育工作队伍的重要组成部分。辅导员是大学生思想政治教育的骨干力量是不存争议的，目前国内各高校也对辅导员队伍建设越来越重视。但很多高校对于辅导员的职业规划和培训还存在缺位现象，辅导员队伍建设问题还需要进一步关注和解决。

第二节　新时代大学生思想政治教育创新发展面临的机遇

一、为新时代大学生思想政治教育创新发展提供了新思想遵循

习近平新时代中国特色社会主义思想是对马克思主义的继承与发展，是马克思主义中国化的最新理论成果，是坚持和发展中国特色社会主义的思想武器和行动指南。习近平总书记高度重视高校思想政治工作，并多次对青年的成长成才教育、思想政治理论课建设、高校教师队伍建设等问题进行重要论述，这些重要论述是习近平新时代中国特色社会主义思想的重要组成部分，也是新时代大学生思想政治教育创新发展的根本遵循。一方面，习近平新时代中国特色社会主义思想，为新时代大学生思想政治教育提供了科学的理论基础和方法论，不言而喻，新时代大学生思想政治教育要用习近平新时代中国特色社会主义思想武装当代大学生；另一方面，习近平新时代中国特色社会主义思想运用马克思主义立场观点方法，坚持解放思想、实事求是、与时俱进、求真务实，坚持辩证唯物主义和历史唯物主义，紧密结合新时代条件和时代要求，提出了一系列治国理政新理念新思想新战略，构成了一个系统完备、逻辑严密的科学体系，它不仅是新时代大学生思想政治教育内容创新发展的根本遵循，也是对当代大学生进行思想引领的根本所在。

二、为新时代大学生思想政治教育创新发展提供了新定位

新时代大学生思想政治教育的目标决定了新时代大学生思想政治教育创新的内容的性质与方向。新时代大学生思想政治教育的根本目标在于培养担当民族复兴大任的时代新人，回答"培养什么样的人、如何培养人及为谁培养人"这三个根本问题。这一目标明确了新时代大学生思想政治教育的基本定位。习近平总书记在2016年底召开的全国高校思想政治工作会议上指出，"高校立身之本在于立德树人"，同时进一步强调，"思想政治工作从根本上说是做人的工作，必须围绕学生、关照学生、服务学生，不断提高学生思想水平、政治觉悟、

道德品质、文化素养,让学生成为德才兼备、全面发展的人才"。① 以习近平同志为核心的党中央结合建设中国特色社会主义、实现中华民族伟大复兴中国梦的实践,对思想政治教育目标作出新的提炼与阐发,阐明了新时代思想政治教育要"培养什么样的人",那就是"培养德智体美全面发展的社会主义建设者和接班人",②培养理想信念坚定、本领过硬、创新创造、艰苦奋斗、品格高尚,有"思想水平、政治觉悟、道德品质、文化素养"③的时代新人。这就将立德树人这一教育的根本任务同培养担当民族复兴大任的时代新人的教育目标结合起来了,从而确立了新时代大学生思想政治教育更高的战略定位,揭示了新时代大学生思想政治教育目标的本质与内涵,规定了新时代大学生思想政治教育内容的性质与创新的方向。

三、为新时代大学生思想政治教育创新发展提供了新方法

习近平在党的十九大报告中指出,我国社会主要矛盾已经转化为人民日益增长的美好生活需要和不平衡不充分的发展之间的矛盾。④ 矛盾是推动事物变化发展的根本动力,新时代社会主要矛盾转化的影响是全局性、全方位、全面性的,不但影响社会的发展规律,也影响人的思想与行为。只有深刻理解和充分认识新时代和社会主要矛盾的变化,才能更好地迎接时代新挑战,做好新时代大学生思想政治教育工作。主要矛盾的变化不仅指出了新时代大学生思想政治教育创新发展的时代要求,也对新时代大学生思想政治教育方法的创新发展提出了要求并为其指明了方向。新时代大学生思想政治教育要坚持以人民为中心的原则方法,加强人文关怀,提升思想政治教育的针对性和亲和力。党的十九大报告指出,新时代必须坚持以人民为中心的发展思想,不断促进人的全面发展、全体人民共同富裕。人民对美好生活的向往就是党的奋斗目标。新时代

① 习近平在全国高校思想政治工作会议上强调　把思想政治工作贯穿教育教学全过程　开创我国高等教育事业发展新局面[N].人民日报,2016-12-09(1).
② 习近平.决胜全面建成小康社会　夺取新时代中国特色社会主义伟大胜利:在中国共产党第十九次全国代表大会上的报告[N].人民日报,2017-10-28(1).
③ 习近平在全国高校思想政治工作会议上强调　把思想政治工作贯穿教育教学全过程　开创我国高等教育事业发展新局面[N].人民日报,2016-12-09(1).
④ 习近平.决胜全面建成小康社会　夺取新时代中国特色社会主义伟大胜利:在中国共产党第十九次全国代表大会上的报告[N].人民日报,2017-10-28(1).

人民对美好生活的需要日益广泛，不仅对物质生活和精神生活有更高的要求，而且在民主、法治、公平、正义、安全、环境等方面的要求也日益增长，这迫切需要新时代大学生思想政治教育坚持以人民为中心，把握人民对美好生活的追求，满足人民对美好生活的向往。新时代大学生思想政治教育坚持以人民为中心的原则，就是代表人民的根本利益，以满足人民对美好生活的需要和以促进人的全面发展为目标，依靠人民群众推进党的思想政治工作和党的其他各项工作，调动人民群众创造美好生活、实现中华民族伟大复兴的积极性。习近平总书记在全国高校思想政治工作会议上明确指出："要坚持不懈促进高校和谐稳定，培育理性平和的健康心态，加强人文关怀和心理疏导，把高校建设成为安定团结的模范之地。"①新时代大学生思想政治教育方法需注重人文关怀，最根本的就是要更多、更实在地关注、关心、关爱大学生，既要解决大学生的思想问题，也要解决大学生的实际问题。同时，也要把加强人文关怀和加强心理疏导结合起来，特别是在市场经济快速发展，物质需求得到较大满足，而精神世界时感空虚的情况下，更要把人文关怀和心理疏导方法结合起来，通过既关心大学生的生活问题又关注心理问题来实现人的物质世界和精神世界的全面、和谐发展。

四、为新时代大学生思想政治教育创新发展提供了新载体

随着信息科学技术的迅猛发展和网络的快速普及，新媒体正向着人们生活的各个领域扩张，其与思想政治教育的融合与渗透是全方位全领域的。如受新冠疫情的影响，网上教育成为疫情期间大学生的普遍学习模式。近年来，越来越多高校参与建设主题教育网站和专业学习网站，如慕课、学习强国、智慧团建等，都是新时代大学生思想政治教育与信息技术相融合的结果，正是在这种融合中才能体现新时代大学生思想政治教育创新发展的时代价值，也体现出了互联网教育内容与信息技术的融合是创新发展新时代大学生思想政治教育的必然趋势。习近平总书记在全国高校思想政治工作会议上提出了"推动思想政治工作传统优势同信息技术高度融合，增强时代感和吸引力"的战略任务，为新

---

① 习近平在全国高校思想政治工作会议上强调：把思想政治工作贯穿教育教学全过程　开创我国高等教育事业发展新局面[N].人民日报，2016-12-09(1).

时代大学生思想政治教育的创新发展提供了根本遵循。新媒体在思想政治教育领域的融合与渗透,为大学生思想政治教育提供了新环境、新手段、新思维、新空间。教育者必须发扬创新与开放的精神,抢先掌握新媒体的发展趋势和技术运用,创新大学生思想政治教育的手段与途径,做到为我所用、深度融合、趋利避害,使之贴近大学生的生活,提升思想政治教育的亲和力、针对性、吸引力和感染力。用学生喜闻乐见的方式发起内容丰富的线上学习活动,并积极参与线下讨论互动,寓教于乐,做到时间与空间的全覆盖,润物无声地传递给学生理论知识、思想内涵和人生启迪,增强学生学习获得感;还可以采用学生青睐的"三微一端"和网络直播等形式创造性地开展工作,将政治术语、教育词汇转化为学生容易接受的网络热词表达出来,抓住学生兴趣点、触动点和共鸣点。在充分掌握思想政治工作规律、教书育人规律、学生成长规律"三大规律"的前提下,加强思想政治教育与新媒体的融合,按照"因事而化、因时而进、因势而新"的要求守正创新,在实践过程中掌握新特质、紧抓新机遇、开拓新境界,不断增强思想政治教育的预见性和针对性,把握思想政治教育在新媒体领域的主导权。

第三节　新时代大学生思想政治教育面临的挑战

当前我国思想政治教育面临的挑战,集中体现在四个方面:市场经济的冲击、网络带来的难题、"四个多样化"的影响、经济全球化的挑战。

一、市场经济的冲击

由传统的计划经济体制向社会主义市场经济体制转变,是发展我国社会生产力,改善和提高人民生活水平,加快社会进步的必然要求。改革开放40多年来的社会巨变向国人充分昭示了这一伟大变革的辉煌成就。

但是,在物质文明提高的同时,物质主义、享乐主义、个人主义的盛行,在某种程度上已经暴露出一部分人精神价值的失落,人与人的关系被物化为一种商品关系与金钱关系。现代化运动伴随着世俗化或物质化。物质活动与物质需求的过分张扬,导致一部分人对精神活动与精神需求的排斥,其物质性维度过度膨胀，而精神性维度被隐匿，最终导致其与崇高的疏离。人与崇高的疏离是现代化运动的一个副产品。人的精神性与伦理性是人走向崇高、实现价值的人性基础，也是人相互理解和认同的人性基础。

人与崇高的疏离在当前的教育中体现为教育的功利主义取向。实用知识、职业技能、教育证书等成为接受教育的理由，而教育本身也正在成为工业社会培养标准化人才的工具。人与崇高的疏离刚好与思想政治教育的方向相背。面对现代生活中的这种表现，思想政治教育工作也出现了一些困惑。

二、网络带来的难题

全球互联网的出现及迅猛发展，带来了人类生活的巨变，"数字化生存"这一概念正在成为现实。网络正在改变传统的教育形态，预示着教育信息化时代的到来。网络一方面给思想政治教育带来了极大的助力，另一方面制造了新的难题。

多元异质道德文化对"中心—边缘"两极框架的瓦解，体现在网络没有中心与边缘、主流与非主流之分，不同国家、不同地域的异质伦理文化，不同时段、不同类群的道德规范，都能在网上共存。这使得人们有了充足的机会去领略多样化的异质道德文化，并激起他们去进行比较与评判。在这一过程中，主流的德育话语框架很难控制受教育者的道德品性的养成，受众道德价值的"无中心化"的局面就此形成，传统道德教育所设定的"中心—边缘"两极框架被消解。所谓的"中心—边缘"两极框架就是强调主流文化与主流意识形态的导向作用，是与非、美与丑、善与恶、先进与落后、庸俗与优雅等之间有着清晰的界限。当"中心—边缘"两极关系不复存在的时候，受到中国主流道德文化抵制的"道德相对主义"就开始流行，不同的人持有不同的道德判断标准的局面就此形成。

网络行为的自由性导致控制手段的失效。全球性的互联网是一个开放的结构，它突破了地域、国界的限制而成为一个超物理空间。同时，互联网一开始就被设计为一个分散式的体系结构，没有权力中心的控制。网络本身的自由开放性导致了网络行为的自由性，网络中接受信息又制造信息的行为被认为是一种私人通信行为。网络技术为网络信息的发布提供了多样的可供自由选择的手段。网络行为的自由性，必然会导致各种非法信息充斥网络。技术手段也许可以对网络行为的自由性进行一定的控制，但控制的结果，势必会造成自由性这一网络的根本特性的丧失，这是一个两难的问题。网络行为的自由性会导致一些常规的控制手段对网络行为失去效力，进而导致无政府主义。无政府主义表现为对权力和规则的漠视，以及社会责任感的淡化。高校德育一直在力图控制和消除无政府主义，而网络却为其提供了一个理想的滋生场所。

人机交往与"网络沉溺"导致道德冷漠和心灵扭曲。人必须通过机器才能进入网络世界，人与机器的交往正逐步替代人与人之间的交往，人在成为机器的附属物；同时，人对网络的过度依赖，造成了人类生活的一种异化现象——"网络沉溺"。人机交往中缺乏人际交往中那种直接的思想、情感、知识、话语交流，而人际交往的直接感受性、可视性与亲和感的丧失，意味着一种平等互助、和谐相处的道德关系难以形成。人机过度交往与"网络沉溺"所导致的人与人的疏离，师生生活在一起却彼此之间并不真正相识，更谈不上真诚交流，也使得榜样示范这一经典的思想政治教育方法失效。另外，传统思想政治教育力图去建立的所谓共同理想、共享的价值观也会成为一场空想。

三、"四个多样化"的影响

随着改革的推进和互联网的发展，我国的社会生活出现了经济成分和经济利益多样化、社会生活方式多样化、社会组织形式多样化、就业岗位和就业方式多样化这"四个多样化"的局面。"四个多样化"的出现和存在，是社会发展进步的标志，是人们生活日益丰富多彩的体现，同时也使思想政治教育带来新的挑战。具体来说，由于市场经济体制的不完善和市场经济的自身缺陷，给人们的价值观形成带来了消极的负面效应。困境主要表现在以下几方面。

1) 从价值观念上看，一部分人认为市场经济就是对利益的追求，他们在利益关系的驱动下，置国家利益、集体利益、社会利益于不顾，讲究所谓的"平等交易""奉献与索取等价"，走向自私自利个人主义，除此之外还包括政治观念淡化，理想信念动摇，对建设有中国特色的社会主义缺乏信心，陷入精神空虚和颓废状态。

2) 从行为规范上看，社会上的一些领域和一些地方道德失范，是非、美丑界限混淆，拜金主义、享乐主义、极端个人主义有所滋长，见利忘义、损公肥私行为时有发生，不讲信用、欺骗、欺诈成为社会公害，以权谋私、腐化堕落现象大量存在。一部分人把金钱和既得利益看作衡量价值的尺度，把知识和能力作为待价而沽的资本。这些问题不解决就会扰乱正常的经济和社会秩序，损害改革开放的大局。

3）从生活方式上看，"四个多样化"促使人们的社会生活标准和方式发生了巨大的变化。追求科学、文明、健康生活方式已经成为人民群众的自觉行为。人们的生活观念和生活态度趋向更加务实和开放，生活情趣和爱好更加广泛多样，更加突出自己的个性。人们的生活节奏加快，收入提高，活动空间增大，物质文化生活更加丰富多彩，文化娱乐及休闲方式也呈现多样化的趋势。在人们生活观念和生活态度发生变化的同时，人们的衣、食、住、用、行的方式也发生了根本的变化，呈现出消费方式、交往方式和社会服务方式多样化。这种变化使人们更加向往和热爱美好的新生活。

目前确实存在一些不文明、不健康的生活观念和生活方式。拜金主义必然滋生享乐主义，个人主义必然导致奢侈浮华的生活作风。市场经济条件下的这些社会弊病对思想政治教育提出了新的挑战。

四、经济全球化的挑战

经济全球化的历史浪潮以其不可阻挡之势席卷世界每个角落。它在促进我国经济快速发展的同时，也带来了世界各国各地区的思想文化、价值观念、意识形态，冲击着我们主流的意识形态和价值观念。这无疑增加了进行思想政治教育的难度。

（一）意识形态的斗争日益复杂化

在经济全球化的背景下，意识形态的斗争获得了新的表现形式，从政治层面走向社会层面，手法不断翻新，而且越来越隐蔽化，越来越具有欺骗性。西方国家借助与我国扩大文化艺术交流的机会，通过影视、摇滚音乐、快餐店、裸体艺术、时装等媒介，大力传播其价值观和生活方式，企图使我国向他们所希望的方向发展。西方敌对势力的这些意识形态的渗透，必然会使一些意志薄弱者或涉世未深者受到毒害，对西方价值观念产生盲目崇拜，背弃社会主义价值体系，对社会主义和共产主义信念产生动摇。

（二）经济全球化背景下的爱国主义教育问题难度增大

经济全球化浪潮席卷全球，信息与通信、技术的发展，使人们逐渐陷入网络化的社会生活中，现实世界充斥着虚拟的东西，人的个性表达将越来越依赖于网络化的世界。同时，世俗文化、大众化文化配合着传播媒体的改进向全球扩张，而其中的重视商业价值、追求享乐、个人主义等价值观将会淡化一些青年人的理想信念和集体观念，弱化他们的国家意识和爱国情感。所有这些，都将使思想政治教育面临很大的冲击，原有的教育方式、教育内容将会在经济全球化浪潮下受到考验。

第三章

新时代大学生思想政治教育的
定位与发展趋势

第一节　新时代大学生思想政治教育的定位

新时代大学生思想政治教育的定位，是根据思想政治教育在大学生教育、培养过程中的应有地位和作用所进行的，它是一种认知活动与教育资源配置活动。明确新时代大学生思想政治教育的目的有利于明确地位、发挥功能，使大学生思想政治相关教育要素、资源合理分配，从而实现新时代大学生思想政治教育效果的最优化。

一、新时代大学生思想政治教育的战略定位

纵观教育史，从总体上看，虽然党和国家一直把大学生思想政治教育放在重要的位置，但对其进行战略定位却是近几年来的事。加强和改进大学生思想政治教育，提高他们的思想政治素质，把他们培养成中国特色社会主义事业的建设者和接班人，对于全面实施科教兴国和人才强国战略，确保我国在激烈的国际竞争中始终立于不败之地，确保实现全面建成小康社会、加快推进社会主义现代化的宏伟目标，确保中国特色社会主义事业兴旺发达、后继有人，具有重大而深远的战略意义。大学生思想政治教育之所以被赋予战略意义并受到全党、全社会的高度重视，是有深刻时代背景的。

（一）确立新时代大学生思想政治教育战略地位的背景

1. 适应新发展阶段的需要

2021 年初，习近平总书记在省部级主要领导干部学习贯彻党的十九届五中全会精神专题研讨班开班式上发表重要讲话强调，要深入学习、坚决贯彻党的十九届五中全会精神，准确把握新发展阶段，深入贯彻新发展理念，加快构建新发展格局，推动"十四五"时期高质量发展，确保全面建设社会主义现代化国家开好局、起好步。[①] 在新民主主义革命阶段，毛泽东同志就提出了"新阶段"的概念，这是我们党根据中国的实际情况作出的战略判断。当前，我国已经全面建成了小康社会，第一个百年奋斗目标基本实现，已经进入了全面建设社会主义现代化国家、实现第二个百年奋斗目标的"新阶段"。在新时代，做好大学生的思想政治教育工作必须顺应新的时代特征，紧扣"新阶段"的历史特征，明确"新阶段"的工作任务和工作部署安排，才能做到有的放矢、顺势而为，从而培养出一大批能够担得起新时代使命与任务的接班人。

2. 实施人才强国战略的需要

国以才立，政以才治，业以才兴。发展靠人才支撑，政绩靠人才创造，人才培养和人力资源开发是关系党和国家事业发展的关键问题。鉴于人才的重要性，我们党在 1995 年就提出了科教兴国战略，注重培养具有创新能力的高素质人才队伍。科教兴国就是要把教育放在至关重要的位置上，而在各种教育活动中，思想政治教育负有重大的历史使命。在中国特色社会主义新时代，中华民族伟大复兴比历史上任何时期都渴求人才。作为立德树人重要阵地的高校，必须不断加强大学生思想政治教育工作，不断培养大学生的自强意识、创新意识、成才意识、创业意识。习近平总书记曾指出，综合国力竞争说到底是人才竞争，人才是衡量一个国家综合国力的重要指标，人才是自主创新的关键，顶尖人才具有不可替代性，国家发展靠人才，民族振兴靠人才。当前，我们国家正处于第二个百年奋斗目标的关键节点上，必须按照教育规律做好大学生的思想政治教育工作，使广大的大学生群体能够勇于承担时代使命、努力奋斗成

[①] 习近平在省部级主要领导干部学习贯彻党的十九届五中全会精神专题研讨班开班式上发表重要讲话强调: 深入学习坚决贯彻党的十九届五中全会精神　确保全面建设社会主义现代化国家开好局 [N]. 人民日报, 2021-01-12(1).

才，为实现民族振兴奉献青春力量。

3. 面向世界人才竞争的需要

当今世界，人才是一个国家经济和社会发展最重要的战略资源，是国家文化软实力的重要指标之一，是决定一个国家兴衰存亡的关键。进入 21 世纪以来，世界各国的交流越来越广泛，但是竞争也越发激烈，而各国综合国力的竞争实质上是人才的竞争。新时代的人才必须是德才兼备的，在加强大学生科学技术教育的同时，必须重视他们的思想道德教育，面向科技和经济发展的未来趋势，面向现代化建设的全局，把培养人才作为一项重大战略任务来抓，努力培养一支具有国际视野与现代文明、规模宏大、门类齐全、整体实力强的人才队伍，才能够在后疫情时代中实现超车、助推中华民族伟大复兴的早日实现。

4. 加快新时代大学生思想政治教育创新发展的需要

随着经济全球化和社会信息化的发展，大学生思想政治教育因领域扩大、因素增多、功能拓展而更为复杂。大学生思想政治教育走出了"象牙塔"，成为事关全社会、全高校的大事。在对外开放和经济全球化的背景下，需要教育者面向世界、面向社会、面向未来，研究和解决经济、科技、社会快速发展所面临的一系列新问题，把握新形势下人才成长的特点与规律。而面对这些新形势和新要求，一些地方、部门和学校的领导对大学生思想政治教育工作重视不够，办法不多。全社会关心支持大学生思想政治教育的合力尚未形成。学校思想政治理论课实效性不强，哲学社会科学的教材建设滞后，思想政治教育与大学生思想实际结合不紧，个别学校没有把大学生的思想政治教育摆在首位、贯穿于教育教学的全过程。学生管理工作与形势发展要求不相适应，思想政治教育工作队伍建设亟待加强，个别教师不能做到教书育人、为人师表。加快新时代大学生思想政治教育的创新发展，是加强和改进新时代大学生思想政治教育的现实需要。

(二) 确立新时代大学生思想政治教育战略地位的意义

由于高等教育大众化的推进，我国在校大学生人数迅速增多。高等教育既要满足我国快速发展的大量人才需求，也要对庞大的大学生群体以及他们的家长负责。在这样的背景下，把大学生培养成什么样的人，就成为事关国家前途与命运的战略工程、基础工程、灵魂工程、民心工程。正是从这样的大局出发，大学生思想政治教育的战略地位得以确立。这一地位的确立具有以下意义。

1. 有利于应对国内外现实形势的挑战

当前国内和国际形势发生着一系列重大而深刻的变化，这些变化对大学生思想政治教育提出了一系列新课题。虽然当今世界总体上是和平的，但是在和平的表象背后却是暗流汹涌。美国跃跃欲试地试图建立由它主导的世界格局和体系；一些别有用心的人在政治上利用人权、民主、民族以及台湾地位事务等问题向我国发难；西方一些敌对势力加紧推行西化、分化中国的阴谋。如近期，美国召开所谓的民主峰会，无端指责我国的民主发展状况，实际上是对我国内政的干预与妄加指责。但是，面对庞杂的信息，大学生是不是都能够认识到美国等西方国家的虚伪面目值得我们警醒。因此，我们必须牢牢守住高校的意识形态阵地，踏实做好新时代大学生的思想政治教育工作。高校在开放条件下，已经成为各种思潮汇集和文化较量的前沿。如果忽视大学生的思想政治教育，必然会带来大学生在发展取向、价值选择上的困难与混乱。一个国家如果失去了共同价值观念和统一意志，就会丧失凝聚力和向心力。没有凝聚力和向心力的国家是没有竞争力的。适时地把新时代大学生思想政治教育放在战略高度，能够更好地应对国际形势的新变化，增强民族凝聚力与竞争力。

当前我国已经全面建成小康社会，经济更加富足，人的自由个性的发展也会有更为广阔的空间，社会与个体的多样化发展异彩纷呈。然而，在物质上富裕和精神上自由的同时，在多样化发展的过程中，一些社会问题与丑恶现象也出现了，诸如诚信缺失、制假贩假、道德失范和贪污腐败。这些不良现象通过网络等新媒体迅速传播，给大学生的健康成长带来了不可忽视的负面影响。在这样的舆论环境下，新时代大学生思想政治教育有利于适应国内外现实环境的挑战，对于培养大学生的社会主义核心价值观具有重要的作用，有利于帮助新时代大学生认清社会现实形势，抵制不良影响。

2. 有利于确保社会主义事业平稳发展

得民心者得天下，重视新时代大学生的思想政治教育是得民心的一项重要工程。列宁在《我们运动的迫切任务》中明确指出，"由此自然产生出俄国社会民主党所应该实现的任务：把社会主义思想和政治自觉灌输到无产阶级群众中去，组织一个和自发工人运动有紧密联系的革命政党"。民心向背不是自然形成的，需要进行引导。新时代大学生的思想政治教育工作必须在中国共产党的领导下，顺应新时代的发展情况，不断满足社会主义事业发展需求。当前，尽管我国高等教育大众化发展很快，但大学生的思想道德修养水平参差不齐，部分同学的思想道德和政治素养还不能满足当前中国特色社会主义事业的发展要求。因此，我们必须在百年未有之大变局的国际环境下，关注大学生的成长情况，高校积极发挥立德树人的作用，为学生的身心健康发展创造良好的条件和环境，争取到广大大学生群体的支持，提升新时代大学生的幸福感和成就感，从而确保我国社会主义事业的平稳发展。

3.有利于促进大学生的全面发展

在大学学习阶段，大学生由于处在成长的关键时刻，在确定发展方向、选择价值取向时，难免产生困惑、遇到矛盾，有的甚至出现信仰缺失、精神迷茫和心灵空虚等问题。这些问题如果不能得到及时引导和解决，势必影响大学生的全面发展与前途。所谓德智体美劳全面发展，德一定是第一位的。在中国特色社会主义新时代，我们要将思想政治教育放在重要的战略地位，这有助于大学生端正人生态度、树立远大的理想和培养高尚的个人道德情操。同时，仅仅培养德并不是新时代大学生思想政治教育的全部目标。新时代大学生思想政治教育必须在培养德的前提下，致力于学生综合素质和能力的培养和提升，促进新时代大学生的全面发展。正如习近平总书记所强调的，坚持中国特色社会主义教育发展道路，坚持社会主义办学方向，立足基本国情，遵循教育规律，坚持改革创新，以凝聚人心、完善人格、开发人力、培育人才、造福人民为工作目标，培养德智体美劳全面发展的社会主义建设者和接班人，加快推进教育现代化、建设教育强国、办好人民满意的教育。①

(三)贯彻落实新时代大学生思想政治教育战略的举措

1.实现新时代大学生思想政治教育可持续发展

我国的思想政治教育工作随着中国共产党的成立而产生，并在百年党的奋斗历程中总结出一套基本经验。当前，中国特色社会主义进入新时代，我们必须在积极总结过去我国大学生思想政治教育历程和经验的同时，推动新时代大学生思想政治教育工作实现可持续发展，既能够继承优秀的大学生思想政治教育的优秀传统，又能够做到推陈出新、实现创新性发展。因此，我们当前必须在建党百年的关键历史节点上，善于总结出党的思想政治教育工作的基本经验

---

① 习近平在全国教育大会上强调：坚持中国特色社会主义教育发展道路 培养德智体美劳全面发展的社会主义建设者和接班人［N］.人民日报，2018-09-11(1).

并能够有效地进行继承发扬，同时能够结合新时代的具体情况和特点，为新时代大学生思想政治教育谋篇布局。

2.推动思政课程体系与思政课教育体制改革

新时代就要有新的目标，大学思想政治教育也应适应新的变化要求。因此，推动当前思政课程体系和思政课教育体制改革势在必行。改革思政课程体系就是要进行思想政治理论课课程与内容改革，综合教育内容，形成中国特色社会主义理论的最新成果，增强思想政治理论课教学的吸引力和感染力。改革思政课的教育体制就是改革不适应当前中国特色社会主义新时代的思政课管理体制、教育结构以及教育思想、教育内容、教学方法等。马卡连柯说过，一个人不能够一部分一部分地来教育，而是由人所经受的种种影响的全部总和综合地教育出来。发挥新时代大学生思想政治教育的作用，除了要改革思政课程体系、教学内容与方法之外，还要改革管理体制、评价指标、培养政策，保证教育、教学与管理的协调与配合。

3.构建提高新时代大学生思想政治教育针对性和实效性的长效机制

提高新时代大学生思想政治教育的针对性和实效性，是一个长期的渐进的过程。只有建立长效机制，把提高新时代大学生思想政治教育的针对性和实效性作为高等学校一项经常性的建设加以对待，并做到制度化、规范化，才能充分发挥新时代大学生思想政治教育的作用。

1)要构建党委统一领导、党政齐抓共管的领导机制。思想政治工作，各个部门都要负责任。共产党应该管，青年团应该管，政府主管部门应该管，学校的校长、教师更应该管。要在高校党委的统一领导下，由主管思想政治教育的学校领导牵头，汇集相关职能部门，把提高新时代大学生思想政治教育针对性和实效性纳入学校教育管理体系之中，作为一项重要的长期任务，常抓不懈。

2)制定科学合理的教育规划。制定合理的规划，即根据学生思想状况的变化和社会发展客观需求进行规划。要根据社会对人才思想道德的要求，坚持德育为先的原则，主动进行引导，并事先采取措施将学生的各种思想问题、道德问题、心理健康问题以及其他实际问题解决在萌芽状态，防患于未然。

3)构建督导长效机制。对大学生思想政治教育工作要进行长期督导，是提高针对性和实效性的重要手段。高校要成立由政治思想强、富有责任意识、经验丰富的专家构成的思想政治教育督导团。通过座谈、征求意见、调查等方式，对思想政治教育进行全程督导，确保提高其针对性和实效性。

二、新时代大学生思想政治教育的目标定位

新时代大学生思想政治教育目标定位的实质是"培养什么人"的问题。2018 年习近平总书记在全国教育大会上强调，培养社会主义建设者和接班人，定语就是"社会主义"，这是我们对培养什么人的本质规定。我们培养的人，必须树立共产主义远大理想和中国特色社会主义共同理想。没有这一条，培养社会主义建设者和接班人就不成立了。习近平总书记关于培养什么人的重要论述，为新时代大学生思想政治教育的目标定位指明了方向。

(一)社会主义建设者和接班人的目标定位

1.社会主义建设者和接班人目标定位的提出

目标定位，不仅能为思想政治教育明确人才培养的规格问题，也能帮助广大教育工作者明确工作的方向。因此，我们党和国家向来重视大学生思想政治教育的目标定位。在我们进行社会主义建设的各个时期几乎都对思想政治教育进行了目标定位。这些定位是紧密结合当时国内国际形势提出来的，对当时的思想政治教育产生过重要的指导作用。但是在一定时期内，大学生的思想政治教育目标定位也存在着或多或少的问题，主要体现在以下几个方面：

1)目标定位过于抽象。例如，曾经提出的培养"又红又专"的社会主义事业接班人的目标定位，提出了"红"的要求，形象生动，易于接受，很有必要。但对"红"的规范与把握往往难以具体化。

2)目标定位政治导向存在偏差。在过去以政治运动为中心的社会条件下，当时的大学生思想政治教育很多情况下以个人崇拜、阶级斗争为重要内容，并不符合当时国内的实际情况。

3)目标定位存在"一刀切"的现象。思想政治教育在目标要求上坚持先进、远大是必要的，但对所有学生不分层次、一律按高标准要求，就会造成思想政治教育的"一刀切"与理想化，甚至使大学生的思想政治教育脱离实际，难以被多数学生接受。

总结以往大学生思想政治教育目标定位的经验教训，进入 21 世纪以后，根据当时社会发展和广大学生全面发展的需要，胡锦涛同志明确提出了新形势下大学生思想政治教育的定位：高校是培养人才的重要基地，必须把培养中国特色社会主义事业的建设者和接班人作为根本任务。……全国高校都要始终不渝

地全面贯彻党的教育方针,坚持学校教育、育人为本,德智体美、德育为先,充分发挥大学生思想政治教育主阵地、主课堂、主渠道的作用,全方位推进大学生思想政治教育,多方面促进大学生全面发展。[①] 十八大以来,大学生思想政治教育发展进入了新的阶段。2019 年 3 月 18 日,习近平总书记在学校思想政治理论课教师座谈会上明确指出:"我们党立志于中华民族千秋伟业,必须培养一代又一代拥护中国共产党领导和我国社会主义制度、立志为中国特色社会主义事业奋斗终身的有用人才。"[②] 2021 年 3 月,习近平总书记在看望参加全国政协十三届四次会议的医药卫生界、教育界委员时指出:"要全面贯彻党的教育方针,坚持社会主义办学方向,坚持教育公益性原则,着力构建优质均衡的基本公共教育服务体系,建设高质量教育体系,办好人民满意的教育,培养德智体美劳全面发展的社会主义建设者和接班人。"[③] 这为我们在新时代树立大学生思想政治教育目标提供了根本遵循,同时我们可以看出在中国特色社会主义新时代,要建设一流大学、培养时代新人,做好大学生思想政治教育工作,必须把准政治方向,坚决不能动摇党的领导这一办学治校育人的根本保证。

坚持社会主义办学方向,是高校办学的基本前提和保障。我国高校是中国共产党领导下的高校,我国独特的国情民情、五千年的文化传统和当前在全世界独树一帜的社会制度,决定了我国高校必须高扬马克思主义的伟大旗帜。在中国共产党的百年发展历程中,党在抗日战争时期,在陕北创办公学时就提出了"七分政治,三分军事"的办学原则;在解放战争时期,在华北大学等革命学校的立校办校中,党始终坚持将马克思主义、毛泽东思想放在教育的首位;新中国成立后,我国遵循马克思主义的立场、观点和方法,明确了我国高等教育的性质,形成了具有中国特色的办学道路、办学模式。当前中国特色社会主义进入了新时代,必须矢志不渝地遵循这一传统,理直气壮地研究马克思主义、传播马克思主义、讲授马克思主义,积极引导大学生群体做到真学、真懂、真信、真用。

---

① 中共中央文献研究室.十六大以来重要文献选编:中[M].北京:中央文献出版社,2006:640.

② 习近平.习近平谈治国理政:第三卷[M].北京:外文出版社,2020:328.

③ 习近平在看望参加政协会议的医药卫生界教育界委员时强调:把保障人民健康放在优先发展的战略位置 着力构建优质均衡的基本公共教育服务体系[N].人民日报,2021-03-07(1).

2.培养社会主义建设者和接班人是育人为本的重要体现

培养社会主义建设者和接班人是要培养出对国家、对社会、对人民真正有用的人，其核心是育人为本。育人为本，就是以人才培养作为高校的重要任务，坚持一切着眼于调动学生的内在积极性，坚持一切为了学生的成人和成才。学校的一切工作要把培养学生、促进学生全面发展作为出发点和归宿。育人为本的实质就是以促进学生全面发展为根本，一切教育以学生为出发点，一切为了学生的健康成长，一切教育围绕学生进行。因此，新时代大学生思想政治教育工作者要把一切为了学生、为了一切学生、为了学生的一切作为出发点和落脚点，能够主动倾听并理解大学生的正当利益诉求，想大学生之所想、急大学生之所急、办大学生之所盼，将大学生成长过程中的需求纳入新时代大学生思想政治教育的视野，使大学生真正成长、成才。

育人为本就是要通过各项教育来培养新时代大学生正确的世界观、人生观和价值观。在培养、教育大学生的时候，必须坚持辩证思维，首先要肯定大学生的主流思想是好的，要充分调动广大学生成长成才的主动性与积极性，让他们真正成为自我教育的主体。近期的高校学生思想政治状况调查表明，大学生的思想道德素质得到进一步提高，精神风貌积极向上，对主流价值观表现出较高的认同。大学生的学习生活方式较健康，娱乐休闲方式较为丰富，能够正确处理好网络与学习之间的关系，对网络资源的使用更加理性。多数大学生表现出强烈的成才愿望，相信通过自身努力能够在社会中获得良好的发展。另外，我们也要清醒地看到，一些学生由于缺乏社会生活经验，世界观、人生观、价值观正在形成过程中，在复杂多变的社会环境中，在多元文化的影响下，难免产生一些消极甚至错误思想。因此，新时代大学生思想政治教育者必须及时了解当代大学生的思想状况，帮助他们明确成长方向，为其适应时代发展保驾护航。

实现育人为本的目标，是高校所有人员共同的责任。首先，要进一步明确高校的职能。培养人才、发展科学、服务社会是现代高等学校的三项职能。习近平总书记在学校思想政治理论课教师座谈会上指出，"各级党委要把思想政治理论课建设摆上重要议程，抓住制约思政课建设的突出问题，在工作格局、队伍建设、支持保障等方面采取有效措施。要建立党委统一领导、党政齐抓共管、有关部门各负其责、全社会协同配合的工作格局，推动形成全党全社会努力办好思政课、教师认真讲好思政课、学生积极学好思政课的良好氛围。"①因此，首先，高校所有领导者、教师、管理者、服务者都要牢固树立育人为本的观念，始终把人才培养作为根本任务。其次，坚持全员育人、全面育人和全程育人。社会环境的多样性与多变性，学生成长成才的复杂性，决定了大学生思想政治教育的艰巨性，仅靠一个人、一个部门的力量是远远不够的，必须树立全员育人、全面育人、全程育人的育人观。全员育人就是全校的教职工都担负着育人的责任，都是德育工作者。全面育人就是要做到教书育人、管理育人、服务育人。全程育人就是把思想政治教育贯穿到大学生的学习和生活中去。只有这样，新时代大学生思想政治教育才能实现其目标。

（二）立德树人的导向定位

1.立德树人的导向定位的含义

习近平总书记强调，思政课是落实立德树人根本任务的关键课程。新时代大学生思想政治教育工作必须紧紧围绕立德树人这项中心工作，切实做到德育为先。德育为先，就是要把德育作为一切教育的先导，摆正"做人"与"做事"的关系，教育学生首先要学会"做人"。坚持德育为先，就是要坚定不移地把思想政治教育放在一切教育工作的首位。这是因为德育是达成全面发展目标的保证，是激发学生成长成才动力的源泉。

2020年10月，中共中央、国务院印发的《深化新时代教育评价改革总体方案》，强调要不断扭转不科学的教育评价导向，对当前积极改进高等教育评价和改革学生评价等方面提出了明确要求。文件中强调，高校要将立德树人成效作为检验学校一切工作的根本标准，减少以往重智育轻德育、重分数轻素质等片面行为，不断完善"五育并举"育人体系，实现新时代大学生的德智体美劳全面发展。因此，做好新时代大学生思想政治教育工作必须有系统思维，正确处理好"五育"之间的关系。坚持立德树人的导向定位，并不是只重视德育而忽略其他方面的教育，而是要发挥德对智的导向、激励作用，保证其他教育有正确的价值取向。比如说，德育和智育之间是密不可分的。教育学家赫尔巴特曾对两者的关系作过阐述："我想不到有任何'无教学的教育'，正如在相反的方面，我不承认有任何'无教育的教学'。""智育如果没有进行道德教育，只是一种没

---

① 习近平.习近平谈治国理政：第三卷[M].北京：外文出版社，2020：331.

有目的的手段，道德教育如果没有进行教学，就是一种失去了手段的目的。"这就是说，在文化知识的教学中必须进行道德教育，道德教育也只有在文化知识的教学中才能得以进行。

2. 立德树人的落实

（1）充分认识德育的地位与功能是落实德育的前提与基础

在新时代，我们要"把思想进一步统一到中央对大学生思想政治教育极端重要性的认识上来，统一到中央对大学生思想政治教育新形势的分析判断上来，统一到中央对大学生思想政治教育工作的整体部署上来"。要认识到进一步加强和改进大学生思想政治教育不仅是事关国家前途和命运的战略工程，是事关科教兴国和人才强国战略的基础工程，是事关发展先进文化和建设精神文明的重大工程，而且也是事关千家万户切身利益的民心工程。得民心者得天下，顺民意者事业兴。充分认识大学生思想政治教育在我国社会的战略地位，深刻理解德育在高校的首要地位与重要功能，是落实德育为先的思想基础。

对于新时代大学生而言，必须把握好三个层次的德。对于国家而言，必须有为中华民族谋复兴的大德。对于社会而言，必须有为社会和人民服务的公德。对于个人而言，必须能够严于律己、严守私德。因此，首先，新时代高校必须始终牢记"为党育人、为国育才"使命，不断加强当代大学生的理想信念教育，用共产主义远大理想和中华民族伟大复兴的中国梦来激励鼓舞学生，积极引导大学生群体在学习工作等实践活动中担负起强国使命。其次，要在培养新时代大学生社会公德方面下功夫。社会公德水平直接体现了社会文明程度，因而必须把公德教育作为新时代大学生思想政治教育的重要组成部分，通过带领学生参加志愿服务活动、社会调研活动等形式，让大学生群体能够在服务社会和人民的实践中实现个人的成长成才目标。再次，积极引导学生要明私德。高校是青年人走向社会之前德育的重要一环。因此，新时代大学生思想政治教育工作者要不断修炼个人品德，通过个人魅力不断感染和影响学生。同时，要通过思想引领、舆论宣传等方式，积极营造向德向善的校园文化氛围，从而使大学生能够系好人生的第一粒扣子，能成为一名严于律己、品德高尚的时代新人。

（2）改善德育与其他四育脱离的现状

德育、智育、体育、美育、劳动教育是高等学校整体教育的组成部分，是满足学生成长不可缺少的教育内容。德育只有与其他教育紧密结合、相互渗透，才能发挥先导作用。

德育脱离其他教育，特别是智育，就是脱离学生的实际，从而失去最重要的基础，甚至陷于形式而与学生疏离；智育脱离德育，也会导致智育背离正确价值取向，缺乏动力源泉。德育与智育分离，是受小农经济制约、封闭环境影响的传统教育分工的一种教育格局。已经不适应经济全球化、社会信息化、环境开放性的发展需要。因此，只有改变德育与智育脱离的"两张皮"现象，才能真正把德育为先落到实处。良好的体魄是大学生成才的前提。重视新时代大学生的体育锻炼，能够帮助大学生正确认识个人的体能和身体状况，有助于他们调节情绪、培养意志等。美育对于培养人的高尚的道德情操，陶冶人的心灵，使之树立正确的世界观、人生观和价值观有着特殊的功效。美育是"五育"的重要内容。在大学生群体中加强美育，可以帮助大学生提高审美标准、有助于他们树立正确的审美取向、脱离低俗的审美怪圈，以美的形象打动人，力求做到以美引善。按照马克思主义的基本观点，劳动是人的固有属性。但是近些年来，大学生群体普遍缺乏劳动锻炼，从而对于劳动的价值认可出现一些偏差。习近平总书记指出，要在学生中弘扬劳动精神，教育引导学生崇尚劳动、尊重劳动，懂得劳动最光荣、劳动最崇高、劳动最伟大、劳动最美丽的道理，长大后能够辛勤劳动、诚实劳动、创造性劳动。因此，我们必须重视大学生的劳动教育工作。可见，新时代大学生的茁壮成长，"德智体美劳"缺一不可，必须积极构建"五育"协调发展的长效机制。

（3）切实加强全员育人是保证

立德树人的落实离不开各方面教育力量的参与。高校党政领导是落实立德树人的领导者与组织者，他们负责制订可操作性强的教育方案、教育措施、教育政策，且它们是落实立德树人的前提与保证。第一线的教育工作者，主要是德育教师和专业教师，他们始终坚持教书育人，是落实德育为先的基础与保证，没有全校管理者和教师自觉地教书育人、管理育人、服务育人，落实德育为先就会成为一句空话。

2017年，中共中央、国务院印发《关于加强和改进新形势下高校思想政治工作的意见》，提出要推进"三全育人"综合改革试点工作，即实现全员育人、全方位育人、全过程育人，这三者是相辅相成、相互支撑的，是新时代高校完成立德树人这一根本任务的关键措施。"全员"作为育人主体，在"三全育人"体系中发挥着关键作用，是实现全过程、全方位育人的基础和保障。① 所以，我们必须高度重视全员育人的重要作用，以构建具有协同功能的育人共同体为抓手，从而汇聚起全过程、全方位育人的合力。一方面，要不断夯实育人共同体的主体基础。高校党委必须高度重视全员育人的重要作用，切实做好顶层设计，重视发挥党员领导干部参与"立德树人"工作的示范带动作用，提升一线思政课教师、辅导员等群体的业务能力，为学校构建全员育人共同体提供坚强的保障。另一方面，必须积极推进"三全育人"实现同步同向。"三全育人"是一个综合体，缺一不可，各要素之间对立统一，在新时代大学生思想政治教育过程中，必须确保"三全育人"能够同步同向，即实现育人诸要素中的主体要素、时间要素、空间要素相互统一，避免各要素之间相互打架。

(4)建立教书与育人相结合的机制

完善高校教师的师德建设条例，完善教师职业道德规范，建立科学有效的评估体系和考核办法，引导教师把思想政治教育渗透到教学、科研和社会服务各个方面，既做"经师"又做"人师"，努力成为教书育人的楷模。

教书与育人是辩证统一的关系。习近平总书记强调，人才培养一定是育人和育才相统一的过程，而育人是本。首先，这一重要论述，为各级各类学校和广大教师明确职业目标和工作重点提供了重要遵循。其次，办好中国教育，必须坚持社会主义的办学方向，必须旗帜鲜明地坚持教书与育人相统一。教书和育人是你中有我、我中有你、相互依存的关系，二者不可偏废，也不互为替代，统一于立德树人教育教学实践活动之中。② 再次，做好新时代大学生思想政治教育工作，必须掌握好教书育人规律。习近平总书记指出，办学就要尊重这个规律，否则就办不好学。新时代大学生思想政治教育必须坚持为党育人、为国育才，只有遵循思想政治工作规律，掌握好教书育人的基本规律，才能顺应当代大学生的成长规律。

(5)在全方位育人中突出思想政治教育管理

建立自律与他律、激励与约束有机结合的管理机制，加强对课堂教学的管理，严禁在课堂教学中散布错误思想；加强对校园文化建设中哲学社会科学学术活动、校园网、学生社团等的管理，严禁给错误言论提供传播渠道；加强对

① 王辉，陈文东.基于"育人共同体"的全员育人探究[J].思想教育研究，2021(4)：155-159.

② 韩宪洲，宋志强.习近平关于新时代教书育人论述探析[J].思想教育研究，2021(11)：3-7.

学生的管理，严格规范大学生的学习、生活和行为，促使他们自觉遵守各项规章制度，逐步养成良好的行为习惯。全方位育人关键在于要加强思想政治教育管理。

要想做好新时代大学生的思想政治教育工作必须不断提升思政课时效，促进大学生的全面发展，就需要加强新时代大学生思想政治教育工作的管理。面对当前国际国内错综复杂的形势，特别是新型冠状病毒疫情的持续影响，给全世界发展带来了巨大冲击，很多西方国家不断对中国进行意识形态渗透，因此我们必须在全方位育人中促进大学生的健康成长。要以透彻的学理分析说服人，以高超的教学艺术引导人，不断增强学生对马克思主义的信仰、对中国特色社会主义的信念和对实现中华民族伟大复兴中国梦的信心。挖掘其他课程和教学活动中蕴含的思政资源，根据不同课程特色，合理嵌入育人要素，进行主流价值引领，使各类课程与思政课同向同行、形成协同效应。教学育人环节间的协同，对于推进思想政治教育至关重要。应把思政小课堂与社会大课堂、理论教学与实践教学结合起来，引导学生走出校门、接触社会、了解国情，在实践锻炼中积累智慧、在社会熔炉中锻造品格、在搏击风浪中增长才干，做到学以致用、用以促学，实现知、情、意、行有机统一，培养担当民族复兴大任的时代新人，培养德智体美劳全面发展的社会主义建设者和接班人。

（6）在全过程育人中突出服务育人

建立为大学生办实事办好事的机制，制定具体工作制度，形成从关心大学生学习生活的一点一滴做起、从大学生反映的一个个问题抓起的工作规范，不断增强思想政治教育的实效。全过程育人，是指学生从初入校门到毕业，都要对他们进行思想政治教育。新时代大学生思想政治教育是思想政治教育全过程育人的重要一环，推进新时代大学生思想政治教育创新发展，必须突出服务育人理念。

区别于教书育人、管理育人，高校服务育人与德智体美劳的结合有其自身的独特方式，有着不同的育人效果。新时代的服务育人框架包含在服务中"修德"、在服务中"启智"、在服务中"健体"、在服务中"育美"、在服务中"崇劳"等各个方面，既立足传承，又面向未来，全面推进高校服务育人的质量变革、效率变革和动力变革，也必将促进学生服务意识、服务使命感、服务技能的全面提升。

三、新时代大学生思想政治教育的学科定位

学科定位就是把新时代大学生思想政治教育放到一定的学科背景中，考察它在这个体系中所占的地位，并揭示其性质和特点以及其对学科建设的意义。从一定意义上讲，学科定位就是寻求新时代大学生思想政治教育的学科依托，探索专业化、科学化方式，实现对经验性思想政治教育的超越。

(一)新时代大学生思想政治教育的科学化发展

所谓科学化，就是揭示研究对象的本质与规律，按照科学性与价值性相统一的原则和范式，研究思想政治教育的各个范畴。所谓学科化，就是要把研究对象纳入一定的学科范围，概括、提炼和创造概念与理论体系。学科化和科学化是互为前提的关系，没有科学化，学科化就无从实现；没有学科化，科学化也就无从推进。在当代社会，几乎一切领域都在实行和推进学科化与科学化，其表现是科学技术社会化和社会科学技术化。作为在科学技术教学与研究的高校中承担培养专门人才任务的大学生思想政治教育者，更应加快实行和推进学科化和科学化的步伐，否则，就会与社会发展、高校职能以及学生的要求不相适应。

1.思想政治教育科学化发展历程

我国思想政治教育科学化的历程大体可以分为以下四个阶段。

(1)提出阶段(1921—1978 年)

思想政治教育历来是我们党的传家宝和政治优势。早在 1929 年毛泽东就曾在《古田会议决议》中提出思想政治教育科学化的问题，指出要使党员的思想和党内的生活都政治化，科学化。1938 年毛泽东又指出，"政治工作的研究有第一等的成绩，其经验之丰富，新创设之多而且好，全世界除了苏联就要算我们了，但缺点在于综合性和系统性的不足"。可见，思想政治教育科学化的构想由来已久。

(2)探索阶段(1979—1983 年)

在此阶段思想政治教育科学化受到重视并被提上了议事日程。1980 年4 月《解放军报》评论员文章说："革命的政治工作同样是一种专业知识，一门科学。"随后，一场关于思想政治工作科学化的讨论，在全国范围内蓬勃地开展起来。1980 年 5 月至 6 月，在第一机械工业部和全国机械工会联合召开的思想

政治工作座谈会上，提出"思想政治工作科学化"。1981 年由《光明日报》理论部编辑出版了《论思想政治工作科学化》文集，该书代表了这一时期思想政治教育理论研究的水平。

（3）建设阶段（1984—2012 年）

1984 年，思想政治教育专业创立并开始在高校招生，标志着思想政治教育作为一门学科正式诞生。1987 年，中共中央《关于改进和加强高等学校思想政治工作的决定》要求：有关院校要认真办好思想政治教育专业，办好第二学士学位班，并创造条件培养这方面的硕士和博士研究生，为造就从事思想政治教育的专业人才开辟一条新路。1988 年全国有十多所高等院校获准招收首批思想政治教育专业硕士研究生。1997 年，思想政治教育学科与马克思主义理论教育学科合并，形成了马克思主义理论与思想政治教育学科，该学科首先在中国人民大学、武汉大学、清华大学设立博士学位点，并在同年招收了博士研究生。2005 年，根据大学生思想政治教育的发展需要，将政治学一级学科下的马克思主义理论与二级学科思想政治教育调整到马克思主义理论一级学科下，分别归入马克思主义基本原理和思想政治教育二级学科。目前，思想政治教育学科是马克思主义理论学科中，拥有本科学位点、硕士学位点和博士学位点最多的二级学科，多所高校的思想政治教育学科是国家重点学科，近 20 所高校的思想政治教育学科设有博士后流动站。

（4）守正创新阶段（2013 年党的十八大以来）

党的十八大以来，以习近平同志为核心的党中央高度重视思想政治教育学科的科学化发展，并对思想政治教育学科发展提供了前所未有的支持，如设置重点马克思主义学院、按比例配齐思政课教师、增加马克思主义理论硕士和博士研究生招生录取名额等，为新时代思想政治教育科学化发展打下了坚实的基础。2013 年习近平总书记在全国宣传思想工作会议上的讲话为思想政治教育科学化发展吹响了新的号角。2016 年 12 月 7 日，习近平在全国高校思想政治工作会议上对思想政治教育进行了全面系统、专业精细的论述，完整勾勒了新时代思想政治教育新模式的雏形。[①] 2018 年，习近平总书记在全国宣传思想工作会议上所指出的，当前宣传思想战线正本清源的任务取得重大成效，现在进

① 余双好，王军.中国共产党百年征程中对思想政治教育的探索与创新[J].福建师范大学学报（哲学社会科学版），2021(6)：11-22.

入了守正创新的重要阶段。思想政治教育作为宣传思想工作的重要组成部分，必将在守正创新中实现蓬勃发展。

思想政治教育在科学化的道路上取得的成绩主要有如下几点：

1）思想政治教育作为一门独立学科的研究对象、学科领域、基本范畴、基本概念、基本规律等学科理论以及学科体系框架，经过深入研究、归纳、提炼，已经基本形成。

2）作为一门独立学科理论形态的主要标志，即思想政治教育原理、思想政治教育史、思想政治教育方法论，以及这一学科的某些重要领域(如政治观、人生观、道德观、社会思潮研究、比较研究等)，都形成了系统的理论成果，发表了许多富有创见的学术论文，出版了许多高水平的学科专著。

3）思想政治教育学科在发展过程中，既注重历史传承，更强调前沿研究；既注重知识借鉴，更强调实践创新，不断拓展对全球领域、竞争领域、信息领域、网络领域、生态领域的思想与道德的研究，形成了一些富有特色的分支学科与研究成果，涌现出一批学术骨干和学科带头人，在大学生思想政治教育中发挥着重要作用。

2. 新时代思想政治教育科学化任务

思想政治教育学科建设虽然取得了丰硕的成果，但它毕竟是一个年轻的、正在发展中的学科，学科体系有待丰富和完善。并且随着社会的进步、人们需求的变化，以及新情况、新问题的不断涌现，需要不断推进学科建设。因此，新时代思想政治教育走向科学化的道路依然漫长，需要我们不断探索和努力。

（1）完善学科体系

学科体系是由学科的概念、范畴体系、分支学科构成的，每个学科都有自己的范畴体系和分支学科。思想政治教育学科已经建立了自己的概念、范畴体系，形成了分支学科，在培养专业人才、指导思想政治教育实践过程中，发挥了重要作用。但随着社会的发展，还需要进一步深化对思想政治教育本质的认识，需要充实思想政治教育学科的理论内容，发展新的分支学科。

（2）增强学科特色

思想政治教育学科具有综合性、时代性、民族性等几方面的特点。综合性是由思想政治教育目的的层次性、教育内容的多样性、教育对象的复杂性所决定的。我国思想政治教育是以社会主义意识形态为主要内容的，而意识形态本身是综合性的，涉及哲学、政治、法律、道德、文艺等多方面。同时，思想政治教育是一项教育实践活动，其效果除了与教育内容、教育者的素质相关以外，还与教育环境、教育对象的需求、心理与实际水平紧密相关。这些因素与内容的运用，往往需要从相关学科吸收、借鉴教育资源。不管是理论内容的运用还是实践资源的吸纳，都是一个综合的复杂过程，都需要在实践中不断探索和积累经验。时代性是由社会和人的不断发展趋势所决定的。21 世纪，世界已经进入了一个高科技、信息化、快节奏发展时代。思想政治教育要与经济、科技、社会快速发展和人的全面发展相适应，要想在培养适应当代社会所需要的人才中发挥作用，就必须紧跟时代潮流，研究前沿问题，改变滞后、落后的教育观念与方式，赋予思想政治教育时代特色。思想政治教育学科是根据我国思想、政治、道德建设的需要所创立的有中国特色的理论体系，它既蕴含着马克思主义理论与中国民族文化的理论成果，也植根于我国社会的伟大实践。

（3）实现大学生思想政治教育专业化

新时代大学生思想政治教育是以大学生为对象并依靠大学生所开展的思想政治教育，是全社会思想政治教育的重要组成部分。思想政治教育科学化与学科化，当然包括大学生思想政治教育在内。但新时代大学生思想政治教育又有其特殊性，特殊性在于，大学生作为一个需要教育并接受教育的群体，其受教育的内容与途径，比其他非学校的社会成员更广泛、多样，也就是大学生不仅要接受专门的、系统的马克思主义理论教育，还要接受覆盖其学习、实践以及日常生活的思想政治教育。这样，大学生思想政治教育就有一些专门问题、内容、途径需要研究，促使其变得专业化。所谓大学生思想政治教育专业化，就是运用相关学科理论与方法（或专业理论与方法）有针对性、有实效性地开展教育。

由于大学生思想政治教育覆盖面较广，涉及的内容与途径较多，加上思想政治教育要贴近大学生的实际与生活，因而大学生思想政治教育不能简单地以单一理论、单一方式来解决学生所有生活领域的思想问题与实际问题，必须结合实际生活的具体内容，有针对性地开展教育活动。因此，新时代大学生思想政治教育不仅要以马克思主义理论为指导，遵循思想政治教育的规律与原则，而且要结合学生具体生活实际，运用与具体生活相关的知识，诸如与社会交往相关的社会学知识、与心理活动相关的心理学知识、与党员政治生活相关的政治学知识等，综合起来开展教育，尽可能提高教育的科学含量与专业化水平，避免教育的经验性与随意性。因此，推进大学生思想政治教育专业化，一是要面向大学生对不同的途径和内容的思想政治教育的系统理论与方法进行研究，形成大学生思想政治教育专业化的分支；二是要在实际教育过程中，自觉运用马克思主义理论、思想政治教育学科理论以及相关学科知识开展教育。

教育理论专家叶澜关于"专业"的界定如下：一是作为专业的职业实践必须有专业理论知识做依据，有专门的技能做保证，因此，必须受过专业教育；同时，每一个专业还必须有与其他专业相区别的专业性要求，方能具有作为独立专业的资格。二是承担着重要的社会责任，有较高的职业道德要求；三是在本行业内具有专业的自主权，不受专业之外的影响。

(二) 新时代大学生思想政治教育的学科化定位

大学生思想政治教育的学科定位，就是要以马克思主义理论一级学科、思想政治教育二级学科为依托，吸收和运用相关学科知识，推进专业化进程，提高科学化水平。

1. 学科定位的意义

准确把握学科定位，是提高大学生思想政治教育专业化水平，加强思想政治教育学科建设的前提和基础，其意义在于以下三个方面。

(1) 有助于明确学科依托与学科规范

马克思主义理论学科、思想政治教育学科，是专门进行马克思主义理论研究与思想政治教育研究的学科，既具有科学性，也具有价值性。新时代大学生思想政治教育主要从事马克思主义理论教育与日常思想政治教育，只有依托马克思主义理论学科、思想政治教育学科，才能保证教育的科学性与方向性。如果没有明确学科依托与学科规范，新时代大学生思想政治教育要么因没有学科地位而陷入经验性或盲目性，要么以其他学科为依托而陷于单一性或片面性。

社会主义核心价值体系是社会主义意识形态的本质体现，用社会主义核心价值体系引领社会思潮，增强社会主义意识形态的吸引力和凝聚力，关键在于提高思想政治教育的实效性，实事求是地做好思想政治教育工作。有的高校大学生思想政治教育实效性不高多是因为不贴近学生、贴近实际、贴近生活，求真务实地做好大学生思想政治教育工作。高等学校应积极探索和改进大学生思想政治教育工作的内容和方式，用社会主义核心价值体系引领大学生的思想，增强社会主义意识形态的吸引力和凝聚力。

（2）有助于提高教育的有效性

新时代大学生思想政治教育有了明确的学科依托和系统的专业化理论以后，实际的教育活动可以纳入学科的范围深入开展研究，专业化理论与方法可以直接指导教育实践。教育理论与实际的有机结合，是增强教育针对性，提高教育实效性的根本途径。

（3）有助于实现队伍的专业化

新时代大学生思想政治教育的开展，既需要新时代大学生思想政治教育工作者学习、运用已有的学科理论和大学生思想政治教育专业化理论，更需要大学生思想政治教育工作者在教育实践中有组织有计划地建设学科、探索理论、积累经验。因而，新时代大学生思想政治教育实践与学科的理论研究相结合，是新时代加强大学生思想政治教育队伍建设，提高专业化水平的主要方式。

2. 实现新时代思想政治教育学科定位的思路与方式

（1）进一步确立学科意识，明确学科定位

高等学校是一个学科林立的科学殿堂，以追求真理、探索未知、创新知识而为社会所敬仰和崇尚。在高校面向大学生的思想政治教育者，面临着学生成长成才的复杂矛盾，担当着引导学生健康成长的重大职责，更需要知识与智慧，更需要依托学科和结合实际开展研究。如果缺乏这种自觉，也就是在从事实际工作过程中学科意识不强，学科定位不明，不可避免地将陷于具体事务，若满足于就事论事地、重复地做具体事情，就难以在教育、管理、事务工作中不断提炼和超越。在马克思主义理论一级学科的建立中，思想政治教育作为其二级学科，为大学生思想政治教育者创建了学科平台，提供了明确的学科依托。只有把新时代大学生思想政治教育工作纳入学科范围，并以学科理论为指导，把实际工作与理论研究结合起来，把完成工作任务与推进学科建设结合起来，我们才能与高校的特点和要求相一致，才能真正确立新时代大学生思想政治教育在高校的应有地位。

（2）立足实际工作，投入学科建设

应当肯定，思想政治教育者要从教育、管理的具体事情入手，就像进行科学研究的教师要从具体的研究对象入手的道理一样，关键在于是否把具体事情放在一定学科方位、以学科理论为指导、以改革创新的姿态来做，而不是盲目地、随意地、自发地来做。在科学技术社会化和社会科学技术化的历史条件下，开展科学研究、学科建设，已经从少数知识分子的活动扩展成为全社会的活动，科教兴国、建设创新型国家战略，已经把研究、创新的责任赋予每个社会成员。因而，那种强调具体工作而忽视科学研究、学科建设，甚至陷于具体事务的观念与行为；那种注重科学研究、学科建设而搁置具体工作，甚至不惜造成工作失误的观念与行为，都是受传统单一分工影响而形成的习惯，都是不合时宜的落后观念与方式。立足实际工作、投入学科建设的实质就是要把理论与实际结合起来，把推进工作进展与理论提高统一起来，这既是解决思想政治教育脱离实际、提高教育效果的重要途径，也是促进学生健康成长和教育者业务能力不断提高的重要方式。

（3）加强科学研究，整合教育资源

如果说科学研究正在社会化，那么对新时代大学生思想政治教育工作者来说，科学研究就更是不可缺少的环节。这是因为大学生思想政治教育是一种弱结构化活动，涉及的因素不仅数量多，而且性质复杂，进行资源选择、配置的方式多种多样，形成的教育方案也多种多样。面对这样一种弱结构化活动，一些人就认为大学生思想政治教育是随意的，是没有科学性、专业化可言的，是任何人都可以做的事情。这种看法当然是不科学的。按照系统论的观点，弱结构化活动可以形成多种多样的方案，但并不是所有的方案都是结构最优、功能最好的方案，只有以相关学科或专业理论为指导进行研究所形成的方案，才有可能是优化方案，随意性的、经验性的方式是难以提出优化方案并有效实施的。

新时代大学生思想政治教育只有通过研究、比较，选择出优化方案并付诸实施，才可能取得最好效果。因此，大学生思想政治教育工作者在工作实践中，必须经常研究理论与实践、主观与客观、教育与环境、虚拟与现实、国内与国外等诸多复杂关系，并从大量的理论与实际教育资源中，进行鉴别、比较，选择最适合具体教育活动的资源并加以整合，形成优化方案并付诸实施，这就是学科定位与价值取向的要求。

第二节　新时代大学生思想政治教育的发展趋势

深入开展新时代大学生思想政治教育，不仅要总结大学生思想政治教育的历史经验，探索新时代大学生思想政治教育的特点和规律，更要把握大学生思想政治教育的时代要求和发展趋势，这是做好新时代大学生思想政治教育的基本前提。在中国特色社会主义新时代，大学生思想政治教育呈现出一些需要深刻把握和主动适应的重要发展趋势。

一、新时代大学生思想政治教育发展的人本化趋势

（一）人本化趋势的成因

新时代大学生思想政治教育发展的人本化趋势就是大学生思想政治教育越来越注重以人为本，把大学生作为思想政治教育的中心和根本。大学生思想政治教育发展的人本化趋势的出现有着深刻的原因。人本化是以人为本的科学发展观的本质要求。进入新世纪，党中央根据我国社会发展的现实状况和客观需要，提出了科学发展观，即坚持以人为本，树立全面、协调、可持续的发展观，促进经济社会和人的全面发展。习近平新时代中国特色社会主义思想强调人民利益至上，坚持以人为本，也就是要以人作为发展的根本，既依靠人民促进发展，又为了人民促进发展，注重用经济社会发展的成果来满足人民的需要，使人民群众成为发展的主体和发展的根本目的。对于新时代大学生思想政治教育来说，坚持以人为本，就是要坚持以学生为本，使思想政治教育始终以学生为中心，更好地关心学生、爱护学生、服务学生，促进学生的成长和发展。人本化是实现社会主义现代化目标的内在要求。

当前我国已经全面建成了小康社会，正昂首阔步向着第二个百年奋斗目标前进。总结以往历史经验，坚持人民利益至上、以人为本，这是中国共产党赢得广大人民支持、取得伟大历史成就的重要原因。习近平总书记指出，我们正在向第二个百年奋斗目标迈进。适应我国社会主要矛盾的变化，更好满足人民日益增长的美好生活需要，必须把促进全体人民共同富裕作为为人民谋幸福的着力点，不断夯实党长期执政基础。[①] 要实现共同富裕，必须坚持以人民为中心，始终能够以人为本。面对新形势，新时代大学生思想政治教育必须围绕着第二个百年奋斗目标，把满足当代大学生的成才发展需要、提高人才的培养质量放在第一位。人本化是人的全面发展的必然要求。促进人的全面发展，既是党的教育方针的根本要求，又是高等学校人才培养的根本目标，也是大学生思想政治教育的根本任务。对于高校来说，思想政治教育促进人的全面发展，就

---

① 习近平.扎实推进共同富裕[J].求是，2021（20）：4.

是要促进学生的德、智、体、美、劳诸方面都得到全面发展。学校的一切工作包括思想政治教育，都要有利于促进学生的全面发展和健康成长，这是检验高校工作包括思想政治教育以人为本的重要标准。

(二)人本化趋势的体现

新时代大学生思想政治教育发展的人本化趋势，随着科学发展观在高等教育中的深入贯彻与实践，日益凸显为以学生为本，主要表现在以下几个方面。

1)大学生是实践主体，大学生思想政治教育以人为本，体现在以大学生为实践之本。大学生的主要任务是学习，学习大学生在校期间作为实践主体的主要活动形式。大学生是学习的主体。新时代的大学生思想政治教育越来越注重寓思想政治教育于大学生学习活动之中，引导大学生明确学习目的和科学知识的价值；不断调动大学生学习的积极性、主动性和创造性，激发大学生刻苦学习、严谨治学的精神动力；激励他们勤奋学习和系统掌握人类创造的科学文化成果，提高创新精神和实践能力，培养与所学专业密切相关的职业道德和职业精神；全面提升思想道德素质，为新时代大学生的全面发展和毕业以后走向社会、参与社会实践活动奠定重要的思想基础。新时代大学生思想政治教育还更加注重引导在校大学生积极参与社会实践活动，运用学习掌握的科学理论知识指导和推进社会实践活动，自觉走与实践、与工农相结合的青年知识分子成长道路，在社会实践活动中受教育、做贡献、长才干。

2)大学生是价值主体，大学生思想政治教育以人为本，还体现在以大学生为价值之本。新时代大学生思想政治教育更加注重引导大学生正确认识和满足自身的需要，实现自身的价值。价值涉及主体的需要及其满足。马克思认为，"'价值'这个普遍的概念是从人们对待满足他们需要的外界物的关系中产生的"。在价值关系中，价值主体是其需要获得满足者，价值客体是提供满足者。在新时代大学生思想政治教育的价值关系中，大学生是价值主体，大学生思想政治教育是价值客体，大学生思想政治教育越来越注重千方百计地引导大学生正确认识和满足自己的需要，实现大学生的价值，并在这一过程中实现大学生思想政治教育自身的价值。

大学生的需要和大学生的利益密切相关，需要是一种潜在利益，需要的满足是一种现实利益。大学生的需要主要表现为物质需要和精神需要。大学生思想政治教育更加重视加强与大学生有关的政策和制度教育，引导大学生协调和处理好各种与自己相关的物质利益关系，维护自身的权益。

除此之外，还应更加注重引导大学生认识和满足自身的精神需要，包括加强理想信念教育，引导和帮助大学生树立正确的人生理想，把握人生发展的正确方向，选择和走好人生发展的正确道路，满足大学生树立和实现人生远大志向的需要；加强道德教育，增强大学生的道德意识，提高大学生的道德判断能力、道德选择能力和道德践履能力，满足大学生的道德发展需要；加强情感教育，引导大学生正确认识和处理好交友、恋爱、婚姻等各种关系，形成高尚的情操，满足大学生情感发展的需要；加强心理健康教育，开展心理咨询活动，帮助大学生克服心理障碍，形成健全的人格，满足大学生的心理健康发展需要；开展各种丰富多彩的校园文化体育活动，满足大学生日益增长的精神文化需要。

3）大学生是发展的主体、大学生思想政治教育以人为本，体现为以大学生为发展之本。促进大学生的全面发展和健康成长，是新时代大学生思想政治教育的根本目标，也是大学生的根本利益。大学生思想政治教育越来越自觉地为大学生的全面发展和健康成长服务，具体要做好以下几方面工作：

①引导大学生正确认识、处理自发发展和自觉发展的关系。大学生的发展呈现自发发展和自觉发展两种形态。自发发展往往缺乏发展的自觉意识，缺乏对大学生成长发展规律的科学认识，在成长、发展过程中存在很大的自发性、盲目性，走了很多弯路，影响了发展的质量和成效。自觉发展则是具有发展的自觉意识，形成了发展的规律性认识，并能自觉运用这种规律性认识指导和促进自己的成长与发展。大学生思想政治教育十分重视引导大学生克服发展的盲目性，增强发展的自觉性，掌握和遵循人才成长发展的规律，不断健康成长。

②引导大学生正确认识、处理片面发展与全面发展的关系。大学生的综合素质包括思想道德素质、科学文化素质、身心健康素质。大学生的全面发展，就是思想道德素质、科学文化素质、身心健康素质都得到发展。实现大学生德、智、体、美、劳诸方面素质的全面发展，是党的教育方针的根本要求，也是大学生成长的客观规律和发展的内在动力。大学生思想政治教育更加重视针对大学生德、智、体、美、劳素质发展失衡的现象，引导大学生克服发展的片面性，增强发展的全面性与协调性，实现健康发展。

③引导大学生正确认识、处理现实发展与持续发展的关系。大学生的可持续发展，是实现大学生人生发展最大价值的前提，也是实现社会可持续发展的

最重要的基础。大学生的可持续发展，就是要发现和挖掘大学生发展的巨大潜力，增强大学生自我持续发展的意识和能力，建立大学生发展的长效机制。新时代大学生思想政治教育更加重视引导大学生正确认识和处理现实发展与持续发展的关系，把现实发展和长远的、可持续的发展结合起来，克服发展的短期行为，始终根据社会和科学发展的需要，适应学习型社会和学习型组织的要求，不断充实和更新自身的知识结构，增强持续发展的坚定意志，克服发展中面临的种种困难和障碍，实现自身的可持续发展。

（三）坚持以学生为本

既然新时代大学生思想政治教育要以大学生为中心和根本，那么开展新时代大学生思想政治教育，就要一切为了大学生、一切依靠大学生、一切服务大学生，注重尊重大学生、理解大学生、关心大学生，要把大学生作为成长发展的主体，并作为大学生思想政治教育的主体，注重引导大学生掌握和遵循人才成长的规律，调动大学生学习科学文化知识、加强思想道德修养的积极性、主动性、创造性，发挥自我教育的主体性，促进大学生的健康成长。

要把是否有利于大学生的全面发展和健康成长作为检验大学生思想政治教育成效的根本标准；注重了解大学生学习、生活和成长发展中的实际需要、困难和问题；改善大学生的学习生活条件，开展丰富多彩的校园文化活动，发展校园网络文化，加强心理咨询活动，帮助大学生排忧解难，全面满足大学生的物质需要和精神需要；教育和引导大学生为促进自己的成长、实现人生的价值而奋斗。要适应知识经济发展的要求，遵循因材施教的规律，尊重和保护大学生的鲜明个性；改革和创新思想政治教育，深化社会实践，强化激励机制，加强比较和竞争，创造有利于拔尖人才脱颖而出的氛围与环境；培养和发展大学生的创新意识和创新能力，把当代大学生培养成具有创新精神和创新能力的优秀人才。要改进思想政治教育方法，注重有人情味的方式；用尊重人的尊严、人格、情感的方法做深入细致的工作；坚持以理服人，以情感人，以行导人；倡导隐性教育，探索虚拟教育，做到"随风潜入夜，润物细无声"，切忌用以势压人的方法开展思想政治教育。

二、新时代大学生思想政治教育发展的民主化趋势

(一)民主化趋势的成因

新时代大学生思想政治教育发展的民主化趋势是大学生思想政治教育的又一重要趋势。大学生思想政治教育的过程更加民主,即民主的程度越来越高,民主的方法运用得越来越广。新时代大学生思想政治教育发展的民主化趋势的成因有以下几点。

1.民主化趋势是中国特色社会主义民主的本质要求

中国特色社会主义民主的本质是人民群众当家作主。人民群众是社会主义国家的主人,在社会主义国家,就人民群众而言,人与人之间的社会地位是平等的,解决人民内部的矛盾,只能用民主的方法,解决人民内部的思想矛盾,更是只能用民主的方法。毛泽东指出,"凡属于思想性质的问题,凡属于人民内部的争论问题,只能用民主的方法去解决,只能用讨论的方法、批评的方法、说服教育的方法去解决,而不能用强制的、压服的方法去解决"①。解决人民内部精神世界的问题和思想性质的矛盾,不能用压服的方法去解决,只能用说服的方法去解决。

今天,我国在建设中国特色社会主义伟大事业的历史进程中,社会主义民主不断发展,人民群众的民主权利不断得到保障,民主意识和民主要求不断提高,也日益要求在思想政治教育中充分发扬民主,运用民主的方法来教育人民群众,加强平等基础上的思想交流与沟通,解决人民内部的思想矛盾问题。大学生是我国社会成员中文化程度较高的青年群体,他们的民主意识、维权意识和理论素养远高于社会一般人员,因而对运用民主方法开展思想政治教育的要求也远高于社会一般人员。

2.民主化趋势是社会主义市场经济发展的必然产物

随着社会主义市场经济的发展,我国社会出现了经济成分、组织形式、就业方式、分配方式、生活方式的多样化。它必然导致利益主体、行为方式和价值取向的多样化。我国社会的深刻变革对高等教育产生了重大而深远的影响,必然导致大学生思想政治教育的民主化。我国在校大学生基数庞大,是我国社

---

① 中共中央文献研究室.毛泽东思想年编:1921—1975[M].北京:中央文献出版社,2011:826.

会特殊的重要群体，也是我国社会特殊的利益主体。大学生来自不同的地区、不同的阶层、不同的家庭，社会经济发展的多样化趋势必然导致大学生学习方式、行为方式、生活方式、就业方式的多样化，导致大学生群体结构和价值取向的新变化。大学生中既有较富裕家庭子女，也有较贫困家庭子女；既有独生子女，也有非独生子女。大学生中出现了不同的利益主体、不同的价值取向。不同的利益主体有不同的利益诉求，需要有利益表达的渠道和机会，以维护自身的权益。不同的价值取向有不同的思想成因，需要有思想交流的渠道和机会。而从新时代大学生思想政治教育来说，就需要提供这种利益表达和思想交流的渠道和机会，使不同的利益诉求受到重视和得到体现，使不同的价值取向在社会主义核心价值体系的引导下凝聚成共同的价值选择。这也就是大学生思想政治教育民主化的过程。

3.民主化趋势是现代信息科学技术发展的产物

以现代计算机技术为核心，以互联网和通信高科技为代表的现代信息科学技术的发展，使人与人之间信息交流的方式发生了革命性的转变，从以纵向传递为主向以横向传递为主转变，从以历时传递为主向以共时传递为主转变，人们获取信息的方式更加迅捷，获取信息的机会更加均等，这一切对思想政治教育包括大学生思想政治教育产生了重大的影响。在大学生思想政治教育中，过去的教育者享有思想信息获取的优先权和垄断权，现在思想信息获取的机会日益均等，受教育者可与教育者同时甚至可能比教育者更早地获取思想信息。教育者在进行思想政治教育时应更加谦虚、民主、自觉地以学习者的身份通过互联网获取思想信息，并主动地了解大学生最新的网络动态和思想信息，了解大学生的见解、想法和感受，在平等的基础上与大学生进行信息交流和思想沟通，以加深理解，达成共识。

(二) 民主化趋势的体现

新时代大学生思想政治教育发展的民主化趋势，主要体现为新时代大学生思想政治教育主、客体关系日趋平等、民主，在大学生思想政治教育上日益体现为平等基础上的思想互动，民主方法在大学生思想政治教育中得到日益广泛和充分的运用。

1.体现在主客体关系的平等化

思想政治教育主体和客体的关系是贯穿新时代大学生思想政治教育全过程

的基本关系。过去这一关系往往体现为主、客体之间的某种程度的不平等关系，教育者和受教育者之间往往是我说你听，教育者似乎总是高于受教育者，往往处于教育权威地位。现在，随着社会的进步和现代科学技术的发展，教育者和受教育者的社会地位日益平等，教育主体和教育客体的角色、地位不再是一成不变、不可移易的，而是可以相互转化的。两者的相互关系日益平等，教育者和受教育者获取信息的机会日益均等，教育者和受教育者进行和接受思想政治教育的权利义务日益平等，这些都意味着大学生思想政治教育主、客体关系更加平等，也意味着大学生思想政治教育的日趋民主。

2. 体现在新时代思想政治教育过程的双向化

过去，新时代大学生思想政治教育主要体现为教育主体对教育客体进行的单向教育，主体总是处于教育的地位，客体总是处于接受教育的地位，主体通过思想政治教育单方面作用于思想政治教育客体，思想政治教育客体在教育过程中只是接受主体的教育，主体与客体的关系是单向度的传播与接受的关系。现在，在新时代大学生思想政治教育过程中，主体和客体之间的关系已经成为一种双向互动的关系，不仅教育主体可以作用于教育客体，教育客体也可以作用于教育主体。教育主体可对教育客体进行思想政治教育，与此同时也必然要受到教育客体思想上的启发与影响。教育客体可以主动地接受思想政治教育，也必然反过来影响教育主体的教育活动。教育客体还可以在一定条件下转化为教育主体，主动进行思想政治教育，特别是自我教育活动。在大学生思想政治教育过程中，主体可以客体化，客体也可以主体化。新时代大学生思想政治教育的过程实质上已转变为教育主体与教育客体双向互动、教学相长、优势互补、互相转化、共同发展的过程。

3. 体现在思想政治教育方法的民主化

新时代大学生思想政治教育方法的民主化，就是大学生思想政治教育要充分发扬民主，广泛运用民主的方法开展教育活动。

新时代大学生思想政治教育方法的民主化主要表现在以下几点：

①教育与自我教育相结合。新时代大学生思想政治教育既是教育者进行教育的过程，又是受教育者进行自我教育的过程。教育是以思想政治教育者为主体进行的教育活动，自我教育是以大学生自身为主体进行的教育活动。教育以自我教育为目的，不断引导大学生增强自我教育的自觉性、主动性、创造性，逐步达到"教是为了不教"的最高教育境界。自我教育以教育为指导，既为教育

提供重要的基础，又可减少自我教育的自发性、盲目性，提高自我教育的成效。教育与自我教育相结合的实质是把教育者的主导作用和受教育者的主动作用在平等的基础上结合起来，实现教育和自我教育的相互渗透、相互促进、相互转化。

②教会接受与学会选择相结合。新时代大学生思想政治教育既要运用多种方法传播正确的思想理论，教育和引导大学生学会接受和内化正确的思想理论，又要引导大学生适应开放条件下思想信息和价值取向多样化的社会环境，学会运用马克思主义辩证法对多种思想信息和价值取向进行分析、比较、鉴别，去伪存真、去粗取精，获取和吸收正确的思想信息，选择和坚持正确的价值取向。引导大学生在价值取向多样化的开放环境中进行价值选择，充分体现了大学生在思想政治教育中的主体性，是大学生思想政治教育民主方法的重要体现。

③自律与他律相结合。大学生思想道德发展的规律表明，人的一生中，思想道德素质的形成和发展总是遵循由无律、他律走向自律的客观规律与趋势。大学生思想道德素质的发展也是这样。在大学生思想道德素质发展中，必须把他律和自律结合起来。他律主要是法律、纪律、制度等对大学生自身形成的外在约束，他律具有强制性。自律主要是内化的道德规范对大学生自身形成的内在约束，自律具有自觉性。自觉的内在的自我约束是大学生自主自愿的约束，突出了大学生的主体地位和思想觉悟。自律和他律相互结合、相互促进，是大学生思想政治教育方法日益民主的重要体现。

(三) 坚持民主育人

新时代大学生思想政治教育发展的民主化趋势必然要求民主育人，把民主的观念与方法充分运用于大学生思想政治教育实践中。具体来说，就是在大学生思想政治教育中，努力做到以下几个方面：

1)平等相待。大学生思想政治教育的过程实质上是平等基础上主、客体双方思想互动的过程。无论是教育者还是受教育者，在思想政治教育中都是平等的，都要互相尊重对方，这包括尊重对方的人格，尊重对方发表意见的权利，尊重对方的意见和看法，坦诚地交流与沟通，加深理解，寻求共识。

2)重在疏导。大学生在成长发展过程中存在很多思想困惑和心理障碍，这些思想困惑和心理障碍与自身所处的环境、成长的经历及认知的能力等有着密切的联系, 对这些思想困惑和心理障碍, 既不能视而不见, 也不能盲目指责, 更不能一味压制, 而应具体分析其成因与特点, 有针对性地做好思想沟通与心理疏导工作, 广开言路、理顺情绪、活血化瘀、因势利导。

3) 换位思考。换位思考是思想政治教育发扬民主的重要方法。在新时代大学生思想政治教育中, 教育者和受教育者要经常进行换位思考, 教育者要常常站在受教育者的位置上观察思考思想政治教育问题, 看看思想政治教育的目的、内容和方法是否能缩短教育者与受教育者的差距, 很好地满足受教育者的需要; 受教育者也要常常站在教育者的位置上观察思考思想政治教育的教育目的、意图和要求, 理解教育者从事思想政治教育的美好愿望和良苦用心, 理解教育者付出的辛勤劳动与创造的价值, 更好地配合教育者进行思想政治教育工作, 共同提高思想政治教育的效果。

4) 比较选择。毛泽东指出:"有比较才能鉴别。有鉴别, 有斗争, 才能发展。"[1]真理是在同谬误的比较、鉴别和斗争中发展起来的, 正确思想总是在同错误思想的比较、鉴别和斗争中发展起来的。目前, 我国正处在扩大对外开放和经济全球化的时代环境之中, 各种社会思潮和价值观念在我国社会以复杂多样的形态呈现, 影响大学生的思想发展。在这种情况下, 必须以大学生为主体, 以马克思主义为指导, 教育引导大学生加强开放环境下多种思想信息和价值观念的比较和鉴别, 并在此基础上, 选择和内化正确的思想观念和价值观念。这种以大学生为主体, 进行体验、比较、鉴别、选择的方法, 本身就是大学生思想政治教育民主方法的重要体现。

5) 民主参与。大学生既是思想政治教育的对象, 又是思想政治教育的主体, 要充分尊重和发挥大学生思想政治教育的主体作用, 引导大学生积极参与思想政治教育过程。同时, 还要引导大学生参与学校的民主管理, 特别是大学生学习、生活及与自身利益密切相关的学校学生事务管理, 并在这一过程中提高民主参与、民主管理的意识和能力, 不断增强自身的民主管理的意识和能力, 不断提高自身的民主素质。

---

① 中共中央文献研究室. 毛泽东思想年编: 1921—1975[M]. 北京: 中央文献出版社, 2011: 840.

三、新时代大学生思想政治教育发展的综合化趋势

(一)综合化趋势的成因

综合化是新时代大学生思想政治教育发展的重要趋势之一。思想政治教育发展的综合化趋势主要体现为整体育德、综合育人。综合化趋势有以下几个成因。

首先是适应大学生需求多样化的必然产物。

高等学校的根本任务是培养人才,而培养人才的根本任务是根据大学生多样化的发展需要和党的教育方针的基本要求,促进大学生的全面发展,把大学生培养成德、智、体、美、劳等各方面都得到发展的社会主义建设事业的优秀人才。大学生的根本利益在于促进自身的健康成长与发展,大学生的健康成长与发展不仅体现为学习、掌握科学文化知识,提高科学文化素质,加强体育锻炼,增强身体素质,还体现为加强思想道德修养,加强心理健康教育,提高思想道德素质和心理素质,全面优化和提升自身的素质结构,促进自身全面发展。新时代大学生发展需要的多样化必然要求大学生思想政治教育的综合化。

其次是适应德育功能全面化的必然产物。

大学德育的功能,有教育引导大学生坚持正确政治方向和价值取向的导向功能;有提升大学生素质,促进大学生全面发展的发展功能;有养成大学生文明素养、规范大学生日常行为的规范功能;有调动大学生的积极性、主动性、创造性,增强大学生学习的精神动力,激励大学生奋发成才的激励功能;有帮助大学生解决学习、成才、择业中的各种困难,为大学生健康成长和发展服务的服务功能;有维护高校和社会稳定,为大学生健康成长创造必要条件的保障功能等。全面实现这些功能必然要求,综合地开展大学生思想政治教育,推进大学生思想政治教育综合化。

最后是适应德育资源配置集约化的现实需要。

在社会主义市场经济条件下和高等教育改革与发展的进程中,高等学校的办学资源既相对紧缺,又十分分散,而大学生思想政治教育的任务却日益繁重,如何把相对紧缺的办学资源,特别是德育资源加以整合与调整,实现德育资源的合理配置,使有限的资源在日益繁重的大学生思想政治教育中发挥更大的作用,成为大学生思想政治教育面临的重大课题和紧迫任务,而把分散的、

紧缺的教育资源通过有效的整合以实现合理配置，保证大学生思想政治教育重大课题和紧迫任务的完成，也需要深入推进大学生思想政治教育综合化。

（二）综合化趋势的体现

新时代大学生思想政治教育综合化趋势，主要体现在思想政治教育内容的系统化，思想政治教育方法的多样化，思想政治教育力量的综合化等方面。

1. 思想政治教育内容的系统化

新时代大学生思想政治教育的根本任务是提高大学生的思想道德素质，促进大学生的全面发展，进而促进社会的全面发展。大学生思想政治教育的内容结构与大学生的思想道德素质结构有着内在联系。大学生的思想道德素质包括思想素质、政治素质、道德素质、心理素质等，大学生思想政治教育也应包括思想教育、政治教育、道德教育、心理教育等。通过加强大学生的思想教育、政治教育、道德教育、心理教育等，可相应提高大学生的思想素质、政治素质，道德素质、心理素质等，优化大学生的思想道德素质结构，提高大学生的整体素质。

中共中央、国务院发布《关于进一步加强和改进大学生思想政治教育的意见》，明确指出：在大学生思想政治教育中，要坚持以理想信念教育为核心，以爱国主义教育为重点，以公民道德教育为基础，以促进人的全面发展为目标。这体现了思想政治教育内容的系统化与整体化，它是全面提高大学生思想道德素质和综合素质的内在需要。大学生整体素质的结构优化需要系统开展思想政治教育，优化大学生思想政治教育内容体系，建立与大学生思想道德素质结构相对应的思想政治教育结构。大学生思想道德素质的结构优化决定了大学生思想政治教育的结构优化，大学生思想道德素质的综合化决定了大学生思想政治教育的综合化。

2. 思想政治教育方法的多样化

思想问题的性质不同，解决思想问题的方法也不同。大学生思想问题与大学生所处的环境有密切的关系。在中国特色社会主义新时代，大学生所处的时代环境比以前复杂得多，由此产生的大学生思想问题也比以前复杂得多，许多思想认识问题同政治问题、道德问题、心理问题交织在一起，解决这些思想问题不是某种单一的方法所能奏效的，必须同时运用多种方法才能加以解决。在这一过程中，尤其要注重多样化思想政治教育方法的组合运用，以不断提高思想政治教育整体效果。例如，大学生的心理健康问题，既与大学生自身的心理素质有关，也与大学生对社会现实的认识有关，还与复杂环境中自身利益的维护与实现有关。因此，解决心理问题，就必须把心理咨询同思想教育、利益引导等有机结合起来。

对大学生开展理想信念教育也是这样，理想信念教育既是理论问题，又是实践问题，既要通过加强理论教育引导大学生认识人类社会发展的客观规律和必然趋势，坚定共产主义和社会主义的理想信念，又要通过加强实践教育，引导大学生从大量的事实中得出正确的结论，坚定走中国特色社会主义道路的政治信念。这也就是说，只有把理论教育法与实践教育法结合起来，才能更好地深化理想信念教育，帮助大学生牢固确立正确的理想信念。另外，只有注重把思想政治教育的显性教育法与隐性教育法、主导教育法与自主选择法、传统教育法与现代教育法等结合起来综合运用，才能更好地解决大学生的思想问题，进一步增强大学生思想政治教育的实效性。

3.思想政治教育力量的综合化

要整合教育力量，优化资源配置，不断增强思想政治教育的合力。具体来讲，从全社会来看，就是要促进家庭教育、学校教育、社会教育相结合，不断增强大学生思想政治教育的社会合力。家庭教育、学校教育、社会教育在大学生思想政治教育中具有不同的职能和各自的优势。

家庭教育是以血缘亲情为基础进行的教育，教育的主体是父母及其他家庭成员，教育的主要方式是以行导人、以情感人，潜移默化地进行教育。学校教育是有组织、有计划地按照党的教育方针对大学生进行思想政治教育，它是促进大学生全面发展的主要阵地，并对协调社会力量和家庭力量，开展大学生思想政治教育发挥着主导作用。社会教育主要是依靠社会各方面的力量，通过各种社会途径对大学生进行的思想政治教育。只有把家庭教育、学校教育、社会教育的力量加以整合，才能有效地增强大学生思想政治教育的社会合力，增强大学生思想政治教育的整体效应。从高校来看，就是要促进教书育人、管理育人、服务育人相结合，不断提高大学生思想政治教育的教育合力。高校的根本任务是培养人才，无论是教师、干部还是职工，都在大学生思想政治教育中扮演着重要的角色，担负着特殊的使命，并且具有不同的教育优势，只有把教书育人、管理育人、服务育人结合起来，才能营造良好的育人环境，切实增强大学生思想政治教育的合力，促进大学生的全面发展和健康成长。

(三)坚持综合育人

新时代大学生思想政治教育发展的综合化趋势的基本要求就是坚持综合育人，形成整体大于部分之和的育人效应，也就是要增强大学生思想政治教育的综合效应、整体效应。具体来说，就是要做到全面育人，既要提高大学生的思想道德素质，也要提高大学生的科学文化素质，还要提高大学生的身心健康素质，促进全体大学生的全面发展；全员育人，既要依靠学校党务工作者和学生辅导员开展大学生思想政治教育，使他们成为大学生思想政治教育的中坚力量，又要依靠和发挥广大教师、行政干部和后勤职工的育人作用，使他们成为大学生思想政治教育的重要力量。只有全校的所有人员都来关心、重视、支持和参与大学生思想政治教育，才能形成浓厚的育人氛围，凝聚育人的强大力量，从根本上加强和改进大学生思想政治教育；全程育人，就是要使大学生思想政治教育贯穿教学、管理和服务工作的全过程，使教学、管理和服务过程的每个阶段、每个环节都体现育人的功能和要求。如要把大学生思想政治教育贯穿到科学文化知识传授的备课、授课、实验实习、考试、评阅等各个环节，通过良好的教风培养学生严谨治学的学风，加强学习诚信教育，形成良好的学术道德，增强创新精神和创新能力。只有做到全面育人、全员育人、全程育人才能真正做到育人为本、德育为先、整体育德，使大学生思想政治教育的整体效应不断增强。

四、新时代大学生思想政治教育发展的信息化趋势

(一)信息化趋势的成因

思想政治教育发展的信息化趋势是新时代大学生思想政治教育发展的重要趋势之一。它的产生有着重要的原因。

1.信息化趋势是社会信息化的必然产物

现代科学技术特别是互联网技术的发展，使信息的传播方式发生了革命性的转变，交互式、大容量、实时性、多媒体的信息传播方式代替了过去传统的信息传播方式。这必然深刻影响大学生思想政治教育的信息传播方式，呼唤大学生思想政治教育信息传播方式的现代化，导致大学生思想政治教育的信息化。

2. 信息化趋势是提高思想政治教育有效性的迫切要求

思想政治教育的有效性不仅与思想政治教育的内容有关，而且与思想政治教育的形式、方式、手段有关，与思想政治教育的信息化程度有关。过去，思想政治教育信息传递的方式比较注重历时传递，忽视共时传递；注重单向传递，忽视交互传递；注重垂直传递，忽视横向传递；注重直接传递，忽视间接传递；注重单媒体传递，忽视多媒体传递，这些都严重滞后于现代社会信息化发展的要求，影响了思想政治教育信息传播的效果。为了增强思想政治教育的有效性，迫切需要克服传统的思想政治教育信息传播方式的局限性，把传统方法和现代方法结合起来，在继续发挥传统方法应有作用的同时，不断创新和广泛运用各种现代化的信息传播方法开展大学生思想政治教育，消除思想信息传递过程中的时间差、空间差、信息差，消除传统方法和现代方法之间的信息落差，增强大学生思想政治教育的吸引力、说服力和影响力，进一步提高大学生思想政治教育的有效性。

(二) 信息化趋势的体现与适应

新时代大学生思想政治教育发展的信息化趋势主要体现为现代信息科学技术理论、方法、手段在大学生思想政治教育中的运用和发展，大学生思想政治教育是一个运用现代信息技术手段迅速获取、分析、处理、传递、反馈思想政治教育信息的过程。科学理解和主动适应大学生思想政治教育发展的信息化趋势，必须把握好以下四点。

1. 信息化趋势体现为大学生思想政治教育信息观念的确立

从现代信息科学理论和信息科学技术的角度来看，开展大学生思想政治教育的过程，实际上就是运用一定的思想信息影响大学生思想和行为的过程。既然如此，大学生思想政治教育的过程也就是思想信息的输入与输出的过程。必须增强思想教育信息意识，确立思想政治教育信息化的工作理念和思路；提高大学生思想政治教育者信息处理的能力，自觉运用现代信息技术手段获取、分析、处理各种思想信息；把正确的思想信息传输给大学生，引导大学生在复杂多样的信息环境中接收、判断、选择、内化正确的思想信息，识别各种错误思想信息并抵御它们的干扰。处理大学生思想政治教育的相关思想信息，不仅要注意提高思想信息输入与输出的能力，而且要根据思想政治教育信息输出的效果，即思想政治教育输出的结果是否达到预定的目标、是否产生预期的效果，来加强思想政治教育的反馈、调节。把实际效果和预期目标之间的反差再输入思想政治教育信息系统，会对思想政治教育信息的再输出产生影响，对此加以调控，直至达到新时代思想政治教育的预期目标和效果。

2. 信息化趋势体现为大学生思想政治教育信息内容的扩充

新时代大学生思想政治教育要注意改变过去信息容量过小、内容过于单一、视野过于狭窄的状况，注重在开放的环境中进行思想政治教育。扩大思想信息传播的范围和类别，增加思想政治教育的信息容量。大学生的求知欲强、知识丰富、视野开阔、思想活跃，能通过各种渠道方便快捷地获取思想信息，因此，在对大学生进行思想政治教育时，一定要注意克服思想政治教育信息陈旧、空洞的弊端，不断扩充信息容量，既要注重国内信息的传递与解读又要加强国际信息的介绍与分析，既要了解经济、政治信息又要了解科技、文化、教育信息，既要了解学习成才的信息又要了解就业成功的信息，既要了解历史信息又要了解现实和未来的信息，既要了解积极的信息又要了解消极的信息，以便于大学生在全面了解和把握各种思想信息的基础上独立思考，作出正确的判断和选择。只有不断扩充思想政治教育的信息容量，才能提高大学生在复杂多变的开放的信息环境中正确应对和处理各种思想信息的能力，不断提高大学生的信息素质。

3. 信息化趋势体现为思想政治教育信息传播手段的更新

过去，在大学生思想政治教育中，通过会议、报告、课堂教学，利用口头语言传播思想政治教育信息的方式比较普遍。现在，在思想政治教育中，这种方式依然不可缺少，但要看到这种方式在传播思想政治教育信息方面存在的局限性，根据社会信息化的发展趋势和客观要求，充分运用数字化、网络化、多媒体等多种现代信息手段，进行思想政治教育。这包括创建红色网站，把具有思想政治教育价值的理论成果、实践成就、先进典型、经典小说、影视作品等作为红色网站教育的重要内容；研制具有丰富思想政治教育信息的软件；制作具有思想政治教育价值的网络游戏；利用电视和互联网制作播出紧密联系实际的电视政论片，加强教育的思想性和艺术性，提高思想政治教育的吸引力。要把思想政治教育的信息手段和方法同传统的思想政治教育方法结合起来，运用现代信息手段和方法改造传统的思想政治教育方法，实现传统思想政治教育方法的现代发展与创新，赋予传统思想政治教育方法新的活力与效能。

4.信息化趋势体现为思想政治教育信息方法的运用

要大力发展网络思想政治教育，在网络中把教育引导和严格监管结合起来，积极传播有益信息，及时删除有害信息，营造良好的网络信息环境，防止不良信息对大学生的腐蚀与侵害；把正面灌输和比较选择结合起来，通过组建网络评论员队伍，针对网上传播的各种信息，及时进行分析和评论，加强大学生的选择教育，引导大学生在开放的网络环境中，比较、辨别多种信息，选择、内化正确信息；增强大学生自主选择信息的意识和能力，使他们能够自觉抵制不良信息的诱惑和污染，防止信息爆炸形成的信息异化和自我迷失；把大众传媒传递信息和人际传递信息结合起来，转变信息传播方式，坚持实行信息两步传递，既要注重通过大众传媒迅速广泛地传播信息，又要注重通过人际传播渠道深入解读、理解和内化正确的信息，不断增强正确思想信息传播、选择、教育的效果。

五、新时代大学生思想政治教育发展的社会化趋势

(一)社会化趋势的成因

新时代大学生思想政治教育发展的社会化是大学生思想政治教育的又一重要趋势。新时代大学生思想政治教育发展的社会化趋势主要体现为大学生思想政治教育日益走向开放、走向社会、走向实践，思想政治教育的社会化程度不断提高。

1.社会化趋势是人的社会化的客观要求

马克思指出，人的本质不是单个人所固有的抽象物，在其现实性上，它是一切社会关系的总和。人总是生活在一定的现实社会关系中的，人的社会化，就是认识、选择和体现一定现实社会关系的根本要求，内化一定的社会规范，形成人的社会本质，提高人的社会化程度，实现从自然人向社会人的转变，把人培养成一定社会所需要的合格的社会成员的过程。实现人的社会化，对于大学生来说，就要教育和引导大学生在开放的社会环境中，把自身塑造成为具有社会主义社会新型社会本质的合格的社会成员，也就是说，把自己培养成为"有理想、有道德、有文化、有纪律"的社会主义新人。大学生是生活在现实社会关系中的大学生，促进大学生的社会化，既要发挥大学生思想政治教育在大学生成长成才中的重要作用，更要发挥全社会在培养社会主义"四有"新人中的

重要作用，努力形成大学生思想政治教育的社会合力。也就是说，促进大学生的社会化，客观上要求大学生思想政治教育的社会化，否则，很难把大学生培养成为中国特色社会主义事业所需要的合格建设者和可靠接班人。

2. 社会化趋势是我国改革开放的必然产物

随着改革开放和社会主义市场经济的发展，高等教育发生了深刻的变革，正在由精英教育向大众教育转变。高等教育的大众化使高等学校与社会的联系更加紧密，高等学校的教育环境和社会环境更加开放。社会发展对高等教育的影响也日益深刻，高校和社会的互动日益频繁和深化。大学是社会的晴雨表，社会是大学的影响源。大学总是折射着社会的发展变化，社会的每一个深刻变化也总是会在大学中有所反映，尤其是在大学生的思想行为上必然有所反映。解决大学生的思想认识问题，规范大学生的社会行为，仅从学校内部开展是难以真正做到的，必须置于开放的社会环境中加以分析、研究和解决。

当代大学生承担着建设中国特色社会主义事业、实现社会主义现代化、振兴中华的历史使命，只有让大学生在开放的社会环境中，同各种不同的思想信息和价值观念进行接触并对它们进行比较和选择，才能使其在教育、引导和独立思考的基础上把握和坚持正确的政治方向和价值取向，坚定不移地走中国特色社会主义道路，把自己培养成建设中国特色社会主义事业的栋梁之才。因此，必须实现大学生思想政治教育社会化，使大学生的思想政治教育同社会的发展变化更加紧密地联系在一起，引导大学生走向社会、走向实践，在开放的社会环境和伟大的社会变革中认识和解决自身的思想认识问题。仅仅在封闭的大学校园中是无论如何也做不好大学生思想政治教育的。

3. 社会化趋势是增强思想政治教育的社会合力的必然结果

现在，我国在社会主义现代化进程中，已经提出和正在实施"科教兴国"和"人才强国"的战略，我国的社会主义现代化建设能否取得成功，越来越取决于科技教育同经济建设的紧密结合，取决于科学技术第一生产力的发展和人才第一资源的开发，取决于高等学校能否培养一批又一批社会主义事业的合格建设者和可靠接班人。高等学校的人才培养不仅是高等学校的根本任务，而且是全党全社会的共同任务，是社会主义现代化事业能否取得成功的关键。高等学校的人才培养不仅要注重教育引导学生掌握科学文化知识，提高学生的科学文化素质，而且要教育引导学生掌握和内化社会的道德、法律规范，提高学生的思想道德素质，这不仅要依靠学校的力量做好思想政治教育工作，更要依靠全党全社会的力量来共同做好思想政治教育工作。要把学校教育、社会教育和家庭教育结合起来，协调教育目标，整合教育力量，优化教育资源，不断增强大学生思想政治教育的社会合力，增强大学生思想政治教育的整体效应。新时代大学生思想政治教育社会合作程度的提高和社会合力的增强，必然会强有力地推进新时代大学生思想政治教育社会化。

(二)社会化趋势的体现

1.大学生思想政治教育理念的社会化

新时代大学生思想政治教育要把大学生看作社会的人，大学生不仅仅是学校的一员，更是社会的一员，大学生思想道德素质的形成发展不仅受到学校的影响，更会受到社会的影响。因此，要树立开放育人、实践育人、协同育人的理念，不能只在相对封闭的校园环境中育人，而要注重在开放的社会环境中育人，运用各种社会因素积极提高大学生的思想道德素质，促进大学生的全面发展；不能只注重引导大学生通过课堂学习思想理论知识，更要注重引导大学生在社会实践中提高分析、解决思想问题和实际问题的能力；不能只依靠某一方面的力量分散育人，而要把校内的教育力量与家庭、社会的教育力量结合起来，分工合作，内外结合，优势互补，协同育人。

2.大学生思想政治教育主体的社会化

毛泽东曾经指出，思想政治工作，共产党应该管，共青团应该管，学校的校长、教师更应该管。从学校内部来说，无论是教师、干部、服务人员还是学生骨干，在进行大学生思想政治教育时，不仅要加强相互之间的协调与配合，更要加强学校之间的协调与配合，尤其要加强与主管部门和社会其他力量之间的协调与配合。要组织、联合社会各方的教育力量包括党团组织、新闻媒体、学术机构、社会团体以及家庭等的力量，共同做好大学生思想政治教育工作。同时，要注重加强社会力量和学校力量的结合，提升思想政治教育主体社会合作程度，增强思想政治教育的社会合力。单个学校的教育力量是单薄的、有限的，只有把单个学校的教育力量与其他学校的教育力量乃至整个社会的教育力量有机结合起来，才能构建"大德育"格局，形成大于单个学校教育力量之和的新的教育力量，进而形成整体大于部分之和的教育效应。大学生思想政治教育社会化还体现为思想政治教育内容的社会化。人们的思想意识在任何时候都是被意识到的社会存在，人们的思想意识是社会存在的客观反映，要帮助人们形成正确的思想意识，就要立足于社会实践，把社会实践基础上形成的社会的发展变化作为思想政治教育的内容，实现思想政治教育内容的社会化，引导人们正确认识社会的发展变化，形成正确反映社会发展变化的思想意识。

在现实社会中，新时代大学生思想政治教育必须坚持把我国新时代社会发展、变化的内容作为教育的内容，总结社会发展成就，分析社会发展形势，了解社会生活意义，把握社会发展趋势，增强社会适应能力，提高人的社会化程度，努力培育合格的社会成员和国家公民。新时代大学生思想政治教育要注重根据社会实践的深化和社会发展的变化，不断拓宽思想政治教育的覆盖面，充实和更新思想政治教育的内容，优化思想政治教育的内容结构。现在，时代发展发生了深刻的变化，改革开放和社会主义市场经济的发展，经济全球化、社会信息化、文化多样化提出了很多新的重大社会课题。大学生面临着一些新的现实问题和思想困惑，思想行为受到极大的影响，必须引导他们直面现实，消除困惑，把握机遇，迎接挑战。

因此，在新时代大学生思想政治教育内容方面，要注重以科学发展观为指导，根据全面建成小康社会的需要和人的全面发展的需要，加强价值教育、生存教育、生命教育、发展教育、心理教育、和谐教育、诚信教育、挫折教育、选择教育、安全教育等，这些都是现实的社会内容的折射。只有根据实践的深化和社会的发展，不断充实、更新和拓展大学生思想政治教育的社会内容，才能更好地贯彻理论联系实际的方针，加强对大学生学习、生活和择业的指导，提高大学生思想政治教育的实效性，促进大学生的全面发展和健康成长。

第三节 新时代大学生思想政治教育发展的要求

新时代思想政治教育发展根植于社会发展和人的发展的实践之中。新时代大学生思想政治教育发展具有以下三方面的紧迫性。一是经济全球化、社会信息化、文化多元化、利益多样化等客观状况发展很快，不断涌现需要研究的新问题；中国特色社会主义理论与时俱进需要学习用于指导实践；各个学科研究的最新成果需要吸收。二是高校处于科技发展与信息变化的前沿，大学生能敏感地反映社会发展过程中的各种问题，不断提出思想政治教育新要求。三是新时代大学生思想政治教育应当走在时代前列，但还存在不适应发展形势的滞后现象。因此，新时代大学生思想政治教育无论是在教育理念、教育领域、教育内容方面，还是在教育方法和手段、教育载体等方面都要与时俱进，不断推进改革创新。

一、更新大学生思想政治教育观念

1.树立素质教育理念

素质教育是以提高国民素质为根本宗旨，以培养学生的创新精神和实践能力为重点，以促进人的全面发展为目的的高质量教育。思想政治教育树立素质教育理念，就是要改变传统的应试教育理念，从以知识传授和理论传授为主向以提高思想政治素质为主转变，注重对学生创新精神和实践能力的培养；就是要切实促进学生德、智、体、美、劳的融合性、协调性发展；就是要培养学生的爱国主义、社会主义和集体主义思想，提高学生辨别是非的能力；就是要对传统的教育方法进行改革，采用灵活多样的方式进行教育教学，充分发挥学生的主观能动性，培养学生独立思考的能力与创新能力。

2.树立人本教育理念

人本教育理念是"以人为本"的原则在思想政治教育上的体现，强调思想政治教育既是为了学生，也要依靠学生。树立人本教育理念，就是要在教育过程中始终坚持以学生为本，改变"以书为本"的倾向，把思想政治教育过程作为引导学生进行价值选择、价值追求、价值创造、价值实现的过程，以满足学生的发展需要，促进学生健康成长；就是要以学生的全面发展为目标，根据青年学生的特点、个性，调动和激发学生的自主性、能动性和创造性，增强学生的主体性；就是要注重人文关怀，善于因材施教，尊重学生个性，优化有利于学生个性发展的教育环境，充分发挥学生的精神潜能。

3.树立终身教育理念

终身教育理论的奠基者保罗·郎格朗认为，现代社会变化的速度越来越快。"每隔十年，人们就面临着一场在物质、精神和道德领域内如此广泛的转变，以至于昨天的解释已经不再符合今天的需要。"树立终身教育理念，意味着要改变学校教育定终身的教育理念，随着成人教育、回归教育、继续教育成为终身教育的重要环节和方式，思想政治教育也要在这些环节和方式中成为重要教育内容，并具有继续教育的特点和功能；意味着要更注重培养大学生自学自律的习惯与能力；意味着要发挥大学生思想政治教育的桥梁作用，既要"承"中学德育之"前"，又要"启"成人教育之"后"，要在学校和社会之间架起一座联系的桥梁，引导学生参与社会生活，适应社会发展的需要；意味着要发挥大学生思想政治教育的整合功能，实现学校思想政治教育与家庭教育、社会教育的有机结合，整合各种思想政治教育资源，增强学生育德自觉性。

二、拓展大学生思想政治教育领域与内容

在现代化、全球化、信息化发展等相互交织的时代背景下，新时代大学生思想政治教育要不断拓展其领域和内容。

1. 新时代大学生思想政治教育向宏观领域的发展

新时代大学生思想政治教育向宏观领域的发展，既是教育面向现代化的需要，也是教育面向世界的需要。在社会主义现代化建设过程中，市场经济条件下形成的竞争环境，大众传播媒体形成的传媒环境，广大群众民主权利、自主意识增强之后形成的参与环境，以计算机和信息技术为基础的国际互联网络，以及由经济和科学技术发展导致的环境问题、生态问题等，不断开拓新领域，涌现新问题，既广泛改变着社会的面貌，也深刻地影响着学生，并折射出许多新的思想、政治、道德、心理问题，迫切需要思想政治教育工作者对学生的积极主流方面加以提炼、升华，对新的思想、道德、心理问题进行引导，并根据社会和学生发展的需要，逐步探索、创建竞争伦理、科技伦理、环境伦理、网络伦理等新的道德伦理与价值观，保证和促进大学生在新的历史条件下适应社会需要，促进自身的全面发展。

同时，在对外开放和经济全球化的条件下，各种思想文化相互激荡、相互渗透、相互借鉴，又相互矛盾，新时代大学生思想政治教育不可避免地要面临其他思想政治观点的挑战。特别是在网络领域，各种不同的思想文化混杂在一起，使大学生思想政治教育面临更加错综复杂的态势；全球意识发展的同时，民族意识也在发展，开放意识发展的同时，区域意识也在发展；人们交往空间距离在缩小的同时，生活方式、信仰结构和道德追求却在拉大距离。这些现实的矛盾与问题，需要思想政治教育工作者从新的视角及时进行分析、引导。

此外，开放环境和面向全球人才竞争的局面，需要高校培养能够参与世界范围竞争的人才。这样的人才不仅需要有相应的科学文化素质，更需要有相应的思想道德素质和心理素质。这些素质包括正确分析、鉴别、选择人生观和价值观的能力，参与竞争的能力，进取精神、合作精神、敬业精神与更强的责任

心和责任感等。这些素质的培养，向思想政治教育提出了更新、更高的要求。

2. 新时代大学生思想政治教育向未来领域的发展

现代社会充满机遇，也充满风险。所谓机遇，就是发展的有利条件和有利时机。所谓风险，就是发展的不利因素和失败危险。机遇不是人人都可以看得到并抓得住的，它具有稍纵即逝的特点；风险也不是人人都可以预料并能有效防范的，它具有偶然性与突发性的特点。机遇与风险都具有未知性、未来性的特点。当代大学生希望自己能在抓住机遇、避免风险的同时，更关注发展的前景及未来领域的发展趋势。在这种形势和要求下，新时代大学生思想政治教育必须面向未来领域的发展，探索适用未来领域的理论与方法，更好地发挥思想政治教育的导向功能，体现思想政治教育的超前性和预防性，以满足社会发展和学生发展的需要。新时代大学生思想政治教育要面向未来，主要是进行科学预测和决策。

现代社会条件下，新时代大学生思想政治教育的科学预测和决策，是思想政治教育由经验走向科学的重要标志，是争取教育主动并取得成效的前提。通过预测，尽可能降低对未来发展的未知度，减少风险，把握机遇；通过决策，制订正确的教育计划，规范未来行为，开展预防教育，掌握主动权。总之，大学生思想政治教育面向未来领域的发展，目的是帮助大学生增强面向未来的意识，增强预测与决策的自觉性，使大学生对未来发展趋势有一个清楚和正确的认定；学会抓住机遇，化解风险，避免各种因素的干扰，以提高驾驭自身发展的能力。

3. 新时代大学生思想政治教育向微观领域的发展

所谓思想政治教育的微观领域，就是指思想政治教育主体的内心世界。在多样、多变、多元的开放社会里，大学生思想政治教育向微观领域的发展成为一种必然趋势。在全球化、现代化、信息化和改革开放的时空境遇下，面对各种现实因素交织生成的多样化的思想意识、价值观念和行为方式，心理不平衡、心理障碍与心理疾患等现象在大学生中有所增加，这就要求思想政治教育积极介入大学生个体的心理活动，开展心理研究、心理干预和心理咨询。同时，新时代大学生思想政治教育要以提高有效性为目的，而只有向个体心理层面拓展才能实现这个目的。实践证明，忽视心理机制在个体思想道德形成和发展中的作用，就会使思想政治教育陷于概念与形式。大学生思想政治教育要介入个体心理层面，就要在思想政治教育过程中，综合运用心理学的知、情、意、行要素，赋予思想政治教育认知概念、激发动力、巩固观念、付诸实践的作用，致力于学生认知深化、理论内化、观念形成、行为养成，改变思想政治教育知行脱节、注重记忆、应付考试的状况。同时，要根据当代大学生的心理特点，深化思想政治教育的针对性与接受性的研究。新时代思想政治教育接受过程的关键是学生对教育目标、内容的认同，认同过程是理性与感性、主观与客观因素交互作用的心理过程。

因此，新时代思想政治教育需要全面把握这些因素，并根据不同学生的实际与特点，研究并采用相应心理因素的结构方式开展教育，探索正确思想和行为形成、发展的规律，提高思想政治教育的实效性。

4. 新时代大学生思想政治教育向虚拟领域的发展

虚拟领域也叫网络社会、虚拟社会。虚拟社会是人们基于互联网络的虚拟空间，在虚拟实践中按照一定的方式彼此发生的各种虚拟联系和关系的领域。随着计算机和信息技术的发展，网络已不仅仅是一种信息载体和技术方式，更是一种社会存在方式，具有社会和人文功能，形成了特定的社会领域。虚拟社会既依赖于现实社会，又不同于现实社会，它是人类开辟和创建的新空间。虚拟领域越来越成为大学生学习和生活的新空间，大学生的全面发展越来越离不开虚拟领域。帮助大学生认识虚拟领域的本质属性、功能属性、社会属性，指导大学生正确利用虚拟领域，学会学习、鉴别、选择信息和优化自己的生存与发展方式，就成了大学生思想政治教育在新的历史条件下的重要任务。新时代大学生思想政治教育向虚拟领域的发展，就是指根据大学生成长的要求和虚拟领域的特点，指导大学生正确认识和使用网络，开展思想政治理论学习、优化思想教育资源、提高思想道德修养、提高思想政治素质的理论与方法，形成网络思想政治教育体系，帮助大学生在虚拟领域独立自主地开展自学自律，更好地促进大学生的全面发展。

5. 新时代大学生思想政治教育内容的拓展

1) 要注重思想政治教育内容的综合性，理论内容即书本内容、实践内容即环境内容的综合。思想政治教育内容是一个包括思想教育、政治教育、道德教育、心理教育诸内容要素的系统，在大学生思想政治教育过程中，要把理论内容的教育与实践内容的教育结合起来，注重在社会实践、生活实践、交往实践中进行思想教育、政治教育、道德教育和心理教育。

2) 要注重思想政治教育的时代内容与传统内容的结合。时代在发展，社会在进步，人的素质在提高，反映社会发展和人的发展需要的思想政治教育内容也要随时代的发展而更新。如在思想教育中要充实社会主义核心价值体系的教育以及国际理解教育，在政治教育中要增加科学发展观及构建社会主义和谐社会的教育，在道德教育中要更加注重加强社会主义荣辱观教育等。

3)要注重思想政治教育民族内容与借鉴内容结合。改变单一领域与内容的传统方式，进行领域与内容综合是现代教育的要求。大学生思想政治教育内容要体现民族性，就要坚持马克思主义理论指导，继承和转化中国古代德育资源，继承和弘扬中国革命传统；同时，要做到民族内容与借鉴内容相结合，善于吸收和借鉴国外有益的德育知识，吸收和借鉴相关学科的最新研究成果，不断推进教育内容的充实与创新。

三、积极探索新时代大学生思想政治教育发展的新方法

新时代大学生思想政治教育方法的发展，从总的发展趋势上看，是一定的时代内容、理论内容、环境内容决定一定的方法。政治、经济、文化和科学技术的迅速发展，使得大学生思想政治教育面临着与以往不同的时代背景与客观条件，面对着大学生在新的历史条件下形成的思想特点与思想实际，只有根据客观实际的要求，结合学生的特点，努力探索新的教育方法，才能增强教育的针对性与实效性。在探索大学生思想政治教育方法的过程中，要重点关注方法的综合运用，注意不同类型教育方法之间的相互影响、相互作用、相互渗透、融合发展，特别是要关注教的方法与学的方法的互动、社会教化方法与自学自律方法的同构、现实教育方法与虚拟教育方法的整合等方法的发展和创新。

1.教的方法与学的方法的互动

思想政治教育过程不只是教育者对受教育者的单向灌输过程，而是教育者与受教育者共同参与、互动共进的过程。大学生思想政治教育不能只靠灌输方法，而必须更多地促进教育者与受教育者双向互动，让双方在教育交往互动活动中，完成价值引导与品德建构过程。交往与互动是现代思想政治教育的基本理念和重要的方法论，大学生思想政治教育者，要积极探索教育者与受教育者互动的方法，如理论教育中的探索性学习方法、理论研讨法等，日常思想政治教育中的民主讨论、协商对话、互相交流、谈心交友等具体方式，针对不同特点的受教育者用不同的教育方式，以提高教育效果。

2. 社会教化方法与自学自律方法的同构

新时代大学生思想政治教育要改变以往更多关注社会教化、忽视自学自律的状况，既重视发展社会教化方法，又重视自学自律方法，并使两者有机结合起来，共同发挥其教育作用。首先，自学自律以社会教化为前提、基础和条件，正是社会教化培养了人的主体性，激发了学生对精神文化、思想道德的需求，培养了学生自我完善、自我控制的能力，使自学自律成为可能。同时，自学自律又构成思想政治教育有效性的重要基础与条件。自学自律是学生实现思想品德内化与外化的重要机制，是促进思想道德认识、情感发展以及知行转化、知行统一的基本方式。受教育者自学自律的能力、水平越高，社会教化就越容易取得实际效果。因此，我们要发挥两者的作用，不断改进、创新社会教化方法，把重点放在启发大学生道德自觉、激发大学生的精神需求、培养大学生的自学自律能力与习惯上来。同时，积极探索适应现代社会价值取向、符合现代人思想行为习惯的自我修养方法、自我管理方法、自我学习方法、自我调适方法、自我反思方法等，不断增强大学生自学自律的能力。

3. 现实教育方法与虚拟教育方法的整合

网络思想政治教育现实性与虚拟性并存的特征，决定了网络发展过程中，新时代大学生思想政治教育方法的发展必须是现实教育方法与虚拟教育方法相互补充、相互渗透。网络思想政治教育是虚拟的，但它是现实思想政治教育的延伸和发展，它所传递的思想道德信息以及创造的新的思想文化也都是客观真实的。也就是说，网络思想政治教育在表现形式上是虚拟的，但在内容实质上却是现实的。现实性是虚拟性的基础，虚拟性是现实性的延伸和发展。由此决定了网络思想政治教育所采取的虚拟教育方法具有现实的客观基础，它来自思想政治教育实践的经验与方法总结，是基于大学生网民思想活动特点、品德发展而对现实思想政治教育方法的技术转换与现代改进。同时，现实教育方法如果脱离了建立在网络虚拟性基础上的虚拟教育方法，简单地应用于网络思想政治教育，就会因为缺乏技术基础和网络针对性而失去应有的效果。整合现实教育方法与虚拟教育方法，需要我们不断创新大学生思想政治教育的现实方法，为网络思想政治教育创造方法转换的基础，同时要积极探索网络思想政治教育的新特点，实现新时代大学生思想政治教育现实教育方法与虚拟教育方法的整合发展。

第四章

新时代大学生思想政治教育
创新发展的应然遵循

第一节　传统教育与现代教育相结合

一、传统教育的现代价值

传统与现代有关。与新时代思想政治教育相比，传统思想政治教育的具体表现是，在教育思想中遵循传统观念，甚至在思想政治教育的过程中，总是或多或少地受到一些旧思想、旧观点、旧经验的影响和束缚，遇到问题后，也往往会在传统的教育内容中寻找答案。但是，传统的教育内容是不能适应新时代的发展变化的。

中国共产党有着良好的思想政治教育传统，在长期的革命和建设中积累了丰富的经验。例如，坚持思想领先，充分挖掘人的主观能动性，充分发挥人的精神力量的作用；充分发挥榜样的作用，发现和总结英雄模范的事迹，广泛宣传他们的事迹，鼓励和激励他人努力工作。领导者吃苦在前，享受在后，在任何地方都起着带头作用，成为大众的榜样。领导者的行动变成了无声的教育。思想政治教育紧紧围绕党的中心工作，通过有效的思想政治教育，贯彻党的路线、方针、政策等。

这些传统的思想政治教育经验今天过时了吗？如前所述，它们当然不是过时的，而是必须继承和推广的。目前，个别党员干部已经忘记或抛弃了这些优良传统，放弃了艰苦奋斗，追求物质享受，放弃了无私，而极端自私，忘记了群众的期望，放纵了自己的行为，跌入犯罪的深渊。深刻的教训警醒我们，传统的思想政治教育在今天仍然具有不可替代的价值，思想政治教育的传统不能丢失。

面对现代社会的新形势和新时代新要求，思想政治教育不能停滞不前，必须面对困难，勇于突破和创新。

二、新时代思想政治教育的积极意义

所谓新时代思想政治教育是相对于传统思想政治教育而言的，是指适应社会发展新变化的教育。新时代思想政治教育的创新发展，包括教育理念、方法和手段等方面的创新发展。新时代思想政治教育的创新发展，不能排斥一切传统观念、传统途径和方法，同时，我们应该充分重视信息社会发展带来的新变化，做到与时俱进。传统与现代的有效结合有利于新时代思想政治教育的创新发展。

在科技高速发展的 21 世纪，互联网的运用和新时代思想政治教育的创新发展息息相关。由于互联网对教育对象的影响已经超出了人们的想象，如何充分利用互联网这一现代教育手段来加强新时代思想政治教育的育人效果已成为一个亟须解决的问题。我们只有在掌握网络时代特点的情况下，才能实现思想政治教育的创新发展。首先，信息传输和交流方式非常特殊。虽然网络信息的传递和交流也是在人与人之间进行的，但从外在和直观的角度来看，它是人与机器之间的直接联系，也是人与机器之间的对话。其次，信息的传输和交换更加快捷方便。最后，信息传递和交流的对象（主体）是非常隐蔽的。

三、正确处理传统教育与现代教育的关系

传统教育是现代教育的基础，现代教育是传统教育的延续和发展，这两者是辩证关系。在新时代思想政治教育过程中，必须正确处理好两者之间的关系。

1）从理论上讲，传统教育和现代教育各有优势，不应该单方面反对或否认。如前所述，传统思想政治教育和新时代思想政治教育在教育方法上各有特点和优势。这些特点和优势可以在教育过程中发挥作用，也可以影响教育对

象。对于教育对象来说，在接受思想政治教育的过程中，除了学习知识之外，无形中也接触到了不同的教育方法，学到了不同的技能。无论是通过传统教育否定现代教育，还是通过现代教育否定传统教育，都不利于思想政治教育的与时俱进。从马克思主义方法论的角度来看，这与对事物进行全面、系统、科学的分析和看待事物的观点相矛盾。从实际教育过程和人才培养来看，也存在明显的片面性。

2）就个体思想政治教育者而言，由于专业、年龄、环境等因素的影响，传统思想政治教育和新时代思想政治教育的掌握水平必然不同。由于思想政治教育者工作具有不同的个性和研究优势，传统思想政治教育与现代思想政治教育之间的选择不应该是整齐划一的。对思想政治教育工作者工作质量的评价，不仅要依据所采用的方法和手段，还要依据教育对象对教育内容的理解和消化以及在哪些方面实施。换句话说，对思想政治教育工作者教育效果的评价不仅要看是采用传统或现代的教育方法和手段，还要看教育对象对教育内容的理解和接受。因此，每一位新时代思想政治教育工作者都应该坚持传统与现代的结合，充分利用新方式和新手段，不断锤炼个人从业技能。

第二节 纵向教育与横向教育相结合

一、解决纵向教育的问题

一般认为，按照时间顺序对教育对象在不同阶段和时间进行的教育是纵向教育。纵向教育分为广义和狭义。广义的纵向教育是指对教育对象在不同阶段和不同时期进行的所有教育。教育的内容广泛而复杂。狭义的纵向教育是指不同阶段、不同时期的具体内容的教育，即从小学、初中到大学不同阶段、不同时期的思想政治教育。纵向教育的衔接，是指不同阶段、不同时期的教育衔接，统筹规划、科学安排、遵循规律，进行系统全面的教育。

研究教育对象与思想政治教育中的纵向教育联系具有重要的现实意义，主要有以下几个方面：

①思想政治教育由浅入深，层次递进，是遵循教育规律的具体表现。

②有效利用教育资源是新时代思想政治教育创新发展的客观要求。

③思想政治教育内容在教育各个阶段的有效衔接，是新时代思想政治教育创新发展的客观需要。

要实现新时代思想政治教育的纵向融合，必须采取切实可行的措施，主要有以下几点：

①构建科学合理的思想政治教育体系。就学校教育而言，教育部在2005年发布的《教育部关于整体规划大中小学德育体系的意见》中指出：不断优化各级各类学校德育课程的设置，并制定德育课程标准，明确教育目标、内容及要求，使小学、中学、大学各教育阶段的德育课程形成由低到高、由浅入深、循环上升、有机统一的体系。2010年7月《国家中长期教育改革和发展规划纲要（2010—2020年）》发布，要求"构建大中小学有效衔接的德育体系"。2019年8月，中共中央办公厅、国务院办公厅印发《关于深化新时代学校思想政治理论课改革创新的若干意见》，明确了"坚持思政课在课程体系中的政治引领和价值引领作用，统筹大中小学思政课一体化建设，推动各类课程与思政课建设形成协同效应"。这三份文件为不同阶段构建科学合理的思想政治教育体系提供了指导思想。

②重视开展纵向间的交流与沟通。所谓纵向间的交流与沟通，是指不同教育阶段思想政治教育工作者之间的交流与沟通。作为一名新时代的思想政治教育工作者，必须能够按照国家"三全育人"的相关指示精神，和不同阶段教育的思政工作者沟通交流学生的基本情况和工作经验等，为实现全程育人打下坚实的基础。

③充分发挥教育对象的主体作用。教育对象是教育活动的指向对象、客体，在教育过程中，主体与客体的关系不仅表现在主体对客体的作用上，还表现在客体对主体的积极作用以及不同客体之间的相互作用上。要解决纵向衔接问题，新时代思想政治教育工作者必须重视充分发挥教育对象在教育过程中的主体作用。新时代大学生思想政治教育必须充分发挥大学生的主体作用，通过调动大学生的积极性、主动性，提高思想政治教育的育人成效。

二、解决横向教育的问题

所谓横向教育是指根据相关教育内容在同一阶段、同一时间对教育对象进行的教育。横向教育也分为广义和狭义。广义而言，横向教育是指教育对象在同一阶段、同一时间进行的所有教育，教育内容也非常广泛。狭义的横向教育是指在同一阶段、同一时间通过相关教育内容和相关教育方法对特定内容进行的教育。横向教育的衔接或横向衔接教育指对同一个教育对象的教育采用不同的课程、不同的教育方法等,将教育内容联系起来,统筹规划,科学安排,遵循规律,开展系统全面的教育。

1)新时代大学生思想政治教育的横向联系,包括以下三个方面:

①属于显性教育范畴的思想政治教育内容之间的衔接。

②将显性教育内容与属于隐性教育的各种教育方法和内容联系起来,形成良性互动,共同完成新时代大学生思想政治教育工作。

③新时代大学生思想政治教育内容(包括显性和隐性)与其他哲学社会科学和自然科学联系起来,用马克思主义理论、社会主义核心价值观和习近平新时代中国特色社会主义思想等来指导其他课程的学习,并用其他课程来验证新时代大学生思想政治教育的科学性和正确性。

2)横向教育与新时代大学生思想政治教育相结合具有重要意义,主要有以下几点:

①能形成新时代大学生思想政治教育的合力,防止消极力量,提高教育效果。

②避免简单重复,避免教育对象的逆反心理,有效利用教育资源。

③可以促进同层次思想政治教育工作者之间以及思想政治教育工作者与其他相关人员之间的沟通与互动,提高思想政治教育水平。

3)横向教育的具体对策,包括以下几个方面:

①建立横向联系工作机制,加强组织管理。与纵向衔接相比,横向衔接可以在一个单位中独立进行,也可以在多个单位中同时进行,因此,可以在一个单位中形成横向衔接工作运行机制,并且协调相对容易,也可以通过思想政治教育职能管理部门进行协调和组织。

②畅通思想政治教育者之间的沟通渠道,实现思想政治教育者之间的密切沟通。

三、正确处理纵向教育与横向教育的关系

要实现新时代大学生思想政治教育纵向教育与横向教育的有效衔接,必须首先解决相关的认知问题。目前,在认识上存在两大缺陷:一是相关职能部门缺乏应有的重视,没有认识到纵向衔接和横向衔接的重要性,没有积极建立相

关工作机制，没有进行有效的指导和监督。二是有些思想政治教育工作者只关心他们面前的具体工作，他们认为自己的事与他人无关，而他人的事与自己无关，没有必要进行配合与衔接。这明显表明他们缺乏积极参与的态度，从而在采取实际行动时更加困难。思想政治教育横向衔接和纵向衔接既有相同之处，也有不同之处。

1）两者的相同点有以下几方面：

①无论是横向衔接还是纵向衔接，涉及的内容都是思想政治教育的范畴，主要负责人及部门是思想政治教育工作者及其职能部门。

②教育方法多种多样，应根据教育对象的实际情况来确定，其中，学校对学生的教育也可以纳入教学计划，实现规范化教学。

③教育追求的总体目标应该是相同的，要实现的目标也应该是相同的，即贯彻党的路线、方针、政策，培养现代化建设的合格建设者和可靠接班人。

2）两者的不同点有以下几方面：

①就教育内容而言，不同教育内容的理论深度和教育要求基本上属于同一层次，因为横向衔接的教育对象处于同一时间节点，纵向联系的教育内容由浅入深、从简单到复杂、从少到多的差异取决于不同的阶段和时间。

②在横向教育中，教育对象的文化基础、接受能力和身心成熟度基本没有差异，但在纵向教育中差异很大，尤其在不同的教育阶段差异很大。

③就教育方式而言，不同年龄的人有不同的理解能力和接受程度，因此纵向教育应考虑到这一差异，而横向教育则不需要。尽管如此，思想政治教育的横向和纵向衔接仍然有相对应的联系：横向衔接和纵向衔接可以相互借鉴，可以成为相互促进并提高的基础和条件。因此，职能部门和思想政治教育工作者应树立自觉意识，充分重视横向和纵向的衔接，实现科学有效的思想政治教育。

3）实现横向衔接和纵向衔接的有机结合，努力解决共性和个性问题，包括以下几点：

①科学可行的制度和工作机制。

②思想政治教育工作者应积极承担横向衔接与纵向衔接的任务。

③职能部门要加强考核与监督，促进良好工作机制的形成。

第三节 课内教育与课外教育相结合

思想政治教育的对象是广泛的，不同对象的思想政治教育方法也应该不同。根据国家统计局发布的数据，2018 年，中国有 2831 万本科生和 273 万研究生。这是一个庞大的群体，也是思想政治教育的一个特殊重点。对在校学生进行思想政治教育，应坚持课内教育和课外教育相结合的模式。

一、解决课内教育的问题

这里所说的课内教育是指课堂教学，具体是指教学计划中包含的思想政治教育课程的教学。这些思想政治教育课程包括大学的思想政治理论课和中小学的思想品德课，被认为是高校德育和思想政治教育的主要渠道。这取决于学校思想政治教育的主要特点，有如下几点：

①教学内容的系统性、完整性，新时代大学生思想政治教育课程既各自独立又密切联系，形成了针对各类各层次学生的完整、全面、系统的马克思主义理论、社会主义核心价值观和习近平新时代中国特色社会主义思想教育普及的良好局面。

②教育过程的规范性，这体现在教师的专业水平和教学计划中的课程标准化上。

③强制性评估要求，上述思想政治教育课程是学生的必修课，学生必须通过考试。

改进和创新学校思想政治教育课教学方法的基本原则，有如下几点：

①主体性，即以学生为主体。

②立体化，即利用现代手段开展实践教学。

③开放性，即根据现有条件，主要采取聘请专家进行专题报告、观看教学视频、安排主讲教师以外的人员进行专题讲座的形式。

为了追求新时代大学生思想政治教育的实效性，在改进和创新方案中要注意解决好以下两个问题。

①从教学方法载体的角度出发，要注意以下问题：一是团队教学；二是实践教学；三是加大多媒体教学的力度。

②从提高学生自主学习积极性的角度出发，创建互动课堂，激发学生的思辨热情。通过引导启发、实施案例式教学、实施专题式教学、实施演讲式教学、实施辩论式教学等形式，开展教学活动。

二、解决课外教育的问题

所谓课外教育是指课外的思想政治教育，不包括在教学计划中。在学校思想政治教育中，课外教育是课内教育的有效补充，是对学生进行马克思主义理论、习近平新时代中国特色社会主义思想教育的重要途径。

1）课外教育的特点包括以下几点：

①教育的随机性和灵活性。

②教育的潜移默化性。

③教育方法的多样性。

④教育对象的非特殊性。

2）课外教育的方式有很多，可以分为以下类别：

①根据与课堂教学内容的相关程度，可以分为直接相关教育和间接相关教育。

②根据思想政治教育的显示水平，可分为显性课外教育和隐性课外教育。

③根据课外教育的内容和形式，可以分为理论性课外教育和实践性课外教育。

④根据活动的组织程度，可分为有组织的课外教育和无组织的课外教育。

⑤根据课外教育活动的状态，可以分为动态课外教育和静态课外教育。对学生来说，做社会调查和做好人好事都是动态的课外教育。专栏、雕像、名言等对学生来说都是静态的课外教育。

3）课外教育的注意事项。

课外教育在新时代大学生思想政治教育中的有效实施，需要不断地努力和细致地工作。当前，我们应注意以下几个主要方面：

①切实加强课外思想政治教育的组织领导，虽然课外教育是一种不系统、不规范的教育，但它还应该有相应的教育目标、教育计划和管理，所以组织和领导不可或缺。

②多部门参与，形成联合管理的良好局面，与课外思想政治教育相关的部门包括学校党委组织部、党委宣传部、学生工作部、研究生工作部、教务处、团委、学生会和基层工作部门等，它们在思想政治教育中各有责任，不能互相

替代。

③重视学生的自我教育，在课外思想政治教育中，学生自我教育是一种有效的形式，这种形式使学生更容易相互影响，接受教育，避免逆反心理。

④充分发挥教师在课堂中的积极作用，课堂教师的思想政治教育理论知识更加全面和深刻，对课外教育的掌握更加准确和恰当。

⑤增加必要的投入。如上所述，课外教育存在投入和产出之间的关系，可增加必要的经费投入，以保证课外教育的效果。

三、正确处理课内教育与课外教育的关系

在新时代大学生思想政治教育工作中，课内教育（课堂教学）和课外教育是"主体"和"辅助"的关系。由于思政课程是主渠道、主阵地，我们必须重视课内教育，具体要做到以下几点：

①加强规范化管理，即按照课程规范化的要求建设，甚至按照重点课程的要求建设。许多高校的思想政治教育课程被各级职能部门评为优秀课程，并获得各级乃至全国教学成果奖，这是规范化管理和加强建设的结果。

②增加人力资源投入。课内教育和课外教育都涉及人力和物力的投入。相比之下，在课堂教学的人力、物力投入方面，努力吸引高水平的教学、科研和学科建设人才加入教学团队。

③加强学科建设，促进教学。近些年，马克思主义理论一级学科不断完善发展，思想政治教育学科建设也取得了重要成果，但如何将学科建设与教学相结合，促进教学与学科建设相结合，仍需进一步研究。

④加大教学改革的力度。在思想政治教育教学中，有许多问题需要研究，课程改革仍需加强；教师组织参与研究工作、设置研究课题也需得到重视。

当然，所谓以课外教育为辅，并不意味着削弱课外教育的作用，也不意味着课外教育是可有可无的。那么对于课外教育，我们又要做到哪些呢？

①根据课堂教学的进度，辅以课外教育。课外教育需要关注课堂教学的进展，并将其与课堂教学内容相结合，通过课外教育促进学生对课堂教学的理解和掌握。

②课外教育相对独立，可以根据计划设计课外教育，开展有特色的独立的教育活动。

③新时代大学生思想政治教育评价应与课内教育和课外教育相结合。特别是要评价两者之间的协调与促进情况，促进课内教育与课外教育的有机结合。

第四节　显性教育与隐性教育相结合

一、显性教育的含义与功能

显性教育和隐性教育是从教育功能的呈现形式划分的，显性教育是一种直接的"有形"教育。新时代大学生思想政治教育中的显性教育以习近平新时代中国特色社会主义思想等马克思主义中国化理论成果为主要教育内容。通过开放教育的方式，有意识地、公开地、直接地、系统地在公共场所对受教育者进行教育。新时代大学生思想政治教育中显性教育的宣传不仅对教育者来说是明确的，对受教育者来说也是明确的。有时，受教育者需要通过某种形式的测试来评估教育的效果。

1)思想政治教育中显性教育的特点有以下几点：

①教育的目标明确。

②明确的教育者和受教育者。

③标准化的教育形式。

④一些特定的受教育者必须学习并通过各种评价环节。

⑤评估的形式是外在性的(所谓外在性是指对教育内容的理解和接受程度，这是通过考核来实现的)。

2)思想政治教育的主导教育功能主要表现在以下几方面：

①能够实现系统的思想政治教育，即能够根据理论基础、接受能力、实践要求等，全面系统地进行相对完整的思想政治教育。

②实现思想政治教育的规范化，对于教育对象的思想政治教育来说，规范化教育是一个重要环节。

③与意识形态要求高度一致。

二、隐性教育的含义与功能

隐性教育是相对于显性教育而言的，有其独特的教育内容和方法。显性教育是显性的、直接的"有形"教育，而隐性教育是间接的、暗示的、具有渗透性的"无形"教育。新时代思想政治教育的隐性教育特征，既要体现思想政治教育的内容要求、实现教育效果，又要做到润物细无声。思想政治教育的隐性教育在不同的单位和领域会有不同的表现形式。例如，新时代大学生思想政治教育在很多情况下不是直接传授给学生马克思主义基本理论和社会主义核心价值观等知识内容，而是通过其他理论、案例、事件等方式方法启发学生思考，引导学生树立正确的世界观、人生观和价值观。它证明了思想政治教育内容的科学性和正确性，使教育对象能够理解、认识和接受马克思主义的世界观和方法论，运用马克思主义的立场、观点和方法解决实际问题。

1) 思想政治教育中隐性教育的特点主要表现在以下几个方面：

①教育方法的内隐性和渗透性。

②教育内容的多样性。

③教育效果的持续性和差异性。

④受教育者的自主性。

利用隐性教育的特点进行思想政治教育，受教育者不受强制性限制，他可以决定是否参加一项活动以及参加的程度。受教育者的自主性决定了他参与的热情，也决定了他受教育的真实性、稳定性和有效性。

2) 隐性教育在思想政治教育中的作用与其特点密切相关，主要表现在以下三个方面。

①教育过程的潜移默化影响。与显性教育相比，思想政治教育中的隐性教育可以使受教育者在相对宽松和不自觉的氛围中接受教育，达到显性教育难以达到的效果，并且发挥意想不到的作用。

②教育效果的稳定性。尽管隐性教育缺乏规范性和系统性，但受教育的影响是长期而稳定的。从这个角度来看，有必要采取各种措施加强隐性教育功能的开发。

③有利于受教育者的主观能动性发挥。隐性教育可使受教育者参与教育活动的主观能动性更大，更有可能产生事半功倍的教育效果。

三、正确处理显性教育与隐性教育的关系

新时代大学生思想政治教育的实效性取决于显性教育和隐性教育的良性互动。二者相辅相成，对实现思想政治教育目标所必需的功能和作用是不可或缺的。在当前的思想政治教育中，人们往往忽视隐性教育，重视显性教育，即规范化、系统化、有形化的教育。他们认为隐性教育的内容不集中，形式过于复

杂,效果难以评价。也有人认为,思想政治教育的内容是明确的,思想特点是突出的,大张旗鼓地宣传教育,会在一定程度上忽视隐性教育。

在新时代大学生思想政治教育的实施中,要注意显性教育和隐性教育的结合。一方面,要加强思想政治教育的显性教育,充分发挥隐性教育因素在显性教育中的积极作用。显性教育有多种形式,如课堂教学、开设思想政治理论课、规范系统地进行思想政治教育等。利用电视、广播、报纸、杂志等媒体,通过开设专栏,设置专题,以名人讲座等形式开展思想政治教育。在显性教育中,应重视隐性教育资源的开发和利用。例如,通过教师人格力量对教育对象的影响,形成感化的教育力量。另一方面,在感受和接受显性教育的同时,应注意教育对象的主观能动性,发挥教育对象的自我影响和自我教育的隐性教育作用。

在新时代大学生思想政治教育中,要特别注意隐性教育功能的开发。鉴于隐性教育容易被忽视,一些问题应该重点解决。首先,思想政治教育不仅是一种积极开放的显性教育,还包括对错误思想和思潮的批评和斗争。这种批评和斗争有时反映在显性教育中,有时反映在隐性教育中。其次,优化人们生活的物质环境,弘扬人文精神,注重环境氛围和社会文化建设,使之与思想政治教育的内容相协调,这符合积极向上的精神状态的要求。最后,完善规章制度,加强各领域的规范化管理,建立良好的社会生活秩序,积极培养大学生的"四个意识"和"四个自信"。

第五节 消极心理干预与积极心理引导相结合

一、消极心理及其干预

消极心理作为心理学中的一个专门术语,有广义和狭义之分。狭义的消极心理是指个体心理的消极反应,表现为缺乏自信、偏执、愤世嫉俗、看破红尘等。广义的消极心理是一种病态心理,它源于个体自身的遗传因素或外部环境因素。这种心理形成后,会对人的意识和行为产生很大的影响。有这种心理的人多疑、多虑、易恐惧和缺乏安全感,这会导致过度的自我保护和抵抗情绪。

对思想政治教育的消极心理不是从纯粹的心理学角度出发,而是借用这个术语及其一般含义来讨论教育对象对思想政治教育的排斥和抵制，或者更确切地说，它是对思想政治教育的某种接受的心理障碍。

1）教育对象接受思想政治教育的心理障碍，主要表现在以下几个方面。

①认知接受的障碍，包括以下方面：一是对接受教育的意义理解不清形成的障碍；二是现有认知背景形成的障碍；三是认知结构形成的障碍。当大学生接触到与其认知结构不一致的教育信息时，会产生以下三种心理反应：一是拒绝教育信息；二是将教育信息误解为与自己一致的观点；三是改变认知结构，接受教育信息。

②情感接受的障碍，包括以下方面：一是教育对象自身情感抗拒形成的障碍；二是对教育者情感抵抗形成的障碍；三是形成对教育要求的情感抗拒的障碍。如果思想政治教育过于强制性，损害了受教育者的自尊心，或者要求过于频繁，没有严格执行，受教育者就会感到不信任或厌倦。

③接受意愿的障碍，包括以下方面：一是受教育者意志薄弱所形成的障碍；二是抵制诱惑所形成的障碍。诱惑与一个人的欲望有关，并且具有吸引人的内在特征。因此，抵制诱惑实际上是以意志来抵制自己的欲望。

2）为消除受教育者接受思想政治教育的心理障碍，我们应努力做到以下几点：

①在新时代大学生思想政治教育中，要注意尊重受教育者的多样化需求，在充分满足受教育者需求的基础上，不断满足他们的新需求，不断提高他们的需求水平。

②在新时代大学生思想政治教育中，要努力改善受教育者的心理过程，应以知、情、意和行之间的关系为指导，促进知、情、意和行之间矛盾的积极变化。

③在新时代大学生思想政治教育中，要积极改善教育对象的心理环境。我们必须建立和谐的思想政治教育环境，努力提高教育者的素质，努力积累思想政治教育的文化信息。

二、积极心理及其引导

为了与上述"消极心理"对应，这里使用"积极心理"一词。积极心理在新时代大学生思想政治教育中的运用是十分必要的。

首先，当前的教育对象，尤其是年轻人，在心理上追求自我价值的实现，他们渴望被认可、尊重和倡导个人自由。根据教育对象的这些心理和行为特征，采用积极心理学中的快乐、幸福和积极的概念，符合当代教育对象的心理特征，更容易被教育对象接受。

其次，教育者通过营造积极的学习环境、鼓励学生探究、赞赏学生进步等方式来激发学生学习的热情和兴趣，培养学生自信、积极、乐观的心态，使学生能够全面发展、快乐成长。积极教育理念强调了教育的目的既要传授知识，也要培养学生的个性，使他们成为具有自我认知能力和发展能力的人，拥有积极的人生态度和价值观。积极教育的理念更适合思想政治教育的教育对象。

最后，在我国当前国情下，根据社会发展的需要，结合教育对象自身发展的特点，培养教育对象积极道德人格的重点是引导教育对象积极追求社会主义道德原则和规范所认可的各种真、善、美，形成积极的道德人格。

在当前的思想政治教育中，探讨积极心理学的理论和应用可以给思想政治教育带来有益的启示。

1) 坚持以人为本的理念。积极心理学认为教育者和教育对象是在教育活动中成长和发展的个体，而不是教育者与教育对象之间的对立关系。教育者应培养积极心理，用积极心理对待发展中的教育对象，关注个体教育对象的自我成长体验。

2) 丰富和改进积极的教育内容。对积极心理的研究证明，具有积极思想的人通常具有更好的社会道德和更强的社会适应性。这些人通常能更轻松地面对压力、逆境甚至失败的影响，即使他们处于不利地位，他们也能冷静地面对和处理。因此，教育对象的思想政治教育应以教育对象的外显和潜在的积极品质为出发点和归宿，重视教育对象积极观念的培养。

3) 注意使用积极的教育方法。基于积极心理的思想政治教育的本质不是对人的管理、控制和约束，而是对人的尊重、解放和发展，体现人的价值，关注人的诉求，满足人的需要。新时代的思想政治教育工作者应该对教育对象采取信任、接受和肯定的态度，在教育实践中付出更多的爱心和耐心，在教育过程中采取更加人性化和富有感染力的教育方法，激发教育对象的良好品质，引导教育对象健康成长。

三、正确处理消极心理干预与积极心理引导的关系

在实施思想政治教育的过程中，教育对象的消极心理是客观存在的，因此

进行积极心理引导是十分必要的。将消极心理干预与积极心理引导相结合，加强教育对象的思想政治教育，解决他们的思想问题、心理问题是现实的迫切需要。

对于新时代思想政治教育工作者来说，要克服重纠错、轻正面思想政治教育的传统倾向，避免过分强调灌输教育，忽视教育对象内心的关注。当然，积极的思想政治教育不是忽视教育对象的不良品质，而是强调在教育活动中，教育者应该首先关注和重点强调教育对象身上已具备的积极品质，致力于教育对象在原有思想政治素养的基础上进一步发展与成长。新时代思想政治教育工作者应从教育对象的优良素质出发，营造积极的教育环境，激发教育对象自身的潜能，引导他们充分利用教育环境中的积极因素，积极开展思想政治教育。要提高他们的素质，在养成积极素质的过程中，逐步矫正他们的不良品行。积极的思想政治教育强调积极品质的培养，而不是消极品质的矫正。

为了更好地解决这个问题，大学生思想政治教育的行政主管部门应特别重视环境建设。积极心理学研究的一个重要方向是人的积极体验、积极品质和社会系统之间的联系。社会形态、国家制度和文化规范对人类发展有重要影响，良好的社会环境能促进人们积极品质的形成和发展。要建立一个积极的社会环境，我们必须首先建立一个积极的国家环境。对于具体领域和具体单位，不仅要重视和参与外部环境建设，还要努力营造良好的思想政治教育内部环境。外部环境和内部环境相互影响、相互作用，在这种影响和作用下，应以积极的、正面的因素为主导。

第五章

全面推进新时代大学生思想政治教育的创新发展

第一节　新时代大学生思想政治教育理念的创新发展

新时代大学生思想政治教育适应时代的新变化和当代大学生的新发展，以习近平总书记关于高校思想政治教育工作的重要论述为指导，坚持以人为本、全面发展、德育为先、开放式育人的科学理念。新时代大学生思想政治教育要把大学生既看作实践的主体，又看作价值的主体；要坚持素质教育，推动大学生思想道德素质、科学文化素质和身心健康素质的全面协调可持续发展；要正确把握社会影响与学校教育的双向互动，发挥学校和社会的一切育人功能，构建全员、全过程、全方位育人模式；要适应开放的环境和多元的时代特征，着力提升当代大学生面向社会、面向世界、面向未来的素质和能力。

理念，即指导行为的最基本、最核心的思想认识，它既体现着对行为及其结果的认识和追求，也包含着对相应行为方式的坚信和持守。在新的社会历史条件下，以人为本、全面发展、整体育德、开放育人是新时代大学生思想政治教育应当坚持的基本理念。

一、以人为本的教育理念

(一)以人为本是新时代大学生思想政治教育的基本特点

坚持以人为本是新时代大学生思想政治教育应该坚持的基本理念。当前我国进入了中国特色社会主义新时代,做好大学生的思想政治教育工作必须坚持以人为本,不仅要把大学生看作实践主体,充分调动大学生的积极性、主动性、创造性,而且要把大学生看作价值主体,关注其价值追求和实际利益,满足大学生的物质需要、精神需要和发展需要。只有这样,才能充分实现大学生思想政治教育的价值。

1)了解以人为本的科学内涵,我们必须厘清以下关系:

①以人为本与民本思想。民本思想源于中国古代,典型的观点有孟子"民贵君轻"的思想以及唐太宗李世民提出的"水可以载舟,亦可以覆舟"的思想。但"民"不等于"人",应该说,在历史发展中,"民"是有着不同的含义的。在古代,"民"是相对于"君"而言的,或者说是相对于统治者来说的,亦即被统治者。民本思想虽然强调要重视"民",但绝不是以被统治者为根本,最终还是强调维护、实现统治者的统治和利益。至于"人",不管是作为与神本思想的对立物产生的人本思想,还是作为与以物为本的对立物产生的以人为本思想,其所涉及的人,都是泛指的人,其所强调的是要实现人的价值和幸福。

②以人为本与以个人为本。正确理解以人为本,不能把它理解为以个人为本,更不能理解为以自我为本。以人为本中的人最终当然要落实到个人,但这个"人"不是指单纯的个人或少数人,而是指大多数人,甚至是全人类,如果把这个"人"理解为一个人,即我自己,就会犯个人本位主义的错误,就会陷入利己主义和自我中心主义的泥潭。

③阶级社会的以人为本与社会主义社会的以人为本,这两者存在着本质区别。这种本质区别体现在"人"上。马克思主义不仅深刻揭露出资本主义社会剥削人和压迫人的本质,而且也指明了解放人和人类的光明道路。马克思和恩格斯在《共产党宣言》中指出,过去的一切运动都是少数人的或者为少数人谋利益的运动,只有"无产阶级的运动是绝大多数人的,为绝大多数人谋利益的独立的运动"。

2) 在社会主义社会,以人为本具有以下本质内容和规定:

①以人为世界的根本,而不是以神、物等为世界的根本。"人"不是单个人,不是少数人,而是绝大多数的人,甚至是人类。

②以人为实践的根本。"人是万物之灵",劳动才是人之为人、人异于其他动物的最根本之处。实践是人所特有的"对象化"活动。只有人民群众才是历史的创造者,才是历史的真正主人。只有在社会实践活动中始终依靠人民群众,充分调动人民群众的积极性、主动性、创造性,才能推动改造世界、改造社会的历史进程,促进社会的发展。

③以人为价值的根本。人不仅是实践的主体,而且是价值的主体,是实践主体与价值主体的统一。人们实践活动的目的就是实现人的价值、人的利益、满足人的需要。

综上所述,我们所说的和正在实践的以人为本中的"人",不仅指个人,还指群体;不是指少数人,而是指绝大多数人;不仅强调满足人的自然需要,还强调满足人的社会需要;不仅强调满足人的物质需要,还强调满足人的精神需要。因此,以人为本就是以人民群众为本。这是作为无产阶级先锋队组织的中国共产党的根本宗旨的集中体现,也是全面建成小康社会的题中应有之义。

"人是万物的尺度",是最宝贵的财富。大到实现我国现代化的宏伟目标,小到实现每个群体的具体目标,其关键在于人,在于人的思想解放、观念更新的程度,在于人的思想道德、科学文化素质的提高,在于人的积极性和创造性的发挥。同时,国家、社会、群体的发展与利益最终都要落实到实现人的发展、人的利益上,新时代大学生思想政治教育最终也要落实到激励人们为实现自己的利益而奋斗。因此,人既是新时代大学生思想政治教育的对象,也是新时代大学生思想政治教育的目的。新时代大学生思想政治教育要尊重人、理解人、关心人,最终就要落实到促进人的全面发展、满足人们的物质生活和精神文化发展需要、实现人民群众的根本利益和价值上来。新时代大学生思想政治教育说到底是为了实现人的发展、人的价值和人的利益。以人为本是新时代大学生思想政治教育的本质要求。

(二) 以人为本的本质要求

以人为本对人类社会活动的各个领域普遍有效,但具体表现形式各不相同,因而它必须同各个领域的实际情况结合起来。以人为本是大学生思想政治教育领域的本质要求，强调要突出人的发展，人是教育的中心，也是教育的目的；人是教育的出发点，也是教育的归宿；人是教育的基础，也是教育的根本。

新时代大学生思想政治教育以人为本就是要把人作为新时代大学生思想政治教育的出发点和落脚点，把大学生看作具有独立个性和特定观念的主体，在教育过程中重视、引导大学生的内在教育需求，通过调动和激发大学生主动学习和发展的积极性、主动性、创造性，使大学生自觉树立起科学的世界观、人生观、价值观，形成正确的思想道德素质和高尚的道德品质，促进大学生的全面发展，从而使他们真正成为合格的社会主义现代化事业的建设者和接班人。

1.调动大学生的积极性

充分发挥实践主体在实践活动中的能动作用，是指人的主观能动性在实践中的外在表现，它从本质上反映了人们在思想政治上的精神状态、劳动工作中的基本态度，以及在社会活动中的事业心、责任感。在民主意识、平等意识、自主自强意识、价值意识不断增强的今天，要充分调动人的积极性，首先必须满足人们自我尊重的需求。尊重人的思想，尊重人的人格，尊重人的个性，尊重人的创造。

新时代大学生思想政治教育是社会发展的要求，也是广大受教育者自我生存、自我发展的要求。新时代大学生思想政治教育本质上应当是个体人格和思想政治品德的构建过程，是受教育者个体与社会规范要求的互动过程。然而，现实中的大学生思想政治教育却在一定程度上已经成为教育者对受教育者人格和思想政治品德的单向作用过程。要改变这一状况，就应该顺应受教育者的接受机理和内在需求，着力贯彻人本原则的精神，发挥受教育者在接受教育过程中的主动作用，激发大学生接受思想政治教育的主体性。

以人为本原则倡导以人为中心的新时代大学生思想政治教育理念，它所要求的大学生思想政治教育培养的对象，不仅是一个劳动者，而且是具有明确奋斗目标、高尚审美情趣、既能创造又懂得享受的主体。而当前大学生思想政治教育普遍存在缺乏实践中介等问题。由于缺乏实践中介，主体能动性未能得到有效发挥，思想政治品德规范不能内化为个体信念，导致"知而不信"；个体信念又不足以外化、支持、指导个体行为，导致"言而不行"。这种新时代大学生思想政治教育获得的是"关于思想政治品德的知识"，而不是人的内化的精神和德行发展。在受教育者主体意识不断增强的今天，只有从受教育者自身的实际出发，调动其积极性，充分发挥实践主体在实践活动中的能动作用，大学生思想政治教育才能取得更佳效果。

2. 促进大学生的全面发展

以培养"四有"新人作为新时代大学生思想政治教育的根本，促进人的全面发展是马克思主义关于建设社会主义新社会的本质要求。我们党的最高理想和最终目标是实现共产主义，最终实现人的彻底解放和全面发展。1986年9月，党的十二届六中全会通过的《中共中央关于社会主义精神文明建设指导方针的决议》把"四有"人才的培养模式作为精神文明建设的根本任务载入党的文献。该决议指出：社会主义精神文明建设的根本任务，是适应社会主义现代化建设的需要，培育有理想、有道德、有文化、有纪律的社会主义公民，提高整个中华民族的思想道德素质和科学文化素质。"四有"新人是未来社会"人的全面而自由发展"的终极目标与社会主义初级阶段人的发展特点相结合的具体化，是符合我国基本国情的人的发展标准。"四有"作为社会主义初级阶段人的发展的四个维度，"分别从政治素养、伦理素养、知识素养、行为素养等方面对社会主义新人提出了严格要求"。促进人的全面发展，培养社会主义"四有"新人，不仅是社会主义社会发展的需要，也是人的根本需要和利益所在，还是新时代大学生思想政治教育的本质要求与根本任务所在。

3. 全面满足大学生的物质、精神生活需要

马克思曾精辟地指出："人们奋斗所争取的一切，都同他们的利益有关。"从根本上说，思想政治教育就是要用先进理论武装人们的头脑，提高人们的思想认识，调动人们的积极性，激发人们的主体性和创造潜能，教育和引导人们为实现自己的利益而奋斗。当前，我国正在进行一场极其深刻的社会变革，必然涉及人们相互关系、利益格局的变化与调整。只有重视人的物质生活需要，贯彻物质利益原则，才能从根本上调动人的积极性。在满足人们基本物质生活需要的前提下，还要满足人们多方面的精神需要，如归属与爱的需要、尊重的需要、自我实现的需要等。在满足人的各种需要的同时，要注意加强马克思主义世界观、人生观、价值观教育，引导人们正确认识自己的利益，正确处理国家、集体和个人利益的关系，引导人们从低级需要向高级需要过渡，要看到个人需要与社会需要的满足是一个问题的两个方面。新时代大学生思想政治教育要把尊重个人与服务集体，个人发展与社会发展，坚持原则性与尊重人、理解人结合起来，把统一要求和因人施教结合起来，把灌输正确的思想意识和自我教育结合起来，不断提高大学生的思想道德素质，满足大学生思想道德发展的需要。

此外，以人为本还在方法上对新时代大学生思想政治教育提出了更高的要求。以人为本的新时代大学生思想政治教育要做到教育者与受教育者在民主、平等、和谐、合作中相互作用、相互促进、教学相长、共同提高，这就要求教育者要尊重人、理解人、关心人。尊重人就是要尊重人的需求、兴趣、创造和自由，要平等待人，在平等的基础上双向互动，进行思想沟通，求同存异。理解人就是要充分考虑人的心理需要。人的心理需要是接受外部教育影响的根本前提。新时代大学生思想政治教育的内容只有经由各种教育渠道进入人的视野，满足人的心理需要，才能促使个体通过各种途径去接受和践行。关心人主要是关心人们的生活，关注人们的现实需求，通过感受、体验、感染，使人们在情感共鸣和潜移默化中转变思想观念，提高思想认识。

二、全面发展的教育理念

以人为本的最终归宿在于促进人的全面发展。人的全面发展问题是一切工作的中心问题，这个问题解决得如何直接关系到经济社会发展的全局。四个现代化的前提、基础和根本在于人的现代化。没有人的现代化，就不可能有整个社会的现代化。新时代大学生思想政治教育承载着培养社会主义合格建设者和可靠接班人的历史重任，是造福千家万户的民心工程，必须以人的全面发展作为其基本理念。

(一)全面发展的科学内涵

人的全面发展理论是马克思主义学说的核心理论，马克思主义所有的学说和理论可以归结为实现人的自由和解放，促进人的自由全面发展。马克思主义的全面发展理论有着十分丰富的内涵。正确认识和梳理人的全面发展的科学内涵，是推动实现当代大学生全面发展的基本前提。

1.劳动能力的全面发展是人的自由全面发展的根本

马克思在《1844年经济学哲学手稿》中指出："劳动这种生命活动、这种生产生活本身对人来说不过是满足一种需要即维持肉体生存的需要的一种手段。而生产生活就是类生活。这是产生生命的生活。一个种的整体特性、种的类特性就在于生命活动的性质，而自由的有意识的活动恰恰就是人的类特性。生活本身仅仅表现为生活的手段。"由此可以看出，人的类特性就在于自由自觉性。劳动，作为人的根本实践活动，创造了人，也造就了人的类本质。因此，劳动能力的强弱和劳动水平的高低，直接决定并且反映着人的自由自觉性的发展程度，劳动能力的全面发展成为人的自由全面发展的根本。

2.人的全面发展是指人的社会关系的全面发展

人的发展与人所处的社会关系有着密切的关系。马克思在《关于费尔巴哈的提纲》中指出："人的本质并不是单个人所固有的抽象物，实际上，它是一切社会关系的总和。"人总是社会的人，总是在一定的社会关系中生存和发展。任何一个人的能力的形成、发展和完善，都离不开特定的社会关系。正是在这个意义上，马克思指出："社会关系实际上决定着一个人能够发展到什么程度。"人的社会关系的发展，是个人形成的社会关系日益普遍化、全面化的过程。一个人的发展往往取决于同他直接或间接交往的其他一切人的发展。一个人的社会交往程度越高，社会关系越丰富，他的视野就越开阔，获取的信息、知识、技能、经验就越多，能力的发展就越快，进步就越全面、越迅速。

3.人的全面发展是人的需要的全面发展和极大满足

在马克思看来，正是人的需要的发展和需要的不断满足推动着人类和人类社会的文明进步。人的需要是人的意识活动及其他各方面行为活动的内在动力。人的需要是多样的和多层次的，不仅有物质需要，还有精神需要，精神需要中又有发展需要、自我实现的需要等。人们总是在旧的需要得以满足的基础上产生新的需要，从而推动各项事业的发展。因此，马克思认为，需要的发展是"人的本质力量的新的证明和人的本质的新的充实"。人的需要层次的日益丰富、需要形式的日渐多样以及需要不断得到满足，推动着人的全面发展，进而推动人类社会的全面进步。

4.人的全面发展是人的个性的自由发展

马克思将人的发展分为三个阶段：第一个阶段，是人对人的依赖，人的个性被淹没在依赖性的畸形人际关系之中；第二个阶段，在对物的依赖的基础上人的独立性有所发展，人的个性有所表现，但是人的个性被物的神秘性所掩盖，不可能获得张扬；只有到了第三个阶段，即自由个性的阶段，生产力高度发展，社会财富极大丰富，人们才注重追求个性的自由发展，这一阶段也被称为"自由人的联合体"阶段。正如马克思所指出的，"代替那存在着阶级和阶级对立的资产阶级旧社会的，将是这样一个联合体，在那里，每个人的自由发展是一切人的自由发展的条件"。人的个性的自由发展程度，是人的全面发展的综合表现。人的全面发展，必须以人的个性的自由全面发展为出发点和落脚点。

(二)全面发展的本质规定

重视大学生的全面发展,并且根据时代的变化及时拓展大学生全面发展的内涵,是我们党的一个优良传统。早在 1957 年,毛泽东就在《关于正确处理人民内部矛盾的问题》一文中明确提出了人的德、智、体全面发展的思想。他指出:我们的教育方针,应该使受教育者在德育、智育、体育几方面都得到发展,成为有社会主义觉悟的有文化的劳动者。

大学生是国家宝贵的人才资源,是民族的希望、祖国的未来。要使大学生成长为中国特色社会主义事业的合格建设者和可靠接班人,不仅要大力提高他们的科学文化素质,还要大力提高他们的思想政治素质。只有真正把这项工作做好了,才能确保党和人民的事业代代相传、长治久安。促进当代大学生的全面发展和健康成长,成为新世纪、新阶段进一步加强和改进大学生思想政治教育的本质要求。

综合而言,当代大学生的全面发展,核心在于其综合素质的全面发展。思想道德素质、科学文化素质和身心健康素质是当代大学生综合素质的三个有机组成部分。其中,思想道德素质是素质教育的灵魂;科学文化素质是关键,是大学生成才的基石;而身心健康素质是大学生培养思想道德素质和科学文化素质的基础和前提,是成就人才的根基。因此,大学生的全面发展,必然是大学生思想道德素质、科学文化素质和身心健康素质的全面协调可持续发展。新时代大学生思想政治教育要坚持全面发展的基本理念,就必须以大学生全面发展为目标,深入进行素质教育,以全面的视角,促进大学生思想道德素质、科学文化素质和身心健康素质的全面发展,引导当代大学生努力成长为时代发展需要的高素质复合型人才。

(三)推动大学生全面发展的路径选择

促进人的全面发展,是马克思主义关于建设社会主义新社会的本质要求;推动当代大学生的全面发展和健康成长,是新时代大学生思想政治教育的题中应有之义。在新的历史条件下,新时代大学生思想政治教育必须以大学生的全面发展为根本目标,深入进行素质教育,以提升大学生的思想道德素质为核心,全面培养他们的综合素质和能力,使大学生学会做人、学会学习、学会做事,同时积极推进通识教育。密切关注人的精神世界的建构,促进人的精神生活质量的逐步提升；大力培育大学生的人文精神和科学精神，积极营造他们求真、向善、达美的良好氛围，引导当代大学生努力成长为思想道德素质、科学文化素质和身心健康素质全面协调可持续发展的中国特色社会主义事业的合格建设者和可靠接班人。

1.深入进行素质教育

推进大学生综合素质的全面发展，素质教育是以促进人的德、智、体、美、劳等全面发展为根本目标，培养和造就具有独立性、自主性、实践性、能动性和创造性等优良品格的个体的一种育人模式。原国家教委在 1997 年 10 月29 日印发的《关于当前积极推进中小学实施素质教育的若干意见》中给素质教育下的定义为："素质教育是以提高民族素质为宗旨的教育。它是依据《教育法》规定的国家教育方针，着眼于受教育者及社会长远发展的要求，以面向全体学生、全面提高学生的基本素质为根本宗旨，以注重培养受教育者的态度、能力，促进他们在德智体等方面生动、活泼、主动地发展为基本特征的教育。"这个定义正确地把握了素质教育的内涵。素质教育能够为人的全面发展提供主体基础、物质基础和强大的精神动力。

新时代大学生思想政治教育要秉承素质教育的理念，深入细致地开展素质教育，着重加强大学生做人的教育、做学问的教育和做事的教育，真正地增强大学生的学习能力和实践动手能力。当前条件下，科学技术高度综合，学科交叉日渐明朗，从客观上要求大学生综合素质和创新能力的增强。随着信息社会的到来，"教育既应提供一个复杂的、不断变动的世界的地图，又应提供有助于在这个世界上航行的指南针"。据此，国际21世纪教育委员会提出了未来教育的四个支柱，即学会认知、学会做事、学会共同生活和学会生存。青年大学生是未来社会的主人，必须按照社会发展对未来人才的要求来发展自己，前瞻性地提升自我的综合创新能力，培养未来社会所需要的多方面的素质。新时代大学生思想政治教育要以深入进行素质教育为契机，以提升大学生的思想道德素质为核心，全面推动大学生综合素质与创新能力的逐步提升。

2.积极推进通识教育

随着人们物质生活水平的提高，人们的精神生活需要日益凸显。构建精神家园、追问生命的价值与意义成了人们孜孜以求的事情。从国际背景来看，各种文化相互激荡，文化多样化、价值冲突、伦理道德标准的不一致、生活方式的多样化等充斥着大学生的头脑，网络信息大量涌入。从国内形势来看，改革开放以来，伴随着社会主义市场经济体制的逐步建立和不断完善，我国社会经济成分、组织形式、就业方式、利益关系和分配方式日益多样化，人们思想活动的独立性、选择性、多变性和差异性日益增强，大学生中不同程度地存在政治信仰迷茫、理想信念模糊、价值取向扭曲、诚信意识淡薄、社会责任感缺乏、艰苦奋斗精神淡化、团结协作观念较差、心理素质欠佳等问题。归结到一点，就是部分大学生的精神世界出了问题，表现为精神空虚、信仰危机、道德滑坡等，这向人们昭示着一个道理，即精神世界和生命价值意义世界的建构对于一个人的成长具有更为重要的意义，因此关注人的精神世界与促进人的全面发展具有内在相关性。人的精神世界是人独特的生存方式——关注人的精神世界是世界历史发展的趋势，是现实社会的呼唤，只有消除人的精神世界的痛苦和困惑才能更好地促进人的全面发展。

通识教育思潮与通识教育实践产生和发展的一个极其重要的原因就在于对学生个体内在精神世界和生命价值意义世界的关注。通识教育强调基本知识、基本价值和基本技能的掌握，强调通过打好人生持续发展的根基，借助于唤醒人的精神世界的追求来形成自觉学习、终身学习、自我管理、自主创新的自我发展意识与自我发展精神。新时代大学生思想政治教育要贯彻通识教育的基本理念，特别是要关注新的历史条件下大学生精神生活的发展趋势，最大限度地满足他们的精神生活需要，帮助当代大学生积极构建充实的精神家园，明确人生的意义和价值，为实现其全面发展提供精神动力、智力支持和思想保障。

3. 坚持科学精神和人文精神教育的统一

科学精神和人文精神如车之两轮、鸟之双翼，须臾不可分。科学精神的本质是求真求实，人文精神的精髓是求善求美。从本体论上讲，科学精神和技术为人文各学科的发展奠定了物质基础和现实依据；从价值论上看，人文精神和理论又为科学技术的进步提供思想、理论的指导和航向。如果新时代的大学生仅仅具有科学精神，仅仅掌握科技知识，而欠缺人文精神和人文素质，也有可能走上违法犯罪的道路，那些所谓的高科技犯罪、网络黑客的扭曲行为就是例证。一代科学巨匠爱因斯坦于 1931 年年初告诫加利福尼亚理工学院的学生："如果你们想使你们一生的工作有益于人类，那么，你们只懂得应用科学本身是不够的。关心人们本身，应当始终成为一切技术上奋斗的目标；关心怎样组织人们劳动和产品分配这样一些尚未解决的重大问题，用以保证我们科学思想的成果会造福于人类，而不致成为祸害。"他还指出："一个人的真正价值首先决定于他在什么程度上和在什么意义上从自我解放出来。"新时代大学生思想政治教育需要使科学精神和人文精神教育融合且协调统一。一方面，强调人文精神教育，把大学生置于深厚的社会文化背景之中，借以帮助其焕发内在的精神动力，借以帮助其应对心理问题，因为"在任何一项事业背后，必然存在着一种无形的精神力量；尤为重要的是，这种精神力量一定与该项事业的社会文化背景有密切的渊源"。同时，要用目的理性和价值理性来引导价值理性和科学理性。要通过教学使教育的文化功能和对灵魂的铸造功能融合起来，这是教育人性化的又一表现。新时代大学生思想政治教育应当与大学生的学习生活融合。"学习就是学生的精神生活，就是学生的生命活动，就是学生的精神和道德的成长过程。"另一方面，还要加强科学精神教育，使大学生学会学习、学会生活。总之，新时代大学生思想政治教育要通过在大学生中加强科学精神和人文精神的教育，积极营造大学生求真、向善、达美的良好氛围。

三、德育为先的教育理念

根据当代中国社会发展对人才素质的新要求及当代大学生成长发展的新特点，新时代大学生思想政治教育应该确立鲜明的整体性理念。整体性理念支配下的新时代大学生思想政治教育，在目标指向上，着眼于大学生思想道德素质的整体性提升；在实施途径上，着眼于学校主导作用与社会影响作用的整体性发挥；在实践模式上，着眼于学校各种育人资源的全面性开掘。与整体性理念的确立相一致，走向整体性是新时代大学生思想政治教育发展的必由之路。

(一) 整体育德的内在根据

实施素质教育是全面推进教育创新的关键和目标。作为一种具有根本意义的教育思想或教育哲学，素质教育应该贯穿于学校教育的各个层面，也自然应该贯穿于新时代大学生思想政治教育之中。在新时代大学生思想政治教育中全面贯彻素质教育观念，必须以提高大学生的思想道德素质为根本宗旨。素质在任何时候都是和现实的主体紧密联系在一起的，其强调新时代大学生思想政治教育必须以提高大学生的思想道德素质为根本宗旨，突出对大学生主体性的尊重、对引导大学生主体性发展的关注。在现实的大学生思想政治教育中，一个时期内，我们曾忽视对大学生思想道德素质的培植，而密切地关注在一般层面上对相应知识的记诵和对相应规范的遵守。在这种情况下，我们的大学生思想政治教育过于关注结果而忽略过程，过于关注整齐划一而忽略个性开发，过于关注"教"的过程而忽略"学"的过程，过于关注"接受"的过程而忽略学生自主"发现"的过程，过于关注形式上的"遵守"而忽略真正意义上的"践履"。提升大学生思想政治教育的实效性，要求我们改变这些大学生思想政治教育的观念、方式和方法，全面贯彻素质教育思想，将大学生思想政治教育的目标直指学生思想道德素质的提高这一根本宗旨。

以提高大学生的思想道德素质为根本宗旨开展大学生思想政治教育，需要我们深入研究思想道德素质的内在构成及其发展的规律。对思想道德素质的研究，可以从多个方面展开。将人的素质分为智力因素和非智力因素，揭示其间的内在关系并由此探讨个人素质提升的方法和思路，渊源甚远。我国古代儒家学者关于"仁"与"智"之间关系的论述，已经明确地表达了这一分析视野和思路。明确运用"智力因素"与"非智力因素"的概念，并将对其间内在关系的揭示建立于科学实证的基础之上，则是 20 世纪以后的事情。1913 年，美国心理学家韦伯等人研究认为，兴趣、情绪、气质、性格等对人的智力发展产生重要影响。1935 年，美国心理学家亚历山大明确提出了"非智力因素"的概念。1940 年，美国心理学家韦克斯勒提出"一般智力中的非智力因素"的概念。在这一背景下，人们对非智力因素的研究日益活跃。

应该承认，作为一种分析框架，将人的素质分为智力因素和非智力因素，对其各自构成、具体功用、相互关系进行分析从而探讨提升人的素质的思路和方法，是有其积极意义的。这种积极意义至少可以概括为两个方面。第一，这种分析框架使得我们能够比较清晰地把握人的素质的内在构成。列宁曾指出："如果不把不间断的东西割断，使活生生的东西简单化、粗陋化，不加以划分，不使之僵化，那么我们就不能想象、表达、测量、描述运动。思想对运动的描述，总是粗陋化、僵化。"对于运动着的事物，我们必须借助简化的方法才能具体地把握它；对于构成复杂的人的素质，我们同样也必须借助简化的方法才能具体地把握它。将人的素质分为智力因素与非智力因素，通过对人的素质的简化，为我们提供了一个明晰的分析人的素质的理论框架。第二，基于这种分析框架而进行的大量的科学研究，使得人们对非智力因素在人的全面发展中的重要作用有了深刻的认识，进而有助于人们深刻认识与人的非智力因素的形成与发展有着直接关系的大学生思想政治教育的极端重要性，有助于增强大学生思想政治教育者的工作积极性，增强大学生接受思想政治教育的自觉能动性。

　　但是这种分析框架也在客观上诱使不少人陷入了一些认识误区。这种分析框架本来只是为了方便分析而在观念中对人的素质的简化、分割。然而，由于对这一分析框架的片面性理解，不少人在实践中形成了机械的工作思路。例如，在大学生思想政治教育中，不少人将大学生思想政治教育与学生的非智力因素简单地"对接"，从而在客观上忽视了大学生思想政治教育本来也具有的引导学生智力因素发展的价值；将智育与学生的智力因素简单地"对接"，从而在客观上忽视了智育工作本来也应担负的培育学生非智力因素发展的义务；单向地看到非智力因素对智力因素的积极作用，却忽视了智力因素对非智力因素发展的积极作用；等等。这些片面认识，在大学生思想政治教育实践中导致了以渠道孤立（将大学生思想政治教育与智育割裂）、目标单一（着眼于人的非智力因素的培养）等为重要特征的工作思路。

　　就实质而言，人的素质具有高度的整体性。人的全面发展必须通过人的素质的整体性提升才能真正实现。从理论的视角，我们可以将人的素质划分为智力因素与非智力因素。但就智力因素与非智力因素的实际存在状态而言，二者相辅相成，互不分离。没有离开智力因素的非智力因素，也没有离开非智力因素的智力因素，它们是紧密地联系在一起的，是共生的。智力因素与非智力因素的实际存在呈现出的这一特点，在学术界对人的情感因素的科学研究中也明确地表现出来。情感，按照一般的看法，是人的非智力因素的重要部分，但是，20 世纪 90 年代学术界关于人的情绪的研究提出了"情绪智力"，亦即我国学者称为"情商"的概念。显然，情绪智力便是集智力因素与非智力因素于一体的一种人的素质存在。这一概念，其重要价值除了它表达着人们对情绪本身研究的深化外，更重要之处则在于它给予我们的方法论的启示，即从人的素质的整体性、从智力因素与非智力因素的共生中研究、把握人的情感因素，从而研究、把握人的整体素质。

　　上述对智力因素与非智力因素关系的深刻揭示也启发我们，大学生思想政治教育所力图引导学生形成和提高的思想道德素质，就其实质而言，是智力因素与非智力因素的共生、共存体。它不是一种简单的智力因素，也不是一种简单的非智力因素。思想道德素质的这种存在实质，对有效的大学生思想政治教育提出了基本的要求，即有效的大学生思想政治教育必须既指向学生思想道德素质的智力方面，同时也必须指向学生思想道德素质的非智力方面，要在对作为智力因素与非智力因素共生体的思想道德素质的关注中，引导学生思想道德素质的发展。

新时代大学生思想政治教育必须关注学生思想道德素质的非智力方面。学生思想道德素质的非智力方面包括理想、信念、信仰、信心、信任以及强大的爱国主义情感，民族自尊心、自信心、自豪感等。对于学生思想道德素质的非智力方面因素的培养问题，新时代大学生思想政治教育的理论研究者与实践工作者都有比较明确的认识，在此，我们不做展开论述。

新时代大学生思想政治教育必须关注学生思想道德素质的智力方面。学生思想道德素质的智力方面包含着多个方面的内容，简单而言，包括知识方面与能力方面两个部分。

新时代大学生思想政治教育必须关注学生思想道德素质中的知识方面，即新时代大学生思想政治教育必须关注对学生进行思想道德理论方面的教育，引导学生牢固地掌握相关思想道德理论方面的基本知识和基本原则。强调新时代大学生思想政治教育必须关注对学生进行思想道德理论知识的教育，是由大学生思想认识发展的阶段特性和个体思想道德素质发展的客观规律所决定的。从新时代大学生思想认识发展的阶段特性而言，在大学阶段，青年学生的理性认识逐渐发达，在影响学生深层次思想认识问题的诸因素中，理性的力量增强。与此相应，在这一阶段，对大学生的思想政治教育如果仅停留在感性层面的教育引导上，便不符合学生理性认识迅速发展的趋势，不能发挥影响学生深层次思想认识，从而引导学生树立正确的世界观、人生观、价值观的作用。从个体思想道德素质发展的规律而言，对思想道德理论知识的掌握，是个体思想道德素质发展的基础所在。正如江泽民同志所指出的："对干部、群众和学生必须认真进行中国历史、地理、文学知识和政治知识的教育，没有这些知识的武装，人们的爱国主义、集体主义、社会主义思想是难以确立起来的。"

新时代大学生思想政治教育必须关注学生思想道德素质中的能力方面。新时代大学生思想政治教育必须关注学生对思想道德理论的掌握，即关注学生思想道德素质智力方面"知"的发展。但是，大学生思想政治教育又不能将学生对相应思想道德理论的掌握本身作为单一的目的来追求。这是因为，一方面，只对学生进行相应的思想道德理论教育的大学生思想政治教育，最多只是智育的一种表现形式，而不是真正意义上的大学生思想政治教育；另一方面，对相应思想道德理论知识的掌握虽然是个体思想道德素质的必需内容，是个体思想道德素质其他方面形成与发展的基础，但对相应思想道德理论知识的掌握本身还不能构成个体思想道德素质的全部或者说整体。对于个体思想道德素质的智力方面的发展而言，更重要的还在于理论思维能力的发展。理论思维能力的发展以个体对相应思想道德理论知识的掌握为基础；理论思维能力的形成是个体思想道德素质智力发展的标志，从某种意义上讲，它甚至是决定作为整体存在的个体思想道德素质发展状况的关键。因此，大学生思想政治教育在关注对学生进行相应思想道德理论知识教育的同时，还要着力培养学生相应的理论思维能力。

新时代大学生思想政治教育必须同时关注学生思想道德素质中智力方面的上述两部分的培养。这是因为，一方面，理论的坚定性是政治的坚定性得以确立的基础，理论上的清晰性是政治上的清醒性的前提。忽视了对相应思想道德理论知识的透彻而深刻的掌握，大学生思想政治教育就无法担负起培养社会主义建设者和接班人的神圣使命。另一方面，理论思维能力的形成和发展又是个体能够以强大的主体性应对现实社会生活、产生正确行为的基本依据。忽视了对个体理论思维能力的培养，个体的主体性就无法形成。在这种情况下，我们可以培养出严格遵守规范的听话的"好学生"，但同时也会培养、强化学生循规蹈矩、外在依赖、消极适应型的思维模式，不利于创新拔尖人才的培养。再者，从知识掌握与理论思维能力发展的关系来看，知识的掌握为个体理论思维能力的发展提供基础，理论思维能力的发展又为个体对知识的掌握提供更有效率的工具。我们不能脱离知识的培养而空想个体理论思维能力的提升。

西方德育理论在其发展历程中曾出现过一股形式主义的思潮。就其实质而言，这种思潮是以片面强调对个体道德判断能力、推理能力的培养而忽视、漠视或否定个体对特定大学生思想政治教育内容的掌握为基本理论取向。这一思潮虽然兴盛一时，但无法避免日渐式微的命运，其中一个重要原因，就在于这一思潮在强调理论思维能力即形式的同时，忽视、淡忘或否定了对知识即内容掌握的重要性，从而使得它们所强调的各种各样的能力无所依附，正如当代西方价值教育理论的代表性人物克里夫·贝克所指出的，对内容本身的忽视，会使"学生在解决具体问题时感到孤立无援。仅仅教给学生一种分析问题的框架和一套推理技巧就把他们像粗糙产品一样推向社会、让他们去自谋生路是远远不够的，他们需要教师和其合作者们帮助他们建构具体的价值体系，以便能够面对现实的问题"。在当前我国大学生思想政治教育理论研究中，有的学者主张要将能力培养作为大学生思想政治教育的目标指向。强调能力培养在新时代大学生思想政治教育实践中的意义有其合理价值，但是简单地将能力培养作为新时代大学生思想政治教育唯一的目标指向而全面否定对思想道德理论知识的掌握，则难免走入与西方形式主义德育理论相同的困境。

新时代大学生思想政治教育必须关注学生思想道德素质的智力方面，要求切实加大思想政治教育的知识含量、科学含量，注重以真理的力量打动人，以科学的力量征服人；要求大学生思想政治教育必须加强"思想政治理论课"主渠道的建设。在"思想政治理论课"主渠道的建设中，既要注意及时更新教学内容，注重增强理论的彻底性，引导学生牢固掌握马克思主义以及社会主义思想道德方面的基本理论知识，又要注意改进教学的方式方法，在教学过程中自觉坚持进行启发式教学，注重将研究性学习的方法引入"思想政治理论课"教学中并予以灵活运用，促进学生理论思维能力的良好发展。

(二) 整体育德的合力构成

当代社会与学校关联愈益紧密，反映在大学生成长的影响因素上便是社会影响与学校教育因素的多样共存。在这一背景下，新时代大学生思想政治教育要继续发挥促进学生思想道德素质健康发展的主导作用，其根本出路不在于力图加高加厚学校与社会之间的隔离之墙，继续在精心打造的象牙塔内精雕细刻社会的主体——这一企图在当代社会已经不再具有实现的可能，而在于在充分发挥社会影响因素育人功能的基础上，进一步发挥学校教育在促进学生思想道德素质发展方面的主导作用。

新时代大学生思想政治教育要正确把握社会影响与学校教育的互动，整体性地发挥学校和社会的育人功能，必须以开放的胸襟迎纳社会现实，而不是封闭自我企图再造象牙塔。美国教育学者约翰·布鲁贝克指出："就美德具有理智内容而言，大学要提供条件对它加以阐明。大学要教授伦理史，提供有关道德这一社会现象的资料，甚至提供有关道德的哲学理论。但要清楚地认识到，仅仅承认什么是正确的决不能保证行为一定正确。""无须说，学院不可能在理智之路上重复一个学生毕业后可能遭遇的各种经历。然而，学生如果没有一些实际经验，学院就很难教某些学科——尤其是像伦理学、政治学和经济学之类的道德学科。在学院里，这类课程只能对价值观做些介绍，而这些价值观只有在成人生活中见效，只有在直接经验不再是偶然的而是平凡的时候才变得具有重要意义。因此，这些学科通常放在年轻时学，而在以后的生活中很少为人接触，这是一种极大的不幸。"布鲁贝克的这一论述深刻阐明了个体的社会经验在个体品德发展中所具有的基础性条件意义。新时代大学生思想政治教育要在学生思想道德素质的发展中继续发挥主导作用，必须注重引导学生积极地、深入地步入广阔的社会天地，必须将教育活动与生动的社会实践紧密结合，帮助学生形成有利于新时代大学生思想政治教育产生效用的积极的社会经验，从而为新时代大学生思想政治教育的创新与发展奠定科学而坚实的认知基础。

新时代大学生思想政治教育要正确把握社会影响与学校教育的互动，整体性地发挥学校和社会的育人功能，必须以积极的姿态融入社会，而不是闭目塞听一味回避社会问题。当前影响新时代大学生思想活动的各种主客观因素中，一个重要的方面便是中国式现代化建设所提出的一系列重要的理论和现实问题。对于这些问题，如果不从理论的高度给予透彻的解答，便不能说服人们，不能凝聚起推动当代中国社会发展的强大精神力量。改革开放以来，邓小平之所以反复强调对许多重大社会问题要从理论的高度给予明确的回答，原因之一就在于他深刻地看到了这些重大社会问题在影响人们思想活动方面所产生的重要作用。新时代大学生已经具有相当的理性认知能力，他们的理论思维能力正在逐步发展，在一些重大的理论和实际问题上，要真正地说服他们，必须借助于透彻的理论说明。要做到这一点，必须注重及时根据社会发展提出的重大理论和现实问题，充实、调整大学生思想政治教育的内容，以对社会发展提出的重大理论和现实问题的深刻解答为中心构建大学生思想政治教育的内容体系；必须以实事求是的态度回答社会发展提出的重大理论和现实问题，努力提高大学生思想政治教育者的理论素养，在各种理论和现实问题层出不穷的当代社会，不具有深厚的理论素养，便不具备做好新时代大学生思想政治教育的资格。

新时代大学生思想政治教育要正确把握社会影响与学校教育的互动，整体性地发挥学校和社会的育人功能，必须以更加自觉的意识培养学生的相关社会能力。这里所谓的社会能力包括学生对各种客观存在的社会现象进行科学的价值判断的能力，在复杂多变的社会现实中正确地选择、实施自己行为的决断能力等。注重对学生这些社会能力的培养，是学生形成应对复杂多变的社会现实的素质、在纷繁多样的社会现象中坚持正确的理想信念、保持正确的思想道德行为的重要前提。否则，我们即便可以使教育对象在学校范围内表现出我们所期望的思想道德素养，也无法保证教育对象在学校范围之外更广阔的社会生活中能够坚持正确的思想道德行为。杜威曾经指出："教育哲学必须解决的一个最重要的问题，就是要在非正规的和正规的、偶然的和有意识的教育形式之间保持恰当的平衡。如果所获得的知识和专门的智力技能不能影响社会倾向的形成，平常的充满活力的经验的意义不能增进，而学校教育只能制造学习上的'骗子'——自私自利的专家。"尽管在不少教育问题上杜威的主张还缺乏科学的根据，但是，强调非正规的、偶然的教育形式（即社会影响）与正规的、有意识的教育形式（即学校教育）之间的平衡却是富有见地的。

在杜威看来，达成这种平衡的重要途径也正在于学校教育要注重对学生的有意义的社会经验的发展，注重对学生的社会倾向的培育。强调对学生相关社会能力的培养，是由社会影响性质的多样性所决定的。社会影响就其性质而言是多样的。在客观存在的林林总总的社会影响中，有些包含着积极的、有利于学生思想道德素质健康发展的因素，这些因素可以和大学生思想政治教育形成合力，共同推动学生思想道德素质的整体提升。但是在这些客观存在的林林总总的社会影响中，也有不少包含着消极的、有害于学生思想道德素质健康发展的因素，这些因素对大学生思想政治教育形成的悖论会在一定程度上抵消大学生思想政治教育的作用。

新时代大学生思想政治教育本身不能消除这些消极社会因素的客观存在，也不能保证我们的教育对象不接触这些消极的社会因素，应对这一现实的重要之举就在于培养教育对象形成正确的相关社会能力。当教育对象有了正确的相关社会能力后，他们就能够自觉对积极的、消极的社会影响因素进行价值评判，并在复杂的社会环境中做出正确的行为举动。在这种情况下，积极的社会影响因素可以通过学生的自觉的选择和接受而发挥引导学生健康成长的作用，消极的社会影响因素可以通过学生的自觉的判别和批判而让学生引以为戒，从另一个方面增长学生的社会经验，推动学生良好思想道德素质的健康发展。

（三）整体育德的模式建构

归根结底，学校是育人的场所，即一切积极的育人资源的集中而系统的配置之所。新时代大学生思想政治教育的加强和改进必须注重全面挖掘学校的一切育人资源，努力建构整体育德模式。将学校中的各种教育资源与人的德行素质的发展紧密联系起来是人类教育思想史上悠久的传统。近代教育学理论体系的奠基者赫尔巴特声称："教育的唯一工作与全部工作可以总结在这一概念之中——道德。道德普遍地被认为是人类的最高目的，因此也是教育的最高目的。"20世纪美国新教育运动的首席代言人杜威断言，道德的目的应当普遍存在于一切教学之中，并在一切教学中居于主导地位——不论是什么问题的教学，如果不能做到这一点，一切教育的最终目的在于形成品德这句人尽皆知的话就成了伪善的托词。虽然这些思想将教育的最终目的定位于个体道德的发展不尽准确，但是，这些思想所表达的一切教育资源都必须有利于并且有意识地自觉助益于个体的道德发展则是至今一切教育实践活动都应自觉坚持的基本教育法则。

对于高校的育人资源，我们可以从不同的角度进行不同的分类、不同的概括。简单而言，学校的育人资源可以分为两个基本方面，即主体资源和活动资源。主体资源即人的资源，即可以作为新时代大学思想政治教育的主体发挥积极的育人作用的一切人的资源。活动资源即学校中所开展的一切有助于学生思想道德素质发展的显著课程和潜在课程资源。主体资源与活动资源的育人作用的共同发挥是构建新时代大学生思想政治教育整体育德模式的基本条件。

新时代大学生思想政治教育必须全面发挥学校中一切主体资源的育人作用。为此，必须充分明确高校教学、科研、管理人员及学生自身在做好大学生思想政治教育工作中的职责，充分发挥他们在开展大学生思想政治教育中的积极能动性，努力构建全员育德的大学生思想政治教育模式。全员育德的大学生思想政治教育模式并不是否定专职大学生思想政治教育人员的积极作用，而是予以充分肯定。学生思想道德素质的发展变化有其客观规律，大学生思想政治教育是一门专门的学问，需要有专门的队伍从事这项工作。全员育德的大学生思想政治教育模式在充分发挥高校教育、管理力量（即我们所讲的专职大学生思想政治教育人员以及此外的所有教学、科研、管理人员）开展大学生思想政治教育的积极性之外，还注重调动学生自身在做好大学生思想政治教育工作中的积极性，引导学生进行自我管理、自我教育。自我教育是一切教育活动真正产生成效的根本条件所在，一切不能转化为自我教育的教育活动都不可能产生良好的教育效果。曾担任美国纽约州立大学校长的欧内斯特·博耶曾有过这样一段记述："在第二次世界大战之后，美国高等教育经历了一次重大的转变。用社会学家马丁·特罗（Martin Trow）的话说，《兵士法案》几乎在一夜之间就促成了高等教育从'精英教育'向'大众教育'的转变。根据《兵士法案》，凡在军队里服役过的年轻人都可以免试上大学。那时，大多数学术界的领导人都对这一法案表示担忧。学生的录取不再是建立在他们的能力基础上。800 万军人将因他们对国家的服务而来到大学。许多人担心这些学生将导致学术水准的下降。一位校方负责人说，由于大多数兵士都结了婚并将带着婴儿车来上学，他们将给那些天真的大学生带来消极的思想影响。实际情况怎么样呢？兵士们来了。他们还带来了婴儿车。但他们也带来了丰富的经验、旺盛的精力、认真的态度和献身的精神。"在我国高等教育迅速发展、当代大学生群体构成日趋多样的当前，全面挖掘当代大学生中蕴藏的各种积极的自我教育的力量，对于新时代大学生思想政治教育的加强和改进也无疑有着极其重要的意义。

新时代大学生思想政治教育必须全面发挥学校中一切活动资源的育人作用。其中，尤应注意充分发挥高校中最基本的活动——课程教学活动在育人中的积极作用，努力构建全课程育德的大学生思想政治教育模式。课程，是一切学校教育活动的基础和核心。离开课程，学校教育就无法全面地显现出它的系统性和计划性；离开课程，学校教育也就丧失了人才培养所必须依托的基本形式。课程在整个学校教育中所处的这种特殊地位决定了课程教学在学生思想道德素质培养中所具有的举足轻重的作用。从整体上来看，高校的显著课程可以分为人文社会科学类的课程和自然科学类的课程。人文社会科学类的课程本身便具有鲜明的意识形态性，必须把坚定的政治方向放在首要位置；自然科学类的课程，对学生更加深刻地理解人类社会和自然界的发展规律、更加全面地掌握马克思主义辩证唯物主义和历史唯物主义的科学真理具有重要的基础性意义。在从总体上强调学校的一切课程教学活动必须注重发挥育人作用的同时，新时代大学生思想政治教育还必须加强专门性的大学生思想政治教育类课程的建设。这类课程的建设，要在高等教育整个课程体系中予以规划，而不能游离在高等教育的整个课程体系之外。此外，新时代大学生思想政治教育还必须注重发挥隐性课程即高校中除显性课程之外的一切校园文化活动等在学生思想道德素质发展中所具有的积极作用，注重隐性课程建设，自觉强化校园文化活动等课外活动的教育性，避免校园课外活动的形式主义，为学生思想道德素质的发展创建良好的外在环境。

四、开放式的教育理念

大学，不再是封闭的象牙塔，而是充满朝气、充满活力，面向社会、面向人生、面向世界、面向未来的新型园地。大学之"大"，在于大学给予人们一种开阔的视野、开放的思维和充分、自由、全面、和谐的发展空间。大学阶段，是大学生走向社会、融入生活、开拓人生、创造价值的预备阶段，它与人的生活、与人生发展具有更为紧密的联系。因此，大学教育强调的是开放性、发散性、立体性、自由性和创造性，注重以开放的视野、发散的视角、立体的维度、自由的模式和创造性的气魄来培养人、造就人。这正是大学及大学教育的真谛。作为大学教育一个重要组成部分的大学生思想政治教育，也必须树立开放育人的理念，着眼于开放性的个人和开放性的社会，与人的开放式的思想活动合拍、与社会的开放性发展合拍，使大学生思想政治教育更好地贴近实际、贴近生活、面向世界、面向未来。

（一）开放育人的科学内涵

开放育人理念是对整体育德理念的进一步深化和发展，它涵括了整体育德的基本精神，强调的是一种开放性、统一性、综合性的育人思路。学校教育，育人为本；德智体美，德育为先。在开放的环境中育人育德，是新时代大学生思想政治教育的基本特征。我们要科学理解新时代大学生思想政治教育开放育人的丰富时代内涵，通过卓有成效的工作推动新时代大学生在日益开放的环境中健康成长，始终保持坚定、正确的政治立场，努力成长为面向现代化、面向世界、面向未来的优秀人才。

开放不仅是指空间上的广延性，而且也指时间上的连续性，同时也涵盖了事物与事物之间的内在关联性。开放首先突出的是学校内部要形成一个合力育人的自由开放环境，这主要体现在以下几个方面。

1）所有的课程之间要互相开放，充分挖掘各门功课中的育人资源，并且能够保持育人的一致性和协调性。

2）管理部门、教学部门和服务部门都要担当育人的职责，即做到管理育人、教书育人和服务育人的有机统一。

3）教学和科研要统一起来，所有的教师要形成互动开放，共同交流和研究人的成长发展规律和如何育人的规律，把培养人作为一项事业来抓。

4）学校的一切可利用的资源要能够向广大学生开放。开放意味着不同学校之间、学校与社会之间要保持紧密的联系，要相互开放，充分利用不同学校的资源，扬长避短、互通有无、调剂余缺；同时，学校和社会之间要形成互动，充分利用社会的实践舞台，最大限度地发挥学校的主导和协调作用，让学生在学校中接受教育,同时在社会实践中经受锻炼和考验。高等教育要面向世界,瞄准世界教育发展的总体趋势,密切关注世界新的教育理念,加强同世界其他国家尤其是发达国家高校的学术和思想文化交流,积极推进双向合作和联合办学。不同的办学理念、不同的文化底蕴、不同的生活方式要相互开放。最后,开放,更意味着要面向未来,要在已有经验的基础上对未来的发展趋势作出科学合理的预测,前瞻性地做好当前的工作,为未来培养合格的人才。

开放育人强调的是一种大的视野和思路,突出多角度和多层次来培养人,把"培养什么人,如何培养人"放在一个宏大的背景下来观照。新时代大学生思想政治教育以开放育人为科学理念,立足于开放的环境,着眼于开放性的人,采取多样化的手段、方式、途径,进行全方位育人、全过程育人、全员育人,同时强调育人的动态性、发展性、整体性、系统性和协调性。从微观方面来看,新时代大学生思想政治教育是以大学生为主体和中心的,是否贴近社会生活的实际,是否贴近大学生的生活,都将在一定程度上关系到新时代大学生思想政治教育的针对性和实效性。新时代大学生思想政治教育要坚持开放育人的理念,就必须关注大学生微观层面的情况,向大学生内部开放,也就是要深入大学生发展的实际,深入他们的生活,深入了解他们的人生发展,努力解决大学生的实际问题,把解决思想问题和解决实际问题有机统一起来,积极推进大学生向自我教育、自主管理、自我发展转变。开放育人的理念,关涉宏观和微观、国内和国际以及现实与未来等多个层面的考量。

开放育人的主要特征是相互关联性、共同发展性、全面系统性。所谓相互关联性,就是指站在育人为本的高度,充分挖掘一切育人资源之间的内在联系,从而打破以往在育人上"分而治之"的壁垒,强调、发挥它们的育人合力;所谓共同发展性,是指教育的改革与发展要紧跟世界教育发展的走向,教育的改革与发展要同大学生的学业与人生发展形成双向互动,以达到共同发展,让教育的发展成果及时地惠及广大学生,同时也让大学生的发展诉求和特点成为新一轮教育改革的内在原动力;所谓全面系统性,就是强调把育人当成一项神圣的事业来抓。着眼于校内一切资源的整合性、学校与学校之间的互补互动、学校与社会之间的相互沟通、面向世界和未来的学校教育和发展,体现了全面育人、系统育人的思路。

（二）开放育人的现实基点

坚持开放育人，是新时代大学生思想政治教育在新的形势下增强其吸引力和感染力、针对性和实效性的一个重要思路。大学生思想政治教育是做人的工作，是做人的思想的工作，从本质上讲，是以社会实践活动为基础的思想、感情、精神活动的双向互动过程，思想的交流与沟通是其重要的表现形式。然而，新时代大学生思想活动的开放性明显增强，思维的拓展性、发散性、深入性不断提升，与此相适应，新时代大学生思想政治教育在方式方法和育人模式上也要体现开放性理念。

同时，大学生所处的社会环境发生了重大变化。信息社会的到来，让互联网成为人们获取信息的主要渠道，学校内部、学校与社会生活、不同学校之间、不同国家之间的联系更加紧密，互动开放性加强。这也在一定程度上要求新时代大学生思想政治教育要转变思路，体现开放性和统一性要求。另外，高等教育出现了大众化和国际化的发展趋势，教育向公众开放，接受教育的群体呈现出不同的层次和结构，大学之间的国际交流与合作出现了迅猛发展的势头，高等学校向综合化、国际化办学迈进。国内外形势的新变化和高等教育的新发展是新时代大学生思想政治教育坚持开放育人理念的现实基点。

1. 大学生思想活动的开放性

大学生的生理发育基本成熟，心理发育趋于稳定。在大学阶段，随着专业课学习和社会实践经验的积累，大学生的自我意识不断增强，对自身的认识以及自身与周围环境之间的联系的认识不断深化；理论思维能力大大提高，进入了以逻辑思维为主的思维阶段，间接感知能力也同步提高；情感意识也获得了较大增长，体味亲情、注重友情、追求爱情，情商获得较大提高。所有这些，都促成了他们变动不居的思维活动。大学生站在学校与社会的交接点上，对社会、对人生的未来发展抱有无限的遐想。他们思想活跃、斗志昂扬、朝气蓬勃、敢想敢干、勇于批判、勇于创新、不断超越，思考问题能够多角度切入、系统性把握，不拘泥于一人一事、一时一地。他们不屑于盲目附和别人，有主见，能够自主判断，崇尚个性，看待问题有自己的独到见解，不盲从、不唯上、不信邪。他们生活在改革开放、经济全球化的大背景下，能够不断地解放思想、开拓创新、与时俱进，而不是思想僵化、墨守成规、故步自封。他们的眼光总是看向未来，他们的思想总是联系现实生活。大学校园是他们放飞理想、成就梦想的精神之地，丰富多彩的校园文化是他们开放性思想活动的具体展现，也进一步激发了他们思想活动的拓展和深入。思想活跃、敢于创新是当今大学生的显著特征，因此，承担着塑造人之灵魂责任的大学生思想政治教育者，应以一种开放的心态、包容的胸襟，采取多种途径和方式来启迪人、培养人和发展人。

2.现代社会信息环境的复杂多样性

人们的思想活动源于人们所处的环境，环境塑造人。大学生思想活动的开放性从根本上取决于他们所处的社会环境的开放性，以及接收信息的复杂多样性。现代社会，任何一个国家都不可能孤立存在，都是在与其他国家的交往中发展的。改革开放以来，中国的命运和世界的命运紧紧地联系在一起，世界上发生的重大事件都会对我国产生一定的影响。从国内来看，随着对外开放的不断扩大、社会主义市场经济的深入发展，我国的社会经济成分、组织形式、就业方式、利益关系和分配方式日益多样化，人们思想活动的独立性、选择性、多变性和差异性日益增强。我国正处于社会转型期，人们的思想观念发生了重大变化。整个社会风气的好与坏都会在大学生的头脑中得以反映，也促使他们的价值取向、理想信念、道德标准、心理倾向发生不同程度的改变。同时，信息时代的到来使互联网成了人们获取信息的主要渠道，大学生上网成了业余生活的主要休闲方式，信息由历时性传播向共时性传播转变，大学生获取信息的速度加快、数量增多、性质多样化。互联网上的信息充斥着大学生的头脑，五花八门的图片、视频让大学生眼花缭乱。其中有很多不健康的图片和视频严重地毒害着他们的心灵，还有一些反党、反政府、反人民的不良信息通过互联网兴风作浪、蛊惑人心。另外，西方发达资本主义国家利用其高科技和互联网的优势，通过网络来传递它们的价值观、生活方式以及一些腐朽没落的文化，蓄意腐蚀我国广大青少年，进而达到和平演变的目的。所有这些，促使我们要进一步更新大学生思想政治教育观念，主动适应信息社会的开放环境，积极利用互联网这个重要载体来增强思想政治教育的吸引力和感染力。

3.高等教育的大众化和国际化发展趋势

随着高校扩招政策的推行，高等教育大众化趋势日益明朗化。高等教育由精英教育向大众教育转变，大学教育的社会化倾向不断发展，教育与社会、与生活的结合越来越突出。在大众化教育的影响下，接受教育的群体不断扩大，而且年龄结构、职业模式、层次水平等都出现了多样化的特性，他们在价值观念、思维模式、人生追求、生活方式等方面都会出现差异甚至对立和冲突。不同的职业、不同的身份、不同的思想观念,都将在大学中激荡,必将对原有的大学教育模式带来巨大的冲击。因此,大学生思想政治教育必须分清层次、区别对待,同时要探索不同教育方式和途径之间开放融合、协调一致的方法。大学生思想政治教育要体现开放性、包容性、选择性和层次性,把握好不同的教育理念之间的互动效应,推进育人的综合性、发展性。

随着经济全球化的到来,高等教育开始走出国门,向世界和全球拓展,呈现高等教育的国际化发展趋势。世界各国之间的经济发展是紧密联系的,同样,不同思想文化之间的联系也很密切,通过彼此的交流、对话、沟通、融合,来共同为整个人类文明宝库增添财富。民族教育的着眼点在于推进民族的现代化,这加剧了各民族之间、人与人之间、文化与文化之间以及人与社会、人与自然之间的矛盾和竞争。而人类教育的着眼点则在于推动全人类的文明和进步、合作与和谐。人类教育以尊重人性,开发人的潜能和价值,激发人的创造热情,促进文明和文化之间的交流与合作,增进人的身心和谐、社会和谐和人与自然和谐为基本理念。高校是对外开放的桥头堡,不同国家高校之间的交流与合作是架起不同文明互促互动的桥梁。在这个过程中,文化的多样性和文明的冲突也日益凸显,不同文明和文化之间的相互激荡日益加剧。

西方发达资本主义国家以文化交流为契机,兜售它们的价值取向和生活方式,来误导我们的青年大学生。大学生思想政治教育担负着"培养什么人、如何培养人"的神圣使命,要有兼收并蓄、海纳百川的气魄,尊重文化的多样性,同时又要坚持"以我为主、为我所用、辩证取舍、择善而从"的方针,达到古为今用、洋为中用的目的。

(三) 开放育人的实践路径

开放育人是人的发展、社会的发展以及高等教育的改革与发展向我们提出的新的理念。新时代大学生思想政治教育要牢固树立开放育人的理念,要架起学校与社会联系和沟通的桥梁。通过深入细致的社会实践活动,让大学生将学到的知识和本领及时地在社会中得以运用,达到学以致用、学用结合、以用促学的良性互动,体现学校向社会开放、大学生向社会学习的理念;要充分利用现代高科技手段,主动占领网络平台,通过建立大学生思想政治教育的特色网站,使广大学生受到教育和启迪;要面向世界和未来,使学校向世界开放,使学校为未来培养人才,从而增强大学生的国际意识,培养他们的国际眼光和具备国际人才的素质，同时促使他们思考人生和社会发展的长远走势，前瞻性地发展自我。

1. 开拓实践育人的新局面

社会实践是大学生思想政治教育的重要环节，对于促进大学生了解社会、了解国情，增长才干、奉献社会、磨炼意志、培养品格，增强社会责任感具有不可替代的作用。社会实践是大学生了解社会的一面镜子，是大学生砥砺自我、成长成才的广阔发展平台。社会实践是连接学校和社会的桥梁，是学校向社会开放、学校与社会互动发展的中心环节。大学生思想政治教育既是一门学问，又是一种活动，还是一项事业。作为一种活动和一项事业，它要通过开展社会实践活动，把大学生思想政治教育同社会联系起来，同我国整个社会主义现代化建设的伟大事业联系起来；通过从事社会实践活动的大学生的实际表现来反观、反思新时代大学生思想政治教育在整个社会主义现代化建设中的实际价值呈现，进而更好地推进新时代大学生思想政治教育的改革与创新。

社会实践活动使大学生在社会中受教育、长才干、做贡献、增强社会责任感，升华生命的价值与意义。这是一种实践育人的思路。我们要积极探索和建立社会实践与专业学习相结合、与服务社会相结合、与勤工助学相结合、与创新创业相结合的管理体制，增强社会实践活动的效果，培养大学生的劳动观念和职业道德。通过社会实践锻炼，大学生了解自己周围的人和事物，学会关心别人，学会关心我们的现代化建设大业，进而更好地了解自我，更快地充实和完善自我，正确地定位自我，合理地发展自我。通过社会实践，新时代大学生思想政治教育能够更好地同大学生的实际生活及其内在的发展贴合起来，从而提升新时代大学生思想政治教育的吸引力和感染力，增强育人的针对性和实效性。

2. 推动网络思想政治教育的新发展

网络是高科技发展的产物，网络成了信息时代的一个基本标志。在当今社会，互联网成了人们获取和传递信息的主要载体。互联网渗透到社会的每一个角落，联系着学校与学校、学校与社会、学校与世界，联系着每一个人。互联网以其巨大的辐射性和延伸功能显示了无穷的魅力，成了大学生学习、娱乐和休闲的主要方式。网络上充斥着各种各样、多重性质的信息流，如果主流意识形态不去占领，不健康的信息就会占领大学生的心灵，对大学生的身心健康构成巨大的威胁。同时，我们也可以看出，网络是一种很好的教育手段，因其辐射面广、影响力度大、公众效应强而备受教育者们的欢迎，如远程教育、网上授课、多媒体教学，都在一定程度上推动了教育的发展与创新。我们要通过主动占领网络思想政治教育新阵地，弘扬主旋律，为大学生树立正确的价值导向、始终坚持坚定正确的政治方向提供必要的指引；同时要积极制作一些有特色、讲个性、立新意的大学生思想政治教育网站，增强吸引力和感染力，推进先进文化建设，宣传先进思想、树立先进典型、提倡良好风尚，自觉抵制和防范有害信息在网上滋生蔓延，从根本上提升大学生的网络辨别力和免疫力。另外，要加强校园网建设，利用校园网为大学生学习、生活提供服务，对大学生进行教育和引导，不断拓展大学生思想政治教育的渠道和空间；同时要密切关注网上动态，及时了解新时代大学生思想和心理状况，及时发现他们存在的心理问题和实际生活问题，加强同大学生的沟通和交流，及时解决出现的问题。总之，我们要采取灵活多样的手段，优化网络育人环境，努力建立洁净的网络文化空间，引导当代大学生科学利用网络，文明上网，健康发展。

3. 拓展大学生思想政治教育的国际视野

信息技术和经济全球化的迅猛发展，把世界的每一个角落都联系起来，使世界越来越像一个地球村。高等教育作为传承文明、培养人才的重要基地，成为向世界开放的前沿阵地，高等教育的国际化趋势日益明朗。世界不同文明、不同文化、不同的思想观念在这里激荡融合。新时代大学生思想政治教育必须面向世界，充分地接纳来自不同国家的多样文化，同时要帮助大学生牢固地掌握我国主流文化，按照主流文化的标尺来对域外文化进行辩证取舍。新时代大学生思想政治教育要引导大学生充分了解地域文化背景，增强个人的国际意识，培养做一个国际公民所应具备的国际素质与能力，以便在未来的国际竞争中立于不败之地。教育着眼于为未来培养作为发展生产力的主体的人，并不是对现代文明的简单复制，更不是歌功颂德、粉饰太平，一味地附和现实；教育的精髓在于超越现实、指向未来，因此，批判的精神、超越的精神、创新的精神应该成为教育的本真精神。

高等教育是培养高级专门人才的摇篮，是经济社会和人的全面发展的引擎，肩负着塑造人类社会发展未来的重大使命，必然要求以未来的眼光来审视当下和现实，以对未来的科学预测和合理把握来指导、安排自己当前的行为举措。新时代大学生思想政治教育，是把关的教育，是成人的教育，更是引导未来航向的教育，必须在对现有状况的综合把握和认真分析的基础上，对人类社会包括教育发展的未来走势进行科学合理的预测，从而更有针对性地制定自己的发展思路；同时要适时地培养大学生的科学预测能力和宏观把握问题的能力，增强他们的前瞻意识和感知未来的能力，使他们能够及时准确地把自己的现实发展和未来发展紧密地联系起来，正确地定位自己，有效地把握自己，充分地发展自己。

第二节　新时代大学生思想政治教育内容的创新发展

一、新时代大学生思想政治教育的基础内容

新时代大学生思想政治教育的基础内容是指社会对大学生提出的根本要求，具有一般性、稳定性特点。

（一）人生价值观教育

1.人生观形成的基础

马克思主义认为，人生观是人类所处的历史条件以及社会关系的产物，是来源于现实基础的，而非上帝创造的。

1）历史条件。所谓历史条件，是指在社会历史活动中所有不以人的意志为转移的自然条件和社会条件的集合。历史条件包括社会物质生活条件、社会历史背景、政治制度、经济发展水平、精神文明水平以及文化发展状况等多方面。

2）社会关系。社会关系是指在共同的社会活动和社会交往过程中，人们互相之间形成的以生产关系为基础的各种关系的总和。历史条件和社会关系构成了人生观形成的现实基础。处于不同生活环境、从事不同职业的人们对人生态度、人生目标以及人生价值等问题产生的不同态度和观点都源自人们所处的社会关系以及所经历的历史条件。

历史条件和社会关系存在各自独有的逻辑。当人们处于某种特定的历史条件和社会关系之中时，他们的思想、感情和行为已经无法超脱这种特定的历史条件和社会关系而存在了，必然会受到这种特定的历史条件和社会关系的影响和制约。而当人们所处的历史条件和社会关系发生改变时，人们的思想、感情以及行为也会随之发生变化。历史条件和社会关系又是复杂而具体的。不同的

人,处于同一个历史时期和社会中,经历的社会环境以及面对的自然条件可能存在巨大的差异,而这种差异就会对人们的人生观产生影响。

2.人生观教育的主要内容

人生观是人们对人生的价值、生活的目的和意义的根本看法和观点,是世界观实践中的体现和运用。人生观具有鲜明的阶级性。共产主义的人生观就是无产阶级的人生观,它的核心是大公无私、先公后私和公而忘私。对新时代大学生进行人生观教育的主要内容是人生理想教育、人生目的教育、人生价值教育和人生态度教育。

(1)人生理想教育

对大学生进行理想教育,旨在帮助大学生树立科学的、崇高的理想,使之在复杂的社会环境中始终保持正确的人生方向。大学生树立了科学的、崇高的理想,才能够产生终身不竭的精神动力,才能自觉地为我国社会的进步与发展不断作出贡献。

崇高的理想教育包括崇高的社会政治理想教育、崇高的道德理想教育、崇高的职业理想教育和崇高的生活理想教育。建设中国特色社会主义,实现中华民族伟大复兴,是现阶段我国各族人民的共同理想。对大学生进行共同理想教育,就是要帮助大学生正确认识社会发展规律,正确认识国家的前途命运,正确认识自己的社会责任,把完成大学学业与实现共同理想和实现个人理想结合起来。引导大学生正确对待实现理想过程中的顺境和逆境,正确认识理想与现实的关系,从现实出发,勇于实践,艰苦奋斗,为共同理想与个人理想的实现积极创造条件。

(2)人生目的教育

人生目的即人生所追求的目标。人生目的有人生的终极目的和人生的具体目的之分。人生的终极目的是指人在人生实践中关于自身行为的根本指向和人生追求。人生的总目的是人生实践活动的总目标,贯穿于人生历程的始终。作为具体目的意义上的人生目的,是指人的具体实践活动的目的。人生的终极目的与人生的具体目的应是统一的,具体目的有赖于终极目的的指导,终极目的的实现依赖于一个个具体目的的实现。对大学生进行人生目的教育,既不可脱离具体目的来空谈终极目的,也不可脱离终极目的而只讲具体目的。

在大学生人生观教育中,主要应对大学生进行人生终极目的的教育。因为人生的终极目的是人生观的核心,它对大学生人生的导向作用非常重要。正是由于人生的终极目的对人的一生具有导向、鼓舞、激励作用，所以必须用人生的终极目的规划人生，指导具体人生实践。因此，我们必须十分重视人生的终极目的教育。必须明确的是对大学生进行人生的终极目的教育，是指为人民服务的教育。这一人生的终极目的是对以生产资料公有制为基础、以实现共同富裕为目标的社会主义经济关系的集中反映。为人民服务人生目的基本内容有三：一是以人民的利益为言行的宗旨；二是站在人民的立场上立身处世；三是尊重人民的主人翁地位。

（3）人生价值教育

①人生价值内涵教育。

人生价值内涵教育，即人生的自我价值和社会价值辩证统一教育，人生内在价值和外在价值辩证统一教育，人生创造价值和享受价值辩证统一教育，人生现有价值和应有价值辩证统一教育，人生目的和人生手段辩证统一教育。

②人生社会责任教育。

人生社会责任是指个人在社会关系中所应承担的社会职责和任务。社会责任感越强的人，自觉承担的社会责任越大。因此，个人对社会的责任是衡量人生价值的一个重要标准。对大学生进行人生社会责任教育，就是要教育和引导大学生强化自己的社会责任感和历史使命感，热切关注祖国的前途命运，积极投身于建设中国特色社会主义的伟大事业，对社会和人民尽到自己的社会责任。

③人生价值目标教育。

人生价值目标包括人生的社会价值目标、成就价值目标、道德价值目标和生活价值目标，它既对人生发展起着定向作用，又是人生价值创造的重要推动力量。在人生价值目标中，社会价值目标是根本目标，是人生价值目标的核心，决定和影响着其他目标。有了人生价值目标，才会不断产生出创造人生价值的动力。因此，对大学生进行人生价值目标教育，就是要教育和引导人们确立正确的人生价值目标，坚持人生价值目标选择上的责任、义务与权利的统一。

④人生价值评价教育。

人生价值评价对人生发展具有重要作用。进行人生价值评价教育，对人生具有深刻的启迪教育作用，对他人或自己的人生行为具有调节作用。人生价值评价是依据一定的人生价值标准，通过社会舆论和个人的心理活动，对他人的人生或自己的人生作出有无价值和价值大小的判断活动。对大学生进行人生价值评价教育，主要是教育和引导大学生处理好贡献与索取、内在价值与外在价值、创造价值与享受价值、目的与手段的关系，掌握正确的评价方法，坚持物质贡献与精神贡献相统一，坚持能力有大小与贡献须尽力相统一，坚持动机与效果相统一，坚持完善自身与贡献社会相统一，要反对错误思想和行为，正确处理好个人、集体和国家三者的利益关系。

（4）人生态度教育

所谓人生态度，是指人们通过生活实践形成的对人生问题的一种稳定的心理倾向和基本意愿。人生态度的形成既是一定社会环境影响的结果，也是一个复杂的心理过程，其中，认知、情感、意志是起着主要作用的三种心理要素。认知是人从环境中获取知识和应用知识的活动，它包括感觉、知觉、记忆、想象和推理等心理现象。情感指人在认识客观事物时所产生的内心体验，它包括满意或不满意、愉快或不愉快、喜爱或不喜爱等倾向。意志指人自觉确定目的，有意识地组织、调节行为，并按主观意愿排除障碍和克服困难的心理过程，它是人的意识的能动方面，也是人的主体性的心理表现。当这些相关因素和条件发生变化时，人们的人生态度往往也会随之发生改变。

人生观是指对人生的看法，也就是对人类生存的目的、价值和意义的看法。人生观是由世界观决定的，其具体表现为苦乐观、荣辱观、生死观等。人生观是一定社会或阶级的意识形态，是一定社会历史条件和社会关系下的产物。人生观的形成是在人们实际生活过程中逐步产生和发展起来的，受人们世界观的制约。不同社会或阶级的人有着不同的人生观。

（二）政治价值观教育

政治价值观是指人们从价值判断、价值倾向、价值选择角度，对关于国家政治、法律思想、国家结构、政治制度、国家路线方针政策等政治方面的价值观点。政治价值观规定着人们的政治思想、政治方向、政治素质，左右着人们的政治观点和政治立场。政治价值观教育凸显了新时代大学生思想政治教育的导向性，是实现新时代大学生思想政治教育的主要内容。新时代大学生政治价值观教育的主要内容有马克思主义基本理论教育、中国共产党党史学习教育、爱国主义教育等。

1. 马克思主义基本理论教育

马克思主义基本理论教育主要是马克思主义的辩证唯物主义和历史唯物主义，重点是马克思主义的世界观，马克思主义的立场、观点和方法。毛泽东思想、邓小平理论、"三个代表"重要思想、科学发展观和习近平新时代中国特色社会主义思想是马克思主义中国化的理论体系，是贴近实际的理论教育内容，要将其与我国现行的路线方针政策结合起来，引导大学生用马克思主义的立场、观点和方法分析问题，正确认识思想意识的主流与支流、事物的本质与现象、局部利益与整体利益等，坚定广大学生走中国特色社会主义道路的坚定信念。

2. 中国共产党党史学习教育

中国共产党的百年历史已经充分证明，坚持党的领导是我们从胜利走向胜利的根本保障。首先，坚持中国共产党的领导是中国历史的选择。中国共产党带领中国人民从封建落后的旧中国走出来，建立了人民当家作主的新中国，无论是推翻反动统治、建设新中国，还是改革开放、建设中国特色社会主义强大国家，都是以中国共产党的正确领导作为根本保证的。历史证明，只有在共产党的领导下，中国才有希望，中国才能发展。其次，坚持共产党的领导是人民的选择，具有现实合法性。共产党由人民中最先进的分子组成，为人民的福祉而奋斗，人民相信共产党，依赖共产党，对共产党有着深厚的阶级感情。最后，坚持共产党的领导，是由共产党自身的先进性决定的。中国共产党由人民中的最先进分子组成，有着先进的组织原则和组织制度，有着光荣的传统和时代精神，有着远大理想和奋斗目标，始终代表中国先进生产力的发展要求、代表中国先进文化的前进方向、代表中国最广大人民的根本利益。共产党自身的先进性决定了它能够肩负起历史和人民赋予它的神圣使命。

3. 爱国主义教育

对多元文化视角下的大学生进行爱国主义教育，是政治价值观的重要内容。大学生爱国主义教育的主要内容包括以下两个方面。

（1）中华民族优秀传统文化教育

中华民族是一个有着五千年悠久历史的伟大民族，我们的祖先通过世世代代的辛勤劳动创造出了光辉灿烂的历史文化，这是我们中华民族的历史瑰宝，是对大学生进行爱国主义教育的重要内容。古老的《书经》中，周武王在《泰誓》里就提出"民之所缺，天必从之"的思想，强调要尊重人民的意愿和要求。

《周易》和《老子》充满辩证思想，至今为世界许多国家所研究和运用；《孙子兵法》和我国古代其他许多兵家的著述，至今被许多国家的军事学院定为必读书，而且被广泛应用于企业和市场竞争，显示出它们的无限生命力。在当代，随着全球化浪潮的兴起，具有不同历史传统和民族特色的文化之间的碰撞和交融将更加广泛、更加频繁、更加激烈、更加深入。

一个国家在全球化浪潮中能否保持其优秀民族文化，不仅关系到本民族文化的生存与发展，还关系到国家的命运和前途。特别是一些西方国家借全球化之际，凭借其雄厚的经济实力和信息高科技优势，打着"文化全球化""文化一体化"的旗号，大肆推行文化殖民主义，以达到损害别国本土文化的目的。因此，我们要引导大学生继承和发扬中华民族优秀文化传统，培养大学生对民族文化的热爱和认同，增强大学生的民族自尊心、自信心和自豪感，使大学生在西方文化霸权主义面前自觉保护和弘扬本民族文化，维护国家的利益。

（2）国防教育

国防素质是每个大学生应当具备的基本素质之一。新时代的大学生作为社会主义事业的建设者和接班人，要不断增强国防观念，心系国家安危，肩负起保家卫国的重任。在当今和平与发展的时代主题下，在总体国际局势缓和的态势下，局部的冲突还是有的，特别是恐怖主义危害上升，霸权主义和强权政治也有新的表现。我国在和平发展道路的征程中，会遇到各种风险和挑战。我们在集中精力搞发展的同时，必须大力加强国防军队建设，为捍卫国家主权、领土完整，维护国家利益提供有力的保障。大学生是社会主义现代化建设的有用人才，同时也是国防建设的后备人才，必须具有很强的国防观念与忧患意识，积极关心国防、热爱国防，努力为国防和军队现代化建设贡献智慧和力量。

（三）道德价值观教育

多元文化视角下大学生思想政治教育中，面临着一个新的复杂的社会背景，社会的道德价值观从原来的一元发展为现在的多元并存状态，多种多样的道德价值观并存着、矛盾着，严重影响着大学生的正确道德价值观建设。面对这种情况，新时代大学生道德价值观教育，既要以社会道德价值观教育内容为基础，又要与大学生特点和高校人才培养规格相适应。大学生道德价值观教育的主要内容应当是与中华传统美德相一致的。中华传统美德是中华民族几千年积淀下来的宝贵精神财富，它经过几千年的积淀，成为指导人们提升道德境界、提高人生价值和意义的经典道德规范。

1. 自强不息教育

"自强不息"这个词语最早出现在《周易》中："天行健，君子以自强不息"，它是从中国古代"天人合一"的宇宙观和朴素的人文思想中孕育发展出来的人民的心理素质和精神状态，它根植于中华民族的传统之中，是中华儿女发奋图强，自立于世界民族之林，实现中华民族伟大复兴的精神动力。从历史角度来看，人类的发展，文明的进步，是永远不会终结的；而人对自然、社会发展的认识，以及在此基础上形成的永无止境的向上努力、自重自信自强的精神，便成了最适应现代社会的发展需要的民族精神的突出表现。对新时代大学生进行自强不息教育的目的，就是要使大学生志存高远、刚健有为、不怕困难、积极向上、奋发图强。

2. 忧患自省教育

忧患意识可以说是一种责任意识，它是个体履行应当承担的社会责任并努力维护社会正常运行的信念和意志。这种意识是个体在社会分化和社会整合中必须拥有的，要求人们在市场经济发展过程中敢于承担风险、敢于再创辉煌，把国家、民族的生存发展放在心上，还要求人们树立以天下为己任的历史使命感，维护国内安定、发展、团结、进步的稳定局面，保持积极进取、艰苦奋斗的昂扬斗志，以自身的行动去实现社会发展和民族振兴。

中华民族的优良传统远不止这些，物物相依的集体精神、不畏强暴的抗争精神、生生不息的变革精神、经世致用的实用精神、正道直行的廉洁精神、大公无私的奉献精神等，都是祖先遗留给我们的珍贵的精神财富，对新时代大学生进行这些中华民族的优良传统精神教育，会在不同的层次、不同的侧面锻炼他们的意志、完善他们的人格、提升他们的精神境界。

二、新时代大学生思想政治教育的主导内容

社会主义核心价值观教育是新时代大学生思想政治教育主导内容之一。社会主义核心价值体系在我国整体社会价值体系中处于支配地位，在整体社会价值体系中发挥着主导作用，决定了整个价值体系的基本特征和基本方向，是建设社会主义和谐文化的根本。社会主义核心价值体系对新时代大学生思想政治教育产生了指导、引领和发展的作用。社会主义核心价值体系从更高层面，更系统地进一步丰富和深化了新时代大学生思想政治教育的内容。坚持将社会主

义核心价值体系融入新时代大学生思想政治教育具有十分重要的意义。

（一）社会主义核心价值体系与现实思想需要相适应

将社会主义核心价值体系作为新时代大学生思想政治教育的主导内容，在于它适应了现实思想领域矛盾冲突的需要，在于它对社会意识的统领功能。社会主义核心价值体系主动适应了思想领域的需要。

1.适应全球化条件下多元文化交流碰撞的需要

现代科技特别是信息技术助推了全球化浪潮，也架起了全球文化交流碰撞的桥梁。文化的属性决定着文化要追求真本、共同、普适，可具体文化产生的历史条件又使不同文化承载着本民族的特征，特别是承载着作为文化核心内容的价值观。所以，当前文化领域的交流，突出特征就是交融和碰撞。建设社会主义核心价值体系，从根本上为我国社会主义文化建设指出了遵守的原则，也指明了前进的方向。

2.适应我国社会转型时期寻求共同价值观的需要

我国正处在社会转型期，转型期的社会价值冲突在所难免，并已经在我国社会生活中全面展开。人在社会生活中需要有一种价值信仰来安身立命，如果价值系统紊乱了，信仰也就困惑了。解放思想使人们产生对多样性的兴趣，也满足了人们对多元价值观的了解认识，同时会使人面临价值多样性的选择。多样性的价值选择必然引起人内心的困惑。其实，任何人都不愿意真正陷入相对主义，相对主义会给人的精神和心理带来折磨。在当代中国社会，在价值选择上，多样性使人们无所适从。在这种状况下，建设社会主义核心价值体系，有利于引导人们尊重差异、包容多样、坚持主导、占领主流，建设以社会主义核心价值体系为指导的价值系统，在建设中国特色社会主义实践中实现有价值的人生。

（二）社会主义核心价值体系的理念

社会主义核心价值体系理念的核心内容是"富强、民主、文明、和谐"，一方面是因为这一理念充分吸收了中国传统社会价值体系中的合理因素，另一方面则是因为这一理念吸收了西方社会传统价值观念之中的积极因素，是新一代中国人的共同观念。

1. 富强

作为社会主义核心价值理念的富强，并不是某个人在精神上或者物质上的富有，而是全体人民的共同富裕幸福。因此，富强这一理念包含了公平正义的基础理念（这也是其基本要求），社会主义核心价值体系的这一特点是由社会主义的本质所决定的。共同富裕和人的全面发展是社会主义社会建设发展的基本目标，是效率与公平高度一致的集中体现。国家兴旺强盛是中华民族的历史责任。兴旺是指民族生生不息的生命力，强盛是指具有不被其他国家所欺侮的综合国力。国家兴旺强盛以人民的富裕幸福为基本依托，人民富裕幸福的前提是国家兴旺强盛。在当代社会，民族复兴、国家强盛，是全体中国人民的共同梦想。社会主义核心价值体系理所应当地把这个理念包含了进去。

2. 民主

民主，从它诞生之日起就与人的自由观念和自由行为相伴，人参与社会活动，受着社会观念的束缚，因此对自由的向往成为其本能。在社会活动中，合理表达自己的诉求则成为人生活的基本要求。当人们从"对人的依赖"走向"对物的依赖"，但社会物质财富仍然不能满足人类社会发展的需要时，这种状态下单一个体"充分自由"最终将会导致他人的"不自由"，因此，自由只能是相对的，民主也仅限于某一个团体或某一个阶级之中。马克思、恩格斯在分析民主时指出，奴隶社会和封建社会的民主通常只在奴隶主阶级和封建地主阶级之中存在；而在资本主义社会，民主仅存在于掌握资本的阶级之中，普通民众则无法享受。因此，民主只能建立在人们对生产资料的共同拥有的基础上——生产资料公有制，即社会主义社会和共产主义社会，才能实现最高类型的为无产阶级和广大人民群众所享有的最广泛的民主，这就是人民民主。

党中央提出的人民民主是国家政治生活工具性与目的性的统一。首先社会主义民主是人民集体管理国家的一种工具，是社会发展的一种重要政治制度。其次，社会主义民主还是一种目的，是与人的"全面发展"相统一，与人的"自由"生活状态相融合，渐渐发展成为民众相互接触而产生的基本生活理念，是"人的自由而全面的发展"生活状态的基本内容之一。

在中国，中国特色社会主义民主建设体现政治事业的目标就是实现民主的目的性与工具性的完美结合，随着党和国家政治理论宣传的不断扩大，我国人民群众的政治素质日渐提高，对于自己在国家政治生活中的权利和义务已经逐渐明确，认识到自己权利的行使要放在国家法律范围之内，在国家建设的过程中履行自己的义务，而这也正是社会政治生活进入更高级发展阶段的必备条件。

3. 文明

文明的含义包括两个方面，分别是物质文明和精神文明。无论是物质文明还是精神文明，其最终目的都是实现"人的自由而全面的发展"，对于中国特色社会主义建设事业来说都是关键因素。物质文明建设，能够丰富人民的物质生活，使人民逐渐摆脱"对物的依赖"；精神文明建设，则能够提升人民的文化、政治、道德等一系列方面的素质，从而达到更高的生活水准。

构建社会主义核心价值观是我国精神文明建设的重要组成部分。社会主义核心价值观充分倡导思想道德建设和教育科学文化建设两个重要方面。其中，思想道德建设不仅继承了传统道德中的优良品德，而且解决了中华民族的精神支柱和精神动力问题，使整个中国社会以更加昂扬的斗志走向新的胜利；而关于教育科学文化建设，不仅更加强调中华民族的科学文化素质的建设和传承，同时更加注重现代化建设的智力支持问题。思想道德建设决定着精神文明建设的性质和方向。要在宣传教育之时，关注思想道德建设，建立与社会主义市场经济相适应的社会主义道德体系，保护好社会发展的"灵魂"。因此，不但要集中开展思想道德文化建设，还要在教育科学文化建设之中注入思想道德文化建设的内容，以全面提高我国人民群众的思想文化水平。因此，大力发展文教事业，是提高人民群众认知水平的重要途径，从而使人民群众在思想上逐渐形成崇尚科学精神、反对迷信和邪教的正确意识。

4. 和谐

近年来，党中央倡导的和谐价值理念逐渐得到社会人民群众的广泛认同。人民群众已经了解了社会主义和谐社会的指导思想、目标任务和原则，并将其应用于社会建设的所有领域。中国特色社会主义和谐社会的理念要和中国社会几千年来的"大同"社会理想相统一。因此，党中央也同广大人民群众一道坚持在社会制度建设、社会公平正义、和谐社会文化等方面致力于社会建设，从而使几千年来中国的和谐社会理想从理论变成了现实的实践和奋斗目标。在当前及今后一段时间内，中国特色社会主义和谐社会建设必须做到"三个坚持"。

（1）要坚持中华民族传统的价值取向

中华民族传统的价值取向是一面旗帜，是和谐社会建设团结的基础。中华民族长久以来坚持的爱国主义精神就是这面旗帜上的光辉色彩。长久以来，在爱国主义精神的影响下，不同民族、不同政党、不同阶级消除原有的分歧，团结起来，抵御外侮，共筑中华民族的精神长城。中华民族传统的价值取向还有许多其他内容，同样是团结我国人民群众的重要力量。

（2）要坚持维护社会稳定团结的社会正义和秩序

现代社会规模十分庞大，社会结构非常复杂，要实现一切井然有序，就必须有一个完整、精微和相互配合的规则体系。而这个规则体系就是我国人民认可的社会正义，只有坚持社会正义，才能为广大人民群众所认可。

（3）要坚持不放弃竞争

和谐社会并不是放弃斗争或者不存在竞争，而是在竞争中逐渐走向社会和谐。在阶级压迫的时代，没有竞争就不能生存，就没有出路；就是在社会稳定的建设时期，也需要竞争，才能维护和谐。讲和谐并不是说放弃竞争。甚至在和谐社会，还要开展针对邪教的斗争，使邪教逐渐失去生存的土壤。

三、新时代大学生思想政治教育内容面临的困境

在全球化背景下，高校思想政治教育面临着诸多的挑战和困境。一方面，我们既要在理论层面上弄清困境的真实缘由及其表现；另一方面，我们也要在现实层面上具体展示其困境的表现。在理论层面上，我们采取哲学分析的角度；在现实层面上，我们从思想政治教育中起主导作用的主体性方面，即人的要素方面入手。

（一）从哲学的角度看高校思想政治教育面临的困境

全球化背景下，高校思想政治教育之所以出现诸多困境，缘由很多。我们认为，全球化仅仅是一个背后的、外在的缘由，如果我们从深层次上来把握的话，一个重要的方面就是对思想政治教育中"度"的把握不适当，即失了"度"。

"度"，是指一定事物保持自己质的量的限度、幅度和范围，是和事物的质相统一的限量。在特定的度的范围内，质和量既规定对方，又规定自身，使质量双方处于统一状态。超出"度"的范围，事物的质量统一就会破裂，转化为另外的事物，形成体现于新"度"中的新的质量统一体。和其他事物一样，高校思想政治教育也有自身特定的"度"。只有掌握了思想政治教育的"度"，才能制定符合实际的各种制度，为实践活动提供正确的指导，否则，就会不可避免地犯错误。具体说来，高校思想政治教育失"度"的表现如下：

在思想政治教育的地位，即思想政治教育与其他工作的关系上失"度"，出现了信仰危机和道德滑坡的现象。在思想政治教育作用的虚实，即"物质利益与精神鼓励"的关系上失"度"，出现了一切向"钱"看的功利主义倾向。在思想政治教育目标的先进性与广泛性的关系上失"度"，出现了否定共产主义思想道德教育的论调。在思想政治教育内容的主次，即政治性与知识性、娱乐性的关系上失"度"，出现了用文化娱乐活动取代政治教育的倾向。在思想政治教育方法的情理关系上失度，出现了思想政治教育软弱涣散的状况。在思想政治教育的环境，即民主与法纪的关系上失"度"，出现了自由主义和无政府主义倾向。在思想政治教育机构的设置，即社会化与专业化的关系上失"度"，出现了盲目裁减专业队伍的倾向。在思想政治教育者的素质，即知识化、专业化、年轻化的关系上失"度"，出现了思想政治教育队伍的混杂和不可靠的现象。在传统的继承与创新关系上失"度"，出现了否定思想政治教育优良传统和基本原则的倾向。在思想政治教育吸取西方有关知识经验与自身建设的关系上失"度"，出现了"言必称希腊"的现象。

(二) 从大学生的角度看新时代大学生思想政治教育面临的困境

1. 部分大学生的世界观、人生观和价值观扭曲

当今，西方发达国家信息技术处于优势地位，它们把其意识形态、价值观、文化观和生活方式等通过网络传递给中国，对我国进行思想文化渗透，重点是青年人尤其是高校的大学生。它们利用信息霸权，从几个方面推销其意识形态和价值观：一是资本主义的世界观、人生观、价值观；二是有害身心健康的伦理观、道德观及黄色流毒；三是制造社会、政治、经济混乱。由于大学生辨别是非能力较弱、可塑性较大，这些不良信息使一些大学生把拜金主义、享乐主义、极端个人主义作为自己的价值取向和人生追求的目标，出现了重索取轻奉献、重金钱轻道德、重个人轻集体等现象，严重影响了他们正确的世界观、人生观、价值观的形成。

2. 部分大学生的社会主义信念动摇

一方面，西方发达国家强大的经济优势影响了社会主义的感召力。他们凭借在资本、技术等方面的垄断优势，使我们在经济、科技等方面都显示出了与发达资本主义之间的明显落差。同时，绝大多数曾经建立起社会主义制度的国家通过政治剧变转向资本主义，使世界社会主义运动陷入低潮。此外，在全球

化的进程中，我们还要受到主要按西方国家意志制定的国际规则的约束。另一方面，以美国为首的西方发达国家，通过思想文化渠道向社会主义国家渗透，冲击马克思主义的意识形态，把和平演变的希望寄托在我国青年的身上，使他们在精神上解除武装。在这样的现实面前，社会主义对人们的感召力和吸引力大大减弱，很容易动摇大学生的社会主义信念。

3. 部分大学生的爱国主义情感淡薄

首先，全球治理意识弱化了大学生的民族国家意识。客观地讲，全球治理具有一定的合理性，但其鼓吹的政治多元化，容易影响大学生对坚持中国共产党的领导地位和一元化的政治体制产生怀疑和不信任，从事实上和观念上给国家主权带来不可避免的冲击，削弱了国家政府的权威性，从而引发了大学生对国家民族归属感的淡化。其次，自我中心意识弱化了大学生的民族责任感。在全球化影响下，西方以个人为本位的价值观冲击着我国传统的以社会为本位的价值观。有的大学生所想所做的一切几乎都是为自己，把对国家和民族的责任抛之脑后，缺乏民族责任感。最后，西方传播强权文化旨在淡化大学生的民族文化观。在文化交流和学习的过程中，西方社会在全世界推行其文化产品、文化观念，对他国实施文化覆盖和文化侵略，试图削弱民族文化对我国青少年的感化作用，从而淡化他们的民族文化观。

（三）从教育者的角度看高校思想政治教育面临的困境

1. 教育队伍的思想素质还不高

当前，我国思想政治教育队伍中，绝大多数教育者能够爱岗敬业、为人师表、具有良好的职业道德和积极向上的追求。但是在全球化及市场经济的影响下，一方面，部分教育者受物质利益的驱使，拜金主义、利己主义、享乐主义滋长，他们对物质生活和个人需要过分看重，把物质利益作为价值追求的目标，出现了价值取向功利化、敬业精神弱化、责任意识淡化等不良现象；另一方面，在全球化进程中，西方意识形态、价值观念、思维方式及生活方式向我国的渗透，也对高校思想政治工作者产生了一定的负面作用，从而影响了我国高校思想政治教育师资队伍的人心稳定和教育质量。

2. 教育队伍的知识素质还不够强

随着全球化进程的加快，意识形态领域的斗争日益加剧，国家主权受到挑战，主流意识被弱化，各种文化垃圾和腐朽生活方式正在对青年大学生产生直接的负面影响。在这种情况下，要想做好大学生的思想政治教育工作，使思想政治教育工作真正收到实效，就要求高校德育工作者加强对全球化特点和规律的研究，加强学习，不断提高个人的知识素质，以适应新形势发展的需要。然而，全球化背景下，在传统的思想政治教育过程中，教育者获得信息的优势地位，日渐减弱了，有时甚至会处于信息劣势地位。

现在我国高校的思想政治教育工作者经常上网的人数远远少于学生上网的人数，特别是年龄在 50 岁以上的思想政治教育工作者，多数人由于没有受到系统的计算机和英语教育，面对迅猛发展的计算机和网络科技往往手足无措，从而缺乏较高的综合处理网络信息的能力，很难对不良信息所产生的思想倾向作出快速反应，从庞大的信息数据中筛选有用的信息，整理和编辑成有自己特色和鲜明导向的信息资源。

四、新时代大学生思想政治教育内容的创新

大学生思想政治教育创新内容是新时代对大学生提出的新要求，主要包括生活观教育、网络道德教育、国际素质教育等。

(一) 生活观教育

1. 生活观的内涵

马克思主义反映论认为：观念的东西不外是移入人的头脑并在人的头脑中改造过的物质的东西而已。而另一种观点则认为：生活观，是人对生活的基本看法和态度，其本质上是人生观问题，又是价值观的外部表现形式。一种全新的生活观，是依托于一种有价值的人生观的。

对新时代大学生进行生活观教育的主要目的是，通过教育来培养新时代大学生良好的生活观，养成积极向上的生活态度，实现自身的全面发展。新时代大学生是国家的栋梁，是祖国未来的希望，因此对新时代大学生进行生活观教育是极有必要的。其不仅可以帮助大学生学习专业知识，并且还可以帮助其掌握生活方面的知识和技能，从而全面提高自身的素质，为以后进入社会打下坚实的基础。当前对新时代大学生进行生活观教育，其中的一个重要目的是，让新时代大学生可以对生活观教育在大学时期的地位有一个明确的认识，为新时代大学生提供科学、健康的观念、技能和方法，实现高校大学生的全面发展。

随着世界多元化与经济一体化的不断发展，我国高校学生的生活观受到了

不小的冲击,新时代大学生的生活观也出现了多种问题。面对这种情况,新时代大学生思想政治教育应对大学生生活观教育中存在的问题进行深入分析,掌握大学生生活教育的发展趋势,对教育方法不断进行创新。在对新时代大学生进行生活观教育的同时,要为大学生提供更加优质的教育,从而实现新时代大学生的全面、健康发展。

2. 生活观教育的内容

(1)学习观教育

新时代大学生的学习观指的是学生个体对知识、学习经验所持有的直觉认识,是学生个体对知识和学习的一套认识论信念系统,它涉及对知识性质、学习性质、学习过程与学习条件等维度的直觉认识,这是关于学生学习的基本观念体系。在对新时代大学生进行学习观教育的过程中,最重要的是要树立正确的学习观。正确的学习观不仅有助于大学对专业知识和生活技能的培养,同时还有助于促进学校教育、教学的不断改革创新。

当前,新时代大学生的学习观存在着严重的问题,如没有远大志向,学习目标不明确;单纯应付考试,学习态度不端正;缺乏学习主动性,缺少学习主动性等。为了解决大学生在学习观中存在的问题,应采取以下解决措施:

第一,明确学生学习的主体地位,要学会学习。在人类的不断发展的过程中,学习在其中发挥了重要的作用。对于高校的大学生来说,享有丰富的学习资源,学习是他们最重要的目的。高校的学习环境与以往的学习环境有着较大的区别,因此大学生要改变以往的学习方式,学会学习。大学生要端正自身的学习态度,明确学习目的,培养积极主动的学习精神。学会掌握学习的理论、知识、技能,遵守学习规律,选择恰当的学习习惯,这样才能达到事半功倍的效果。大学生思想政治教育工作者,在上课的过程中,要注重培养学生养成正确的学习习惯,有助于获得更好的教学效果。

第二,培养学生的学习兴趣,提高创新能力。在学生学习的过程中,兴趣在其中充当了一个重要的因素,可以激发学生的学习兴趣,教师和家长应该正视并培养学生的兴趣,因材施教,提高学生的学习质量。在原来的学习过程中,由于没有掌握正确的学习方式,很多学生都只是"读死书、死读书",在这种学习方式下培养出来的很多都是"书呆子",学习变得被动,不能真正激发学生的学习潜能。在经济高速发展的今天,创新已经成为经济乃至国家的发展动力,因此应全面培养学生的创新意识,提高创新能力,树立以创新为荣的观念。

对于学校和教师来说，就要为学生创新能力的培养提供良好的外部条件，鼓励学生进行创新，为学生塑造一种良好的创新学习氛围。

第三，增加师生交流，培养师生感情。对于师生关系来说，教师不仅仅是学生学业上的指引者，更是学生学习和生活上的朋友或亲人。自古以来就有"一日为师，终身为父"的说法，这就足以说明师生关系的重要性。良好的师生关系，可以提高学生的学习积极性，激发学生的学习欲望。因此，教师在教学的过程中，还要注重加强与学生之间的交流，同学生建立一种亦师亦友的感情，对学生在学习或是生活中遇到的问题进行解答，这样就有助于学生端正学习态度，树立正确的学习观，掌握正确的学习方法，提高学习效率。

（2）消费观教育

大学生消费观指的是，大学生对于消费水平、消费方式的态度和看法。在经济高速发展的今天，消费已经不仅仅是一种生活方式，更是一种生活态度，也是一种文化，其可以反映出人们的人生观和价值观。大学生是一个特殊的消费群体，他们的消费观不仅会对自身的消费习惯和行为产生影响，同时也会对整个社会的消费趋势和消费文化产生重要的影响。当前大学生的消费观存在着严重的问题，主要表现为：攀比现象严重；理财意识欠缺，浪费严重；追求时尚和享受等。面对大学生消费观中存在的问题，学校和家庭应该联合起来，共同对大学生的消费观进行引导和教育，帮助其树立正确的消费观。

第一，引导大学生树立发展消费观。大学生要树立正确的生活观，培养健康的消费观也是其中一个重要的部分。随着我国经济的不断发展，人民生活水平的不断提高，大学生的物质文化生活也越来越丰富多彩。但需要注意的是，虽然大学生的物质生活水平有了显著的提高，但是消费观念却存在着较为严重的问题。在高校的学习生活中，有些大学生的主要休闲方式是上网聊天、看视频、打游戏等，严重占用了学习时间。作为国家未来的栋梁，大学生应该树立正确的消费观，树立发展的消费观。大学生应该尽量减少网络虚拟休闲，应博览群书，多听陶冶心灵的音乐，积极参加校园活动，丰富精神世界。

第二，主张节约、适度的消费。对于在高校学习的大学生，家长不仅要为其提供支持完成学业的资金，同时还要密切关注孩子的消费情况，在发现其有不合理的消费情况时，要及时进行制止并纠正，引导孩子建立正确的消费观。家长还可以采取一些特殊的措施，从而培养孩子吃苦耐劳和勤俭节约的品质。对于孩子在金钱上的需求，不能无节制地给予满足，要引导他们建立恰当的理财方式，鼓励他们积极参加社会活动，建立自立自强的道德品格。

第三，开展绿色消费。随着社会经济的不断发展，人们对大自然的需求也日益膨胀，对大自然的肆意索求，对生态系统造成了严重的破坏。面对这种情况，高校应该对学生进行绿色消费指导，这样不仅可以帮助学生实现可持续消费，同时也有助于保护环境。

(3)恋爱观教育

恋爱观是生活观的一个重要组成部分，指的是对恋爱所持的基本观点和态度。对新时代大学生进行恋爱观教育，是指要对新时代大学生的恋爱进行正确的价值引导，帮助其树立正确的恋爱观。对大学生进行恋爱观教育，会对新时代大学生的恋爱和婚姻产生正确的引导作用。应当明确的是，新时代大学生的恋爱观还不够成熟，如果不对其进行正确的引导，那么很有可能会对其身心健康甚至是未来的生活产生重要的影响。因此，高校、家庭和社会面对大学生的恋爱观的问题时，要秉持理性的态度，帮助大学生树立正确的恋爱观。

第一，引导大学生树立严肃、专一的恋爱观。对新时代大学生进行恋爱观教育，要让其明白，恋爱并不是儿戏，而是一种责任和态度，要理性选择和对待。在恋爱的过程中，要学会容忍、宽容和体谅，这样才能实现共同进步。

第二，培养新时代大学生负责任和甘于奉献的爱情观。新时代大学生在恋爱中，要懂得恋爱更多的是一种责任和甘于奉献。

第三，培养新时代大学生志同道合的爱情观。新时代大学生在选择伴侣的过程中，其择偶标准应将共同的信仰和追求放在首位。应该明确，只有建立在共同思想品德、事业理想和生活兴趣基础之上的爱情，才能实现更好的交流，才能更加长久，才能经受住辛苦和磨难，从而最终获得更加美好的未来。

(二)网络道德教育

现在网络已经成为新时代大学生学习和生活的重要组成部分。网络在为大学生提供丰富的资源的同时，也产生了如沉迷网络游戏、网络交友甚至网络犯罪等问题。在新时代大学生思想政治教育过程中，很多教育工作者认识到了这一点，主动对大学生进行网络道德教育，及时纠正大学生因沉迷网络而导致的一些错误观念和行为，有利于大学生身心健康发展。

1. 网恋心理教育

网恋从目前社会来说较为普遍,并且有网恋行为的人群涵盖多个年龄段。在年轻人中发生网恋,已经变得很普遍了。

研究发现,大学生们网恋主要是为了"寻找精神慰藉"和"好玩"。热衷或沉迷于网恋,给一些青年大学生网民的学习和生活造成了较为严重的负面影响,并由此引发了一系列的社会问题。大学生思想政治教育者必须对大学生网民进行网恋心理教育和引导。高校要对大学生网民进行正确的恋爱和婚姻观的教育,应通过这种正面教育和引导使大学生网民正确地认识网恋及其可能造成的负面影响,树立正确的恋爱观,并在现实中能够正确地处理恋爱与学习的关系。

2. 网络文化教育

针对网络信息鱼龙混杂的状况,有必要去引导网络舆论环境,加强网络文化教育,用健康、科学的文化引导网民的思想和行为。网络文化教育包括:中华民族传统优秀文化教育、国情教育、人文科学知识教育和网络知识教育。中华民族传统优秀文化是我们中华民族生生不息的基础,其中的优秀伦理文化,更凸显民族的特色。面对互联网时代西方文化对我国人民思想侵蚀的进一步加剧,我们有必要在网络空间竖起中华优秀传统文化的大旗,通过净化我国网民的思想来净化网络舆论环境。由于互联网具有超国界性,网络受众过多地沉浸于互联网世界,久而久之会淡化国家与民族的观念,加上网上外来的信息汹涌而至,挤占了本国或本区域信息的位置和地位,从而可能使网络受众对自己的国家越发陌生,对国情了解得越来越少。因此,在网络上开展国情教育,是网络思想政治教育培养适应社会主义现代化建设重要人才的内在要求。

3. 网络安全教育

在当前高校及社会网络迅猛发展的新形势下,网络安全显得尤为重要,在新形势下如何保障网络安全已经成为人们普遍关注的问题。通常情况下,国家主要通过安全技术和法律手段来保障网络安全,但无论是安全技术还是法律手段,都存在其自身的局限性及滞后性。因此,越来越多的国家开始呼吁把教育也作为网络安全的重要对策之一,以最大限度地减少危害网络安全的人为因素。

(1) 要充分认识网络安全的重要意义

在当今世界,由于高度发达的信息网络越来越成为经济发展的重要支柱和动力，成为提高社会生活质量的基础设施，因而现在一个国家的经济安全越来越依赖于信息网络安全，而经济安全又直接关系着国家的安全。因此，网络安全对于一个国家整体安全状况有着至关重要的意义。当代发展中国家普遍面临着网络霸权的威胁，这些威胁既包括西方大国对发展中国家的信息运用的设防，也包括他们利用在信息领域的主宰地位，通过互联网上的电子邮件、电子报刊和一些音像作品及其他信息媒体展开的新一轮的宣传战、心理战，更严重的是他们通过技术手段对他国政府和个人进行肆无忌惮的监视和信息盗窃。

（2）要不断提高信息网络安全意识

长期以来，网络安全问题并没有受到人们的高度重视，网络安全意识欠缺。大部分网站在创立的时候或者在其发展历程中，更多地把焦点放在了网站的实用性和便利性的开发上，对网络安全问题丧失了应有的警惕性，以至于使网站在建成之后存在很大的安全隐患。所以，我们在看到我国信息网络快速发展的同时，还应重视全体网民的网络安全教育，不断提高他们的信息网络安全意识。

（三）国际素质教育

国际素质教育是全球化发展的必然要求，是实现大学生具有全球化视野和国际竞争力的最优途径，是培养创新型人才的重要方法，是造就国际化大学生人才的必然选择，多元文化视角下新时代大学生思想政治教育应当包含国际素质教育。新时代大学生国际素质教育应该包括适应全球化发展和国际需求的态度、知识、技术、思维、能力五个方面和层次的教育。

1. 态度

国际素质教育中的态度是指新时代大学生需要具备适应国际化战略发展要求的多种意识和态度，包括民族意识、世界意识、坚定中国特色社会主义方向意识、终身学习意识、了解世界文化意识、鉴别社会思潮意识等。民族意识是指大学生在国际交往、工作中需要知晓中华民族历史、优秀传统文化、传统美德，具有民族自尊心、民族自豪感、民族认同感，热爱祖国等；世界意识是指大学生在处理各种问题时能够充分考虑国际因素，关注科技进步，关心全球治理问题；坚定中国特色社会主义方向意识是指大学生在国际交往、工作中应坚持中国共产党领导，坚定社会主义共同理念，为中国特色社会主义国家谋取利益；终身学习意识是指大学生应具有事物是不断发展变化的认识，主动了解、接受、运用新事物，放眼全球，始终不断地学习不断地提高；了解世界文化意识是指大学生应该承认世界文化的多样性，主动了解世界各国，特别是文明发展程度较高国家的文化；鉴别社会思潮意识是指大学生在接触各种良莠不齐的社会思潮时应保持"去其糟粕、取其精华"的意识，始终保持正确的世界观、人生观和价值观。

2. 国际知识

国际素质教育中的国际知识是当代大学生所需的知识支撑，包括国际形势、国际政治、世界历史、国际礼仪、国际交往规则、国际基本法律知识、国际语言知识、宗教知识等。国际形势是指在国际风云瞬息万变的时代大背景下，新时代大学生应通过有效方式了解国际各种情况和大事件的发展变化，并能判断其发展趋势；国际政治是指大学生应了解和掌握世界各国，特别是主要大国的政治制度、政治现状、政治趋势情况；世界历史是指大学生应了解和知晓世界各国，特别是主要大国的历史情况，更好地了解和判断各个国家人民的思维习惯和价值取向；国际礼仪是指大学生在与外国人交往时，行为方式要尊重其习惯，避免因伤害其风俗信仰而造成误解；国际交往规则是指大学生应熟悉国际商务知识，通晓国际商务惯例，并能熟练运用和处理问题；国际基本法律知识是指大学生要了解和通晓基本的国家法律以及一些主要大国或业务交往国的法律知识；国际语言知识是指大学生应至少掌握一门国际通用语言，能够做到基本的听、说、读、写，能够与外国人进行流畅沟通；宗教知识是指大学生要了解不同宗教的教义教规，知晓不同国家、不同地区人民的宗教信仰状况，避免因宗教无知导致不必要冲突。

3. 先进技术

国际素质教育中的先进技术是当代大学生应具有的技术支撑，主要包括新媒体技术和专业知识技术等。新媒体技术在国际化主导下在一定程度上有超越国界的统一趋势，大学生应能了解互联网特征，掌握互联网技术，如熟练使用Office办公软件、网页制作软件、数据库统计分析软件等；专业知识技术是指大学生从事具体职业或行业所需要的专业知识技术，应确保自身专业知识技术能够与国际先进水平接轨。

4. 国际思维

国际素质教育中的国际思维是指当代大学生应具有的先进的思考问题的方式，主要包括竞争思维、合作思维、问题思维、战略思维、时间思维、媒介思维等。竞争思维是指大学生在从事国际工作、处理国际事务时应具有"国际一流、勇于担当"的积极精神，以保证在日趋激烈的国际环境中处于有利地位；合作思维是指大学生应将个人目标与团队目标紧密结合，并与团队成员并肩工作，形成巨大的团队优势；问题思维是指大学生应具有预见问题、发现问题、分析问题、解决问题的能力，将各种不利问题和矛盾解决在萌芽状态；战略思维是指大学生在国际交往、合作和工作中应具有战略眼光，考虑全局发展，拥有巨大的决策勇气和准确预见力；时间思维是指大学生应该具有短期、中期、长期的发展计划，在处理具体工作和事务中应该具有准确的时间观念，珍惜分秒；媒介思维是指大学生应该重视传播媒介的重要作用，将传播媒介作为获取重要信息的途径和开展工作的重要手段。

5. 国际能力

国际素质教育中的国际能力是当代大学生应具有的有利于促进工作开展、自身发展的各种能力，主要包括心理抗压能力、国际沟通能力、国际交往能力、批判创新能力等。心理抗压能力是指大学生面对激烈的国际竞争，要有良好的心理承受能力，能够自我或通过其他途径排解排除巨大压力，保持心理健康；国际沟通能力是指大学生能够站在他人的立场上思考问题，尊重他人，欣赏和听取他人的意见，以赢得对方的肯定，促进工作顺利开展；国际交往能力是指大学生能够以开放的态度了解、掌握、适应和参与世界多元化发展，并不断建立、维持和发展良好的国际关系；批判创新能力是指大学生在国际交往和工作中应具有分析判断能力，对不良现象要敢于批判，并能够创造性地开展各项工作。

(四) 荣辱观教育

荣辱观是人们对荣誉和耻辱的根本看法和态度，属于道德的范畴，是世界观、人生观、价值观的外在形式和现实表现，它集中反映了社会的价值导向、人们的精神状态和社会的文明程度。荣辱观古已有之，荣辱心人皆有之。我国古代的思想家历来十分重视荣辱观念，有"不知荣辱乃不能成人""宁可毁人，不可毁誉""宁可穷而有志，不可富而失节"等格言警句。"荣"即荣誉，"辱"即耻辱，两者相比较而存在，相斗争而发展。荣辱观具有历史属性，在不同的时代往往有着不同的社会内容。

在市场经济制度发展和完善的过程中，在中国人民努力构建和谐社会，建设现代化国家的进程中，胡锦涛提出的社会主义荣辱观回答了现实中诸多令人关注、亟须应对的问题，具有十分重要的现实意义。

树立和践行社会主义荣辱观是一项社会系统工程，不仅要靠广泛的宣传教育，也需要有针对性地提出各层各界、各行各业、各年龄段的具体要求，通过各方面的共同推进，形成合力。在大学生思想政治教育中加强社会主义荣辱观教育，就必须把社会主义荣辱观引入教材、引入课堂，纳入学校思想政治教育的全过程，渗透到学校教育的各个方面和环节。要立足基层，着眼实践，将社会主义荣辱观形象化、具体化、生活化，使受教育者觉得可感可触，可亲可信，可学可用，教育和引导广大青年学生从我做起、从现在做起，从身边事、眼前事、点滴事入手，做到知行合一、言行一致，防止出现"对下不对上、对外不对内、对人不对己"的倾向和"内心外表不一、言论情感不一、行为前后不一"的现象，使广大青年学生在参与中实现自我教育、自我约束、自我提高，使树立和践行社会主义荣辱观成为广大社会成员的自觉行动，形成社会主义荣辱观教育的长效机制。

第三节　新时代大学生思想政治教育方法的创新发展

一、新时代大学生思想政治教育方法创新的必要性

随着科学技术的进步、市场经济的发展、全球化进程的不断推进等，传统思想政治教育越来越受到前所未有的挑战，传统思想政治教育方法存在的种种弊端日益突出，需要进行改革和创新。

新时代大学生思想政治教育方法的创新，是时代发展和思想政治教育自身发展提出的必然要求。随着思想政治教育方法创新的不断推进，思想政治教育方法必将走出传统的困境，新的完整的、科学的、现代化的思想政治教育方法体系必将出现。

当今社会是一个飞速发展的社会，科学技术日新月异，人们的思想状况也发生着深刻的变化。在当代社会里，科学技术作为第一生产力全方位地影响社会发展进程。人们的时间观念改变了，人们获得信息的途径更加广泛，报纸、广播、电视、网络等现代化传媒，铺天盖地，使人们接受着大量良莠不齐的信

息，使传统思想政治教育的堵截围追式的方法和灌输方法受到了严峻的挑战；市场经济社会中，经济利益成了决定人们思想行为的主要因素，社会中的一切都仿佛经济化了，每一个人从出生到死亡都受到经济因素的制约，这与在计划经济下所形成的思想政治教育方法产生了尖锐的矛盾和冲突；在全球化时代，西方国家不仅在经济上渗入中国，而且也必然给中国人带来政治观念、思想意识等方面的巨大变化，这使得传统思想政治教育方法面临日趋严峻的挑战。时代发展为思想政治教育的方法创新提出了新的课题，思想政治教育的方法创新，也是思想政治教育对象的要求，新时代新形势下的教育对象已经不同于传统意义上的教育对象。

由于新时代大学生思想政治教育对象的广泛性，教育对象往往在经济状况、社会地位、知识水平等方面并不低于思想政治教育工作者，甚至在理论水平、道德水平和思想认知水平上也不亚于思想政治教育工作者。由于传统思想政治教育中的以灌输为主的方法，是以教育者的水平高于受教育者为前提的，因此，这种思想政治教育方法不适合用于新时代的教育对象。思想政治教育方法必须进行创新，思想政治教育的方法创新也是为了实现思想政治教育目标的要求。思想政治教育的目标是培养有理想、有道德、有文化、有纪律的，面向世界、面向未来、面向现代化的"三向四有"创新型的人才。这种人才不仅要有远大的理想，高尚的品德，广博的知识，坚定的信念，还要具有面向世界的开放意识，面向未来、面向现代化的发展和创新意识。传统思想政治教育的灌输方法无法培养出具有开放意识、发展意识、创新意识的现代新型人才。因此，为了实现思想政治教育的目标，必须进行思想政治教育的方法创新。

二、新时代大学生思想政治教育方法的创新趋势

新时代大学生思想政治教育方法创新趋势主要体现在以下几个方面。

(一)吸收和应用众多学科的研究成果，走向多学科整合

跨学科整合成为当今科学发展的重大趋势，不仅是内容的整合，而且也是方法的整合。思想政治教育方法的多学科整合就是指吸收包括伦理学、教育学、心理学等众多学科的研究成果，采用信息论、系统论等科学方法论，使之有机结合起来，形成现代化的思想政治教育方法体系。马克思主义伦理学提出的以理导人、以情动人、以行感人、以境育人的道德教育方法，为思想政治教

育方法的创新提供了丰富的理论源泉；现代心理学揭示了人的道德品质形成过程及人的能力性格等个性特征形成的途径和方法，为思想政治教育方法的创新提供了更强的针对性和可操作性；行为科学对人的共同心理和行为规律以及如何调动人的积极性、主动性、创造性等方面进行研究，在进行思想政治方法创新时值得充分吸收和认真借鉴。

(二)探索德育方法的成果，促进教育方法的创新

一方面，我们要重视自己民族的文化传统，消化吸收乃至弘扬传统方法。为此，要高度重视我党在思想政治教育实践中总结出来并被实践证明是行之有效的思想方法和工作方法，如实事求是的方法，群众路线的方法，批评和自我批评的方法等；要批判地继承我国古代以儒家为代表的教育思想和经验，如：注重道德品质的培养，知行结合起来的原则方法；因材施教、启发思维、循循善诱的原则方法；长善救失、防微杜渐的原则方法，以及重身教、重家庭教育及环境教育的原则方法；等等。同时，还应积极吸收当代西方的德育方法，如注重、尊重教育对象的人格和个性；鼓励教育对象自由选择及教育者与受教育者平等对话等。只有这样，才能使思想政治教育方法在继承与借鉴中得以创新和发展。

(三)寓教于乐，在生动活泼的活动中达到最大教育效果

运用寓教于乐的方法，要做到突出思想性。要有意识、有计划地将一个时期的思想工作内容，渗透和贯穿于各种形式或活动中，不能单纯为"乐"而"乐"。要把正确的健康的思想内容，渗透到群众喜闻乐见的形象化的娱乐性较强的活动中，要为人们提供优秀的"精神食粮"和良好的活动环境，创造有利于身心健康且生动活泼的教育形式，从而在丰富多彩、新颖有趣的形式中达到教育的目的。

(四)努力形成新的教育网络，实现思想政治教育合力的最大化

在新时代大学生思想政治教育工作中，要动员各方面的力量，主要包括实习单位、家庭和社会的力量，采取各种手段，通过各个渠道，密切配合，形成新时代大学生思想政治教育工作的合力。

然而，每个人的思想、行为与社会和家庭有着千丝万缕的联系，因此，还

必须借助于家庭成员的支持和配合。在现实生活中，有些人的思想问题在单位解决不了，而求得家庭成员的配合就解决了；社会方面的配合，主要是利用社会各界和各方面的力量，诸如文艺、教育界、宣传、理论界、机关、街道等组织，创造出催人奋进的社会环境和风气，提供有利于新时代提高思想觉悟、求知上进的条件。因此，要重视利用社会和家庭力量，以巩固与扩大单位和集体教育的成果。应注意的是，单位教育、家庭教育、社会教育在实施的具体方式上各有不同，要取得良好的思想政治教育效果，务必实现三者目标的一体化，并形成环环衔接的"教育环"努力做到齐抓共管、相互配合，从而形成思想政治教育的最大合力，以达到最佳的效果。

总之，新时代思想政治教育方法的创新，是时代发展和思想政治教育自身发展提出的必然要求。随着思想政治教育方法研究和实践的深入，新时代思想政治教育方法必将从传统的困境中走出来，一种完整、科学、现代化的政治教育方法体系必将出现。

三、新时代大学生思想政治教育方法创新的原则

思想政治教育方法，就是为了实现教育目标、传递教育内容，教育者对受教育者所采取的思想方法和工作方法。毛泽东曾经形象地说明了其重要性："我们不但要提出任务，而且要解决完成任务的方法问题。我们的任务是过河，但是没有桥或没有船就不能过。不解决桥或船的问题，过河就是一句空话。不解决方法问题，任务也只是瞎说一顿。"因此，科学的方法是保证思想政治教育有效性的关键。

我们过去的思想政治教育在推进人的发展上所运用的方法，主要通过集体教育、单向灌输、上课讨论等形式，方法比较单一，人的发展也不够全面、自由和充分，这就需要不断探索思想政治工作的新方法，把说理的、情感的、学习的、娱乐的、启迪的、熏陶的、家庭的、社会的、组织的、自我的、思考的、实践的等各种方法综合起来，将其融为一体，促进新时代大学生思想政治教育方法的创新，在创新的过程中，要始终坚持以下原则。

(一)科学性原则和疏导原则

进入中国特色社会主义新时代，传统的以灌输为主的思想政治教育方法，越来越不符合社会发展的要求，也越来越难以被教育对象所接受。因此，在当

前的思想教育方法实践中，哪些方法应该弘扬，哪些方法应该舍弃，哪些方法应该发展创新，其判断的标准在于它是否符合科学性原则。思想政治教育的科学方法就是以马克思主义的立场、观点和方法为指导，对不断变化和发展的新情况、新问题进行研究和总结，坚持真理，修正错误，适时地变更自己的活动方式，逐渐形成一套适合于思想政治教育的基本原则和方法，同时，它能够及时地吸收自然科学、社会科学和思维科学研究中不断涌现出来的新理论和新方法。如反馈方法、信息方法、控制论方法、系统论方法、协同论方法、耗散结构方法等，使思想政治教育方法逐步改变过去那种侧重于经验描述，忽视科学分析的落后状态。

疏导原则的基本含义就是要广开言路，让人们各抒己见、畅所欲言，并在此基础上通过循循善诱的说理教育，帮助人们坚持真理、修正错误，把人们的思想引导到积极、健康、正确的方向上来。贯彻疏导原则，一是要积极疏通，变单向灌输为双向交流，鼓励人们充分发表自己的观点和看法，倾听群众的呼声和意见，使思想政治教育过程成为教育者受教育者双向交流、互帮互学的过程；二是要善于引导，变硬性注入为启发诱导，讲清道理，但不代替对方作出结论；指明路途，但不强行牵着对方走。着力启发和引导人们运用科学的理论和方法去观察问题、分析问题，通过自身的积极思考和亲身体验，得出正确的结论和作出抉择。疏通和引导是密切联系、不可分割的关系。可以说，疏通是解决问题的前提，是引导的必要准备；引导是疏通的必然继续，是疏通的目的所在。如果不坚持疏通原则，则教育对象的错误思想就具有隐蔽性，问题暴露不出来，正确与错误分不清，引导也没有根据。相反，如果没有引导，而是任教育对象表现出来的思想和观点发展，错误的思想观点得不到纠正且会泛滥开来，不好收拾；正确的思想观点得不到支持和鼓励，缺少外部的促进作用，就不能带动更多的人向着正确的方向发展。因此，在思想政治教育实践中，必须坚持疏导的原则。

（二）自我教育原则

自我教育原则就是通过反省、反思、自我思想改造等自我修养途径，提高思想道德水平、理性思考水平；通过自我约束、自我控制和自我管理途径，增强自身把握正确方向的能力。我国著名教育家叶圣陶曾说过："教育的目的就是为了不教育。"这里的"不教育"可以理解为自我教育。自我教育是衡量教育是否有效的一个标志，又是思想政治教育最终的归宿。

开展自我教育，一是要把个体自我教育与集体自我教育紧密结合起来，在激发和引导受教育者自觉开展个体自我教育的同时，着力组织和指导受教育者的集体自我教育，提高全体成员的思想道德素质；二是要把自我教育与接受教育紧密结合起来，切实加强对自我教育的激励和引导。要引导受教育者确立高尚的人生理想，以激发起自我教育的意愿；要引导受教育者了解社会思想品德规范的要求，使其掌握自我修养的标准；要知道受教育者通过学习和实践，可提高其自我教育的能力，使其能够始终自觉按照社会要求严格规范自己。

今天，自我教育之所以重要，与人们的主体性的加强很有关系。社会处于开放的状态，人们的选择变多了，社会的规范性增强了，这些都为人的主体性的增强提供了条件，对自教自律提出了更高的要求。

(三)针对性和实效性原则

新时代思想政治教育的方法创新，要坚持针对性和实效性原则。针对性就是使新时代思想政治教育方法因人制宜，因时制宜，因地制宜，因事制宜，一把钥匙开一把锁，不搞一刀切。针对性，就是针对人的具体思想，采取不同的思想政治教育方法；实效性，就是即时效果或有用性。加强针对性是为了增加实效性，只有加强针对性，才能切实改变受教育者思想状况，提高其思想觉悟水平，收到思想政治教育的实效。是否具有实效性是检验思想政治教育方法成功与否的根本标准，没有实效性或实效性差的思想政治教育方法，无论如何也算不上是成功的思想政治教育方法。

新时代思想政治教育的实效性，主要指方法的可操作性、在实践中的可行性、产生良好结果的可靠性。实效性要求思想政治教育者具有高度的责任感，在实施教育的过程中不断根据实际效果，坚持运用已经被实践证明是正确的方法，纠正或修正在实践中被证明是错误的方法，以达到最终的教育目的。正如毛泽东同志所说："一个人做事只凭动机，不问效果，等于一个医生只顾开药方，病人吃死了多少它是不管的。"

总之，坚持针对性和实效性原则，选择正确的方法，争取最佳效果，是提高思想政治教育质量的必然选择。

(四)民主与平等原则

随着社会主义市场经济的建立,人们的自立、自强、自爱、自重等意识不断增强,平等竞争、独立思考等意识也不断得到强化。而且,大众传播媒介日益发达,人们获取的信息量越来越大,社会参与的机会也越来越多。因此,思想政治教育决不能采取"强迫式"或"硬灌式"的方法。实践证明,用这种方法强制人们接受思想政治教育,其结果只能流于形式,根本不可能解决人的思想问题,甚至会导致教育对象产生极强的逆反心理。因此,在未来的思想政治教育方法实践中,必须更多地采取启发、示范等疏导的方式,使教育者和受教育者能在平等的基础上,进行交流、增进了解,达到以情感人、以理服人的目的。离开了民主性原则,教育者和受教育者之间就很难架起相互信任的桥梁,教育者更难以深入了解、分析教育对象的思想,进而帮助他们逐步接受正确的思想观点,消除错误的思想认识。可见,民主性原则,是思想政治教育方法结果的要求。

充分发挥人民群众在思想政治教育中的主体作用,以民主精神、民主作风和民主方法开展思想政治教育。坚持民主原则, 是要尊重教育对象,尊重他们的情感、人格和合法权益,尊重他们的主体地位,尊重他们的兴趣和爱好,积极营造民主和谐的教育氛围。在教育、教学中把学生看作是有思想、有感情的活生生的主体,而不是一个知识的容器,不把自己的观点强加给学生,对学生进行正确评价、及时表扬和鼓励,信任学生,激发学生的求知欲望和浓厚的学习兴趣,增强学生的自信心,鼓励他们克服困难,发展个性,实现由"要我学"向"我要学"转变,为学生发展智力、提高能力奠定良好的基础。反之,如果师生之间情感不和,彼此厌烦,则会使学生灰心丧气,抑制学生个性的发展。没有个性就没有创造性。二是要平等待人,改变居高临下、以势压人、单向说教的教育方法,要加强教育者和受教育者双方的交流和互动,主动与受教育者交换意见、互相启发、互相帮助、共同进步。在日常生活中,要充分尊重和保障受教育者的工作权利、学习权利和政治上的民主权利,如选举权、被选举权、批评权、申辩权等,引导其生动活泼地、自由地发展。只有这样,才能创造出民主协调的气氛,教育者与受教育者才能消除心理差距,站在同一起跑线上。

(五)方向性和与时俱进原则

新时代思想政治教育方法坚持方向性,就是坚持社会主义方向,坚持共产主义的远大理想和目标。在中国特色社会主义新时代,坚持方向性就是高校要坚持社会主义办学方向,坚持以立德树人为核心。没有方向性的坚持,新时代大学生思想政治教育的方法创新就会迷失方向,偏离目标,导致整体上的失败。但是坚持方向性不是僵死地固守现有的条条框框,而应与时俱进,同不断发展的社会实践紧密结合。方向性和与时俱进是紧密结合融为一体的,方向性是与时俱进的方向性,而与时俱进则是在坚持方向前提下的与时俱进。

四、思想政治教育方法创新的基本途径

新时代大学生思想政治教育能否取得成效,关键是方法问题。方法得当,事半功倍;方法欠当,事倍功半,甚至劳而无功。新时代的思想政治教育工作必须改变传统的"一支笔,一张嘴"的单一模式,克服那种只讲大道理的传声筒式的教育方法,必须不断适应社会发展的新形势,抛弃不合时宜,不切实际的做法,努力实现思想政治教育从单一的、传统的方法向多样化的、现代化的方法转变,以求得思想政治教育的最佳效果。思想政治教育方法创新的基本途径主要有以下几种。

1. 传承和改革传统思想政治教育方法

在历史发展过程中,传统思想政治教育形成了一整套思想政治教育方法,如理论教育法(灌输法)、实践锻炼法、典型教育法(榜样教育法)、自我教育法、形象教育法等。这些方法曾经发挥过巨大作用,有些方法至今仍具有强大的生命力。但是如果把传统思想政治教育方法简单地套用到当代思想政治教育实践中去,却不会受到人们的欢迎。因此,必须赋予其生机和活力,使其适应时代要求。例如,传统思想政治教育方法中的灌输方法,在思想政治教育中就受到了怀疑。有人认为今天我国情况已发生巨变,人民特别是青年的文化知识水平有了较大提高,他们有相当的时间、精力、能力从事理论研究和概括工作,灌输方法无论在时间上还是在空间上都已过时,应用"独立思考""自我教育"来取代;也有人认为灌输是面向文化低的工人、农民的,对有较高文化的现代青年不宜再用灌输方法,而应用其他方法来代替。这些认识不无道理,但却是

片面的。当然，灌输方法确实存在强灌硬输、教条化、命令式、满堂灌的弊端，因此必须对传统灌输方法进行全面创新。

　　具体说来，应从以下方面进行创新。一是转变灌输理念。改变传统思想政治教育中的以教育者为中心的观念，而代之以受教育者为主体的观念，变单向灌输为双向互动式灌输，变强硬命令式灌输为疏导启发式灌输。二是更新灌输内容。要灌输马克思主义的基本原理，更要灌输创新的理论内容，比如习近平新时代中国特色社会主义思想这一马克思主义中国化的最新理论。灌输的内容应该与时俱进，富有时代特色和现实感召力，能够解决人们的思想和现实中出现的重大问题。三是创新灌输手段。不仅可通过传统的思想政治教育途径来灌输，更要大力提高灌输手段的现代化水平和信息化程度，充分利用新媒体、大数据等现代化科学技术手段，形成多层次全方位的灌输网络系统。马克思曾说过："理论只要彻底，就能说服人。"只要灌输的理论是彻底地代表了时代前进方向的正确理论，就一定能收到好的效果。

　　此外，典型教育法，榜样的力量是巨大的，雷锋、焦裕禄的形象曾激励了一代又一代人。传统思想政治教育非常重视树立先进典型的方法，几乎每一个时代都有典型人物，均收到了良好的教育效果。在当代社会，应该运用与时俱进的目光，重新树立典型的标准。雷锋精神固然有其永恒的意义，但从当代人的眼光看，由于时代环境不同，必须不断选树新的"时代楷模"。在建设有中国特色的社会主义事业中，在中华民族伟大复兴的进程中，我们应该从适应新的发展阶段的高度，特别是从代表先进生产力和先进文化发展的高度来树立典型，这样的典型才更有时代特色，更能深入人心。那些在中国特色社会主义建设事业中为国家富强和人民富裕做出巨大贡献的人是值得敬佩的，是具有感召力的。典型应该富有人情味和符合人性，典型不应该不食人间烟火、脱离广大人民群众的思想实际，要让人们看到，典型人物就生活在自己的身边，每个人都可以有能力学习典型。典型应具有永恒的意义，除了树立那些具有共产主义远大理想的人物，还应多宣传那些身处逆境仍自强不息、顽强进取的人物，那些表现了人类精神之光辉的典型人物。在新的时期，我们要给典型人物赋予时代特征，使其符合时代要求，以期达到思想政治教育的最佳效果。

　　2.吸收和借鉴相关学科及外国的先进方法

　　思想政治教育是一门跨学科多领域的边缘交叉科学，它必然也应该吸收这些学科领域的方法。例如，思想政治教育吸收心理学的方法，运用心理咨询方法回答人们思想心理中存在的问题，医治心理和思想疾病，可起到很好的思想政治教育作用。思想政治教育吸收法学的制度管理方法，把思想政治教育与制度的规范、激励、约束结合起来。在制度基础上解决人们的思想问题，通过健全制度来巩固思想政治教育成果，推进思想政治教育制度化建设，建立适应时代发展的良性运行机制，使思想政治教育有法可依，有章可循。思想政治教育还应该借鉴和吸收伦理学的品德修养方法及道德教育方法，借鉴吸收行为科学如何激发人的积极性、主动性、创造性的方法，人才学的人才发现和培养方法，教育学的教育方法，现代管理学管理方法等，它们都为思想政治教育方法创新提供了源泉。思想政治教育要把这些学科领域的方法整合创新为思想政治教育的方法，以优化思想政治教育方法。

思想政治教育还应吸收外国先进的思想政治教育方法。如美国麦道公司把中国的思想政治工作和日本的思想管理融为一体，设立了"思想工作部"来进行心理咨询工作，起到了很好的作用；日本也学习了中国的思想政治教育和中国的儒家思想，再加上日本的拼搏精神，构成了日本式的企业思想管理；美国及西欧国家主要利用榜样的作用，优秀文学作品和名人故事的影响作用，良好的师表作用教育人们。这些方法值得我们学习和借鉴。

3. 充分利用新技术新手段

科学技术的高速发展，使思想政治教育面临新的时代课题。要充分借鉴网络等新技术、新平台实现思想政治教育方法创新，必须致力于以下几点。

第一，更新观念，充分认识网络，以开放的心态正视互联网带来的挑战，努力掌握网络知识。

第二，利用网络，把握受教育者的思想脉络及其规律。

第三，运用网络，构建具有鲜明马克思主义观点的思想政治教育网站系统，大力开发思想政治教育软件，使之成为思想政治教育的重要渠道。

第四，利用网络多媒体技术，使新时代思想政治教育内容化抽象为具体，化枯燥为有趣，化不解为理解。应该认识到，网络时代给思想政治教育提出了更高的要求。

新时代大学生思想政治教育工作者必须努力掌握高科技技术，充分利用高科技技术，才能更好地完成思想政治教育任务。必须高度重视、充分研究、迅速占领和利用网络这一阵地和手段，开展网上讨论、网上问答、网上授课、网上谈心，开发生产思想政治教育理论软件，使网络成为大学生思想政治教育的重要阵地。另外，要加强网络法规、网络道德、网络文化的研究和建设，有效防范和打击网络犯罪，努力营造一个保证网络顺利、安全运行的优良环境。电视作为一种主要的大众传媒，其作用不能被忽视，我国不少人要通过电视接收信息，因此要多生产和播出具有教育意义、能激发人们正能量的电视剧，用优秀的作品鼓舞人；创办一些理论水平高，教育效果好，大学生群体喜闻乐见的专题片和访谈对话节目，如中央电视台的《焦点访谈》《实话实说》等，对人们进行教育；另外，一些公益广告要提高质量，加大力度；一些商业广告也可以具有思想政治教育的效果，如雕牌广告中的"妈妈，我能帮您干活了"，就不仅是一种广告艺术，还具有普遍的教育意义。

4.努力构建社会主义思想政治教育宏大系统工程

新时代大学生思想政治教育是一项系统工程，如果按其所涉及的社会范围和社会途径来划分，则包括家庭教育、学校教育和社会教育，三者构成了思想政治教育的一个复杂的综合系统。家庭是社会的细胞，是个人出生后的第一所学校，是个人成长的摇篮。家庭教育对人的成长至关重要。"孟母三迁""岳母刺字"的故事生动地说明了家庭教育的重要作用；《三字经》中"苟不教，性乃迁""养不教，父之过"也说明家庭教育的重要意义；现代大量统计数字表明，青少年犯罪往往与家庭的严重缺陷密切相关。当代中国社会中，家庭组织发生了变化，青少年独生子女增多。家长对子女往往是溺爱的，不利于他们健康成长；现代家庭的稳定性大大削弱，非正常家庭增多，也对青少年成长产生了不利影响。新时代大学生思想政治教育应高度重视这些变化，开办家长学校，进行家长教育培训，提高家长素质，以最大限度地消除不利因素，促进青少年健康成长。接受高校教育是青少年在成长过程中的重要任务之一，高校是有目的、有计划、有组织地向大学生传播社会规范、道德观念、价值观念及各种知识技能的关键场所。大学生要掌握一定的知识技能，掌握谋生的基本本领，也要塑造完美的人格，锻炼健全的体魄，为进入社会做精神上的准备。因此，高校教育是思想政治教育的重要环节。但是，目前高校也不是一片净土，它与社会之间的"围墙"几乎不存在了，社会负面现象对学生影响越来越大。因此，新时代大学生思想政治教育必须认真反思，重视学校思想政治教育，要加强思想政治教育的针对性和有效性，创新学校思想政治教育的形式，提高学校思想政治教育工作者的理论修养和实践能力，提高学校思想政治教育效果。

人，归根结底要在社会中生活。社会教育是家庭学校以外的教育，是人们通过单位教育、社会风气、社会舆论、社会活动等所接受的教育，这是一种最广阔的教育途径。随着信息时代、知识经济的来临，人们社会生活交往的范围进一步扩大，人们的社会联系和社会交往更加密切，社会教育的影响有超过家庭和学校教育的趋势。我们必须高度重视这一趋势，利用各种传媒和载体，如大众传播载体、互联网载体、心理咨询、管理载体，传播正确的舆论，引导良好的社会风尚，组织丰富多彩、形式活泼、健康有益的社会活动，提高新时代大学生思想政治教育效果。要特别注重加强群众性的精神文明创建活动和各种文化建设如企业文化建设、机关文化建设和社区文化建设，寓思想政治教育于文明创建活动和文化建设活动之中，使人民群众在潜移默化中接受教育，促进社会风气的好转。

总之，家庭教育、学校教育和社会教育是相互联系的，相辅相成的。家庭教育是思想政治教育的起点和基础，高校教育是大学生思想政治教育的主阵地，社会教育是家庭教育和学校教育的延展和补充，它反过来又影响和制约家庭教育和学校教育。只有把家庭教育、学校教育和社会教育互相结合起来，齐抓共管，使新时代大学生思想政治教育形成一个宏大系统工程，密切结合，互相促进，才能取得育人的良好效果。

第四节　新时代大学生思想政治教育载体的创新发展

思想政治教育总是要通过一定载体才能进行，载体是思想政治教育系统不可缺少的重要组成部分。教育目标的实现，教育任务的完成，教育内容的实施，教育方法的运用，教育主体和教育客体之间的互动等，都离不开一定的载体。因此，科学把握思想政治教育载体，并根据社会主义现代化建设的新情况和思想政治教育的不同内容，选择合适的载体，是加强和改进新时代思想政治教育的一个重要方面。

一、思想政治教育载体概述

(一)思想政治教育载体的含义

思想政治教育是思想政治教育者通过某些形式、手段向教育对象传递符合我国社会发展所要求的思想观念、政治观点、道德规范等内容,使其具备良好的思想道德素质的过程。在这一过程中,教育者需要选择一定的教育形式,如进行政治理论学习、参观、社会实践、文化建设等活动,并通过这些形式与教育对象进行互动,这些形式就是思想政治教育的载体。概括地说,思想政治教育载体是指承载、传递思想政治教育因素,能为思想政治教育主体所运用且主客体可借此相互作用的一种思想政治教育活动形式,如开会、谈话、理论学习、管理工作、文化建设、大众传播、精神文明创建活动等,都可以成为思想政治教育的活动形式,即思想政治教育的载体。教育者正是借助这些活动形式对教育对象进行教育并与其进行双边互动活动,从而达到一定的教育目的。

通过一定载体对人们进行教育,是思想政治教育的规律性要求。在实际工作中,思想政治教育者都会自觉或不自觉地用到某些载体,但并非每个教育者对载体都有明确认识。例如,有的人把党组织、工会、共青团及企业班组都看作是思想政治教育载体,称其为"有形载体",把家庭、社会环境称为"社会载体";有的人把人格、典型、实事列为思想政治教育的载体。这些观点值得商榷。我们认为,作为新时代大学生思想政治教育的载体,必须同时满足下列两个基本条件。

第一,必须承载新时代大学生思想政治教育的目的、任务、原则、内容等信息,并能被思想政治教育工作者操作。开会、办研讨班、大众传播等,都是活动的组织形式,只有当它们有了明确的思想政治教育的指向性,蕴含着思想政治教育的内容以后,才能成为思想政治教育的载体。例如,通过开会这种形式,教育主体可将思想政治教育内容或信息传递给教育客体,并适时得到反馈,因而开会可作为思想政治教育的载体加以运用。其他如谈话、管理等各种活动之所以被看作是思想政治教育载体,也是因为它们都可用来承载并传递思想政治教育内容或信息。事实上,它们也在这个意义上经常为思想政治教育者所运用。从这一意义上讲,把社会环境作为思想政治教育的载体是不恰当的。社会环境因素非常复杂,有些因素能承载并传递思想政治教育信息,且易于操作，可作为思想政治教育的载体运用；有些因素如社会经济状况、社会风气状况等则难以做这样的运用，因而不能作为教育载体。换言之，思想政治教育的载体与环境因素是可以交叉的，如大众传播既是社会环境的重要因素，又可作为思想政治教育的载体加以运用；而当我们从特定角度研究问题或开展工作时，它们的归宿又是明确的。但很多环境因素不能这样看，因为它们不符合思想政治教育载体的条件。因此，笼统地说，社会环境是思想政治教育的载体既不符合实际，又把思想政治教育的载体与思想政治教育的环境相混同了。至于家庭，作为社会的细胞，它是社会环境的一个因素；作为人类生活的一个微观组织形式，家庭的活动包括思想政治教育的内容，因而在某种程度上可看作是思想政治教育的一种组织形式，但无论从哪个角度都不能将其看作是思想政治教育载体。

第二，必须是联系教育主体和教育客体的一种形式，主客体可借助这种形式发生互动。思想政治教育过程不是教育主体单方面的活动过程，而是教育主体和教育客体共同参与、相互作用的过程。作为这一过程综合组织形式的载体，必须能给教育者和受教育者提供相互作用的空间。谈话、开会、文化建设等都符合这一特征。从这个意义上讲，党组织、工会、共青团及企业班组等都不是思想政治教育载体，只是主体，而党团活动、工会活动则可以成为思想政治教育载体。把党组织等看作思想政治教育载体，就会把教育主体和教育载体混为一谈，这就如同把思想政治教育载体和社会环境混同一样，是一种把思想政治教育载体泛化的倾向，会导致认识上的混乱，实践工作中的随意性。此外，人格、典型都只是某种理想、道德的表现或承载物，它们可作为教育因素被用来对人们进行思想政治教育，但其自身显然不能同时满足上述两个条件，不能看作是思想政治教育载体。

总之，只有同时具备上述两个基本特征的活动形式，才能将其看作是新时代大学生思想政治教育的载体，也才能被恰当运用。

（二）思想政治教育载体的作用

1.载体是思想政治教育过程的综合组织形式或具体的活动形式

思想政治教育过程是教育者根据一定社会的思想道德要求和受教育者的思想实际，对受教育者施加有目的、有计划、有组织的教育影响，促使受教育者产生内在的思想矛盾运动，以形成一定社会所期望的思想品德的过程。这是对思想政治教育过程的理论抽象，实际上，思想政治教育过程总是具体的，如对青年工人的职业道德教育，对大学生的理想信念教育等，都是一个个具体的思想政治教育过程。这些教育过程都要有一定的组织形式，而载体就是这样的组织形式。例如，对大学生进行理想信念教育，可通过马克思主义理论课、思想品德课、报告会、校园文化活动、参观革命纪念地、参加公益活动等多种不同的形式进行，这些形式就是思想政治教育载体。它们承载着思想政治教育的目的、内容、原则、方法，且教育主体和客体可借此相互作用，因而它们是思想政治教育过程的综合组织形式。没有这些形式，理想信念教育就无从进行。其他内容的教育过程或对其他对象的教育过程也都如此，都表现为一定的形式或者说通过一定的形式进行。换言之，载体是思想政治教育过程现实的具体的表现形式，不可或缺。没有载体，思想政治教育过程就无从展现。

由此看来，载体又是思想政治教育过程的具体活动形式。思想政治教育过程的实质是把社会要求的思想观念、价值观点、道德规范转化为受教育者个体的思想品德。这一转化无疑要通过一个个教育活动来逐步实现。例如，对大学生的思想政治教育，就是由有目的、有组织、有计划的多种活动，如"两课"教学、开会学习、座谈讨论、个别谈心、读书活动、社团活动、校园文化建设、参观访问、社会实践等所构成的。这些不同形式的具体活动就是思想政治教育载体，大学生的思想政治教育过程正是通过这些载体展开的。其他群体的思想政治教育无一例外，都表现为一个一个的活动，也都要借助相应的载体进行。

2. 载体是思想政治教育过程各要素相互联系的枢纽

思想政治教育是一个系统，其运行过程是由这一系统的诸多要素相互联系、相互作用构成的，也就是说，是教育者和受教育者在一定的教育目的的指导下，借助于一定的方法、手段相互作用的过程。教育者、受教育者以及包括教育目的、内容、原则、方法等在内的教育个体是这一过程的基本要素。在新时代思想政治教育过程中，这些要素是通过一定的形式相联结的，载体就是各要素的联结点。例如，对商业职工进行职业道德教育，教育的主体是商业企业的党组织以及思想政治工作者，客体是商业企业的职工，目的是提高职工的职业道德水平，内容是职业道德意识及规范等，原则有方向原则、民主原则、激励原则、示范原则等，方法有说理引导、榜样示范、自我教育等，将这些要素联系起来的是职业道德教育的一些具体形式，也就是教育载体，包括开会学习、企业文化建设、创建文明服务岗活动、严格的制度管理等。可见，在现实的思想政治教育过程中，教育主体、客体、内容、原则、方法等要素正是通过载体联结起来而相互作用的。换言之，思想政治教育的各要素一进入教育过程，就要通过一定的载体相联系。没有载体，思想政治教育过程就不能成为现实的运动过程。

(三) 思想政治教育载体的特征

思想政治教育载体同其他事物一样具有多重属性，从不同的角度可概括出不同的特征。本书主要是从载体与思想政治教育系统的其他因素相区别的角度，对其特征略作说明。

1. 客观性和主观性

客观性是指思想政治教育载体是与物质紧密相连的一种现实的活动形式，是一种客观存在，不是人们的主观臆造物。例如，大众传播是现代社会重要的思想政治教育载体，而大众传播的工具——报纸、书刊、广播、电视等都有其物质基础。其他如开会、企业文化建设、校园文化建设等，都是由一定的物质基础所支撑的思想政治教育的活动形式。没有一定的物质基础和技术条件，这些形式都将不复存在。从这个意义上讲，思想政治教育载体的客观性是明显的，正因为它是一种客观存在，才为思想政治教育者所认识、把握和运用。

主观性是指对思想政治教育载体的选择和运用体现了人们的主观认识，是一种主体活动。人们是否选择某种形式作为思想政治教育载体，虽然受制于其形式的性质和特征，但也明显地受到人们的思想观念和认识水平的影响。管理活动一直都存在，但在很长时间里，管理和思想政治教育是相分离的，并未被思想政治教育者自觉运用。直到 20 世纪 80 年代，人们认识到必须把这两者结合起来，管理因而进入思想政治教育领域；到了 90 年代，人们更进一步认识到通过管理进行思想政治教育具有独特的功能，此时管理才被人们作为思想政治教育的重要载体加以广泛运用。可见，思想政治教育载体除了具有明显的客观性特征外，还具有主观性特征。

思想政治教育载体的客观性与主观性是紧密相连的，这种联系突出地表现在确定和运用思想政治教育载体的过程中。一种形式是否可用作思想政治教育载体，不是凭人们的主观意志决定的，而是基于这种形式是否符合思想政治教育载体的条件，同时还要考虑社会发展的要求和教育对象的思想状况等客观条件，当然，人们对其认识的程度也在其中起作用。可见，在确定和运用思想政治教育载体时，客观性因素和主观性因素是联系在一起发生作用的，这是思想政治教育载体的一个突出特征。

2. 实践性和发展性

（1）实践性

思想政治教育载体的实践性表现在以下三个方面。

①它是思想政治教育实践的产物。开会、文化建设、大众传播等，都是在长期的思想政治教育实践中产生与发展的。这并不是说这些形式都不能单独存在，而是说作为教育的载体，它们都依存于思想政治教育实践，这种依存性表明了其实践性。

②它是思想政治教育实践活动的形式。

③它直接影响思想政治教育实践活动的成效。思想政治教育的成效受到多方面因素的影响，载体就是其中一个重要因素。如果载体选择恰当并得到较好的运用，思想政治教育活动就能顺利展开并取得好的效果；反之，就可能事倍功半，效果不佳。载体对思想政治教育实践活动效果的这种直接影响也是其实践性的表现。简言之，载体是思想政治教育实践活动的要素和方式，其产生以及运用都具有突出的实践性。

（2）发展性

思想政治教育载体的发展性是与其实践性紧密相连的一个特征，指思想政治教育载体是不断变化发展的。这种发展性突出表现在以下两个方面。

①思想政治教育载体的形式呈现出由少到多、日益丰富的趋向。过去，思想政治教育较多地运用开会、办学习班、理论学习、文体活动、报刊等载体，而今天除了继续运用这些载体以外，还大量运用了管理载体、文化载体，包括广播电视、计算机网络等在内的大众传播载体，以及难以计数的形式多样的活动载体等。可见，随着社会生活的发展和科学技术的进步以及新时代大学生思想政治教育实践的发展，新时代大学生思想政治教育的载体日益丰富且多样化，可供选择的载体也越来越多。

②许多思想政治教育载体的内涵也在不断发展丰富。例如，通过大众传播对人们进行教育，是党的思想政治教育的传统，但由于条件的限制，早期党的思想政治教育主要是通过报刊、书籍这样的形式进行，以后才有了广播，而在当时的历史条件下，其覆盖面不大。1949年中华人民共和国成立后，书籍、报刊、广播的覆盖面大大增加，其内容也日渐丰富多彩；20世纪50年代末，我国

出现了电视并在 80 年代得到广泛普及；90 年代以来，计算机网络在我国迅速发展，这些都使得大众传播的内涵与外延相较于过去得到了较大扩展，从侧面表现了思想政治教育载体的发展性。随着社会进步和思想政治教育实践的发展，更新更多的思想政治教育载体一定会不断涌现，已有的载体也会不断丰富完善。

3.承载性和传导性

承载性是指载体承载着新时代大学生思想政治教育的诸多要素如教育主体、客体、目标、内容、原则、方法等，并且是这些要素相互作用的形式特征。教育主体、客体、目标、内容等都是可以独立存在的教育要素，当它们独立存在、互无联系时，就没有现实的思想政治教育活动；只有当这些要素相互联系、相互作用时，才能产生现实的思想政治教育活动。载体承载着这些要素，是这些要素相互联系、相互作用的"场所"，是思想政治教育活动的现实表现形式。

传导性是与承载性紧密相连的思想政治教育载体的又一特征，它是指思想政治教育载体具有传导思想政治教育信息的功能。承载教育要素并不是思想政治教育载体的目的，承载只是为传导提供了前提和条件，向受教育者传导社会要求的观念、观点和规范才是思想政治教育载体的目的和主要功能。思想政治教育过程是一个以传导思想政治教育内容或信息为中心的过程，载体就是传导教育内容或信息的基本渠道。当载体承载着思想政治教育的各种因素并使其相互作用时，传导就开始了。也就是说，只有依托各种载体，思想政治教育者才能向受教育者传播各种教育信息，并引导其正确地接受这些信息。例如，各级各类学校正是通过思想品德课和理论课教学，向青少年传导系统的思想政治教育内容，并通过课堂讨论、撰写小论文、社会实践等形式帮助他们将这些内容活化。思想政治教育载体具有明显的传导性由此可见一斑。

二、思想政治教育的基本载体

思想政治教育的载体包括开会、谈话(心)、理论教育、党组织及群众团体组织活动等传统的载体，也包括管理、文化、活动、大众传播等新载体。下面主要详述新载体的情况。

(一)思想政治教育的管理载体

1.管理载体的内涵和确定依据

管理载体即"以管理为载体"之意,是指寓思想政治教育内容于管理活动之中,并与管理手段相配合,以达到提高人们的思想道德素质,规范人们的行为,调动人们的生产、工作、学习积极性的目的。管理载体是在新时期为思想政治教育者所明确认识并广泛运用的思想政治教育的基本载体之一。强调以管理为思想政治教育载体,并不是要改变管理固有的性质和功能,而是说要利用既有的管理渠道,在管理活动中渗透思想政治教育内容,运用思想政治教育方法,更加紧密地贴近人们的工作实际和思想实际开展思想政治教育,以取得更好的育人效果,同时也更好地促进各项经济工作及其他业务工作的开展。将管理作为思想政治教育的载体,是由管理自身的特征、管理与思想政治教育的内在联系以及思想政治教育自身发展的要求所决定的。

第一,管理活动的普遍性为思想政治教育将其作为载体提供了外在条件。管理是一种遍及社会生活各个领域的基本活动,与每一个人的工作和生活都有密切联系。思想政治教育具有广泛的社会性,其对象几乎包括所有的社会成员,相应地要求它所运用的载体也必须具有广泛的覆盖面,这样才能有效地对广大社会成员进行思想政治教育。管理活动正好具备了思想政治教育载体的这一要求,其普遍性为思想政治教育以其作为载体提供了外在条件。

第二,管理活动以人为本的实质为思想政治教育将其作为载体提供了内在依据。管理活动的基本内容虽然是协调社会(组织)内部的人力、物力和环境之间的关系,但其实质是调适人与人之间的关系,调动人的积极性,从而达到一定的目标,因而管理活动必须以人为本。思想政治教育以促进人的全面发展为己任,着眼于培养"四有"新人,人是思想政治教育的出发点和归宿。在此根本任务的规定下,思想政治教育的一个重要任务,就是通过各种教育手段协调人们之间的关系,充分调动人们的积极性、主动性和创造性以投身于社会主义现代化建设中。在这一点上,管理活动和思想政治教育活动有很高的契合度,其以人为本的实质是其成为思想政治教育载体的内在依据。

2.管理载体的特征和功能

(1)管理载体的特征

管理载体除了具有一般载体的特征外,还具有以下两个突出的特征。

第一，普遍性。思想政治教育的管理载体普遍存在于社会生活的各个领域、各个方面，与人们的工作、学习、生活息息相关，具有广泛的覆盖面。这一点在前面已有所涉及，这里不再赘述。

第二，制度化。从某种意义上讲，管理就是依据法律、规章、纪律对人与人之间的关系进行调适、对人的行为进行规范的过程；换言之，管理必须依据由法律、规章、纪律所构成的制度来进行。这就决定了思想政治教育的管理载体具有制度化特征，带有某种强制性。思想政治教育在运用这一载体时，不能对其进行随意变更，只能利用既成的渠道进行。

（2）管理载体的功能

第一，有利于更好地把新时代大学生思想政治教育与经济、业务工作结合起来。新时代大学生思想政治教育与经济、业务工作相结合，是党的思想政治教育的重要原则和优良传统，而以管理为载体便是把两者结合起来的最佳选择。一方面，管理活动需要思想政治教育的支撑。管理是提高经济、业务工作效益的重要因素，要使这一因素充分发挥作用，就离不开思想政治教育。在管理过程中，经济、行政乃至法律手段的运用，都需要思想政治教育的密切配合。如果新时代大学生思想政治教育深入细致效果好，人们对管理就会产生认同感，自觉遵守制度、法规、政策、纪律，从而使经济、业务工作秩序井然，顺利进行；而如果忽视了思想政治教育，人们认识不到制度、法规、政策、纪律的合理性、必要性，这些管理手段就有可能流于形式，得不到贯彻落实，管理的作用也就无从发挥。可见，在管理中坚持思想政治教育，是管理活动顺利而有效进行的客观要求。另一方面，新时代大学生思想政治教育也需要管理的支持。这是因为有效的管理是思想政治教育的重要基础。如果一个社会或单位管理混乱，人们的思想问题就会层出不穷，人与人之间的纠葛就会"剪不断，理还乱"，思想政治教育在这样的氛围中就很难产生良好的效果。因此，只有加强管理，思想政治教育才能更好地渗透到经济、业务工作实践中，切实促进经济、业务工作的开展。

第二，有利于对人们进行深入细致的思想政治教育，更好地提高新时代大学生思想政治教育的效果。以管理为载体，可以使思想政治教育更深入、更贴近人们的思想实际。例如，在要求人们遵守规章制度的同时，如果辅以爱岗敬业的职业道德教育、遵纪守法的法制观教育，就能更好地引导人们把各种规范及相应的观念内化，促使人们从被动遵守管理要求转变为自觉遵守。这样，职业道德教育、法治教育就落到了实处。同时，以管理为载体，可以及时有效地解决人们的各种思想认知问题。人的一生有很大一部分是在职业工作中度过的。人们在具体工作中产生的思想认知问题最多、最复杂，而这些问题往往首先反映在管理活动的过程中。以管理为载体，就能及时发现各种思想认知问题，实事求是地分析它们产生的原因，并采取措施予以解决，从而提高人们的思想认知水平，提高人们工作、生产的积极性，为管理工作的顺利进行提供思想基础。如果等到问题成堆时我们才发现，才去做思想工作，就有可能错过解决问题的最佳时机，降低思想政治教育的效果。

第三，有利于人们良好的品德行为习惯的养成。培养人们具有良好的思想品德及行为习惯是新时代大学生思想政治教育的重要目的，而运用管理载体有助于达到这一目的。管理活动客观上就具有一定的养成教育的功能，它通过一定的规章制度来约束、规范和协调人们的行为，从而促使人们养成良好的行为习惯。以管理为载体，即将思想政治教育渗透到管理中，就是自觉地强调并强化管理的养成教育功能。在管理用严格的制度、规章、纪律约束人们的同时，通过思想政治教育帮助人们认识和理解这些制度、规章、纪律的意义，就能促使人们从应该遵守它们变为习惯遵守它们。久而久之，人们就会将制度、纪律的外在要求内化为自己的思想品德和行为习惯，无须外来监督，人们的行为就会符合这些制度、规章、纪律的要求。从这个意义上讲，通过管理进行的思想政治教育可以看作是一种养成教育，即寓思想政治教育于严格的管理中，引导人们逐渐养成良好的思想品德和行为习惯的过程。

(二)思想政治教育的文化载体

1.文化载体的内涵和特征

(1)文化载体的内涵

所谓文化载体，即以文化为思想政治教育的载体，是指思想政治教育者充分利用各种文化产品并将思想政治教育的内容寓于文化建设之中。借此对人们进行教育，以达到提高人们的思想道德素质的目的。这一概念包含以下两层含义。

第一，发掘、利用既成的文化产品中的教育因素，发挥其思想政治教育功能。就具体的思想政治教育过程来讲，对这一部分文化产品主要是利用的问题，即发掘其内含的思想、道德、人格因素，运用其开展思想政治教育，以达到育人的目的。至于如何引导创作者在作品中弘扬主旋律，虽然从总体上讲，也在文化载体的论述之内，但那主要是属于文化建设的问题，而不是具体的运用问题。由此可以认为，文化的载体和这里所讨论的文化载体是有区别的。所有的人类创造物包括物质产品和精神产品，都是文化的载体，都凝聚着时代的价值观和规范，承载着一定的文化。而文化载体则是指思想政治教育利用文化产品来开展活动，如书籍本身只是包含了某些教育因素，并不是教育的载体，组织、引导人们读书，开展读书活动则是思想政治教育的载体。同样地，音乐、绘画、戏剧等作品也只是含有某种思想道德观念，其本身不是思想政治教育的载体，而组织人们欣赏、观看这些作品才是思想政治教育的载体。思想政治教育就是要注意发掘这些作品中的教育因素，引导人们在听和读以及欣赏、观看的过程中接受思想政治教育影响。

第二，将思想政治教育的内容渗透到文化建设中，通过文化建设过程感染人、教育人。我国的社会主义文化既通过文学艺术、新闻出版、图书馆、博物馆等文化事业表现出来，又通过群体文化如社区文化、企业文化、校园文化、村镇文化等表现出来。这些文化形式与人民群众的关系非常密切，对人的精神需求的满足和精神世界的发展具有非常重要的意义，因而有必要加大建设力度。以文化为载体，从大的意义来讲，就是把思想政治教育渗透到包括上述形式在内的文化建设中，使人们在不知不觉中受到教育。

（2）文化载体的特征

第一，形式的多样性。文化载体是对各种文化活动和文化建设的一个抽象的概括，其具体表现形式是多种多样的，既包括文学艺术、新闻出版、广播电视、卫生体育、图书馆、博物馆、科技馆等文化事业，又包括社区文化、村镇文化、企业文化、校园文化等。每一类都有许多具体的形式，如通过文艺事业这一载体对人们进行教育，就包括引导人们阅读文学作品，欣赏绘画、书法、音乐、舞蹈，观看电影、电视剧、戏剧等多种形式；校园文化可进一步划分为校园物质文化、校园管理文化、校园群体文化等。

第二，影响的全面性。文化产品、文化活动、文化建设等对人的影响是多方面的，当我们借助文化载体对大学生进行思想政治教育时，它对大学生其他方面的影响仍然是存在的。因此，文化载体对大学生的影响具有全面性，既包括价值观念和道德规范等方面的影响，又包括科学文化知识和专业技能等方面的影响，还包括对大学生的思维方式和审美意识的培养等，而且这些方面的影响往往紧密结合在一起，很难将其明确划分开。我们应该注意到文化载体的这一特征，将思想政治教育的内容与文化建设的具体内容紧密结合起来，以使其对大学生的全面发展产生更大的积极影响。

第三，影响方式的渗透性。所谓渗透性，是说寓于文化载体之中的思想政治教育内容，是在不知不觉、润物无声中影响教育对象的思想和行为的，教育对象往往"习焉不察"。这是文化自身的潜移默化特征的反映，文化对大学生产生着潜移默化的重要影响。作为新时代大学生思想政治教育载体的文化活动自然也具有这一特征，寓于文化之中的思想政治教育往往不是直接作用于教育对象的，它的作用常常伴随着文化自身的影响而潜滋暗长，对人们的感染和陶冶往往是在潜移默化中实现的。这是文化载体区别于思想政治教育其他载体的一个重要特征。

2. 文化载体的确定依据

(1)文化的内在特质和外在表征

新时代大学生思想政治教育的基本任务是要在中国特色社会主义新时代向大学生传播符合我国社会发展要求的价值观及相应的法律、道德规范，使人们的思想和行为向着社会要求的方向发展。文化的核心是价值观及其具体化的规范，其本身就蕴含着大量的思想政治教育信息，对人产生着思想政治教育方面的影响，因而文化具备作为思想政治教育载体的内在特质和依据。同时，文化是人类的创造物，普遍存在于社会生活的各领域，每个人的生存和发展都与文化息息相关，都受到文化的深刻影响。思想政治教育是面向全体社会成员的，其所运用的载体必须具有广泛的社会性；文化的普遍性特征为它作为群众性的载体提供了条件。

(2)社会生活方式和就业方式多样化的现实要求

改革开放以来，以大学生群体为代表的广大人民群众的生活内容、生活方式和就业方式等都发生了深刻变化，呈现出日益多样化的趋势。这种情况对思想政治教育载体的运用提出了新要求。人们生活方式的多样化以及思想的复杂化，要求思想政治教育摒弃过去那种整齐划一的教育方式，采取与人们的实际情况相协调的多种多样的教育方式，文化载体就是其中的一种重要方式。广泛开展丰富多彩、健康有益的文化活动并将思想政治教育有机地渗透到各种文化活动中去，既能满足人们精神生活多方面的需求，又能适应不同受教育者的思想实际而对其产生有效的教育影响。就业岗位和就业方式的多样化，表明过去那种仅仅依托企事业单位对人们进行思想政治教育的模式已难以适应新形势的需要,如对个体劳动者、流动农民而言,这种方式就覆盖不到,难以起作用;而文化载体正好可以弥补这一不足,通过具有广泛社会性的文化活动,就可以有效地对上述社会成员进行思想政治教育。可见,以文化为载体是我国社会发展的客观要求和思想政治教育的现实选择。

(3)有效进行思想政治教育的内在需要

思想政治教育的效果是多种因素相互作用的结果,其中,载体对思想政治教育的效果起着重要作用。因为载体是联结各要素的枢纽,对各要素之间的互动及其整体功能的发挥,以及对思想政治教育效果都会产生重要影响;而以文化为载体,无疑会使思想政治教育的覆盖面扩大,使人们在享受丰富而健康的文化"大餐"的同时,自觉或不自觉地受到思想政治教育的影响,从而提升思想政治教育的效果。

3.文化载体的功能

(1)增强思想政治教育的吸引力、渗透力

文化具有渗透性强、影响持久以及形象、生动、直观等特点。将思想政治教育的内容寓于文化活动之中,会使思想政治教育更加生动活泼,更具有吸引力,更容易为人们所接受;能更好地产生"润物细无声"的效果,使人们在不知不觉中受到其内容的熏陶。那些蕴含丰富的思想道德内容的优秀文艺作品及各种文化活动对人们强烈而持久的吸引力,以及对提高人们的人文素质和思想道德面貌的深远影响就说明了这一点。同时,文化的覆盖面非常广,影响到每一个人;以文化为载体,就能较好地扩大思想政治教育的影响面,使其在最大范围内发挥作用。

(2)全面提高人们的思想道德素质和科学文化素质

文化对人的影响具有全面性。将文化作为思想政治教育的载体,就是要充分发挥文化对人的全面影响,即在通过各种文化活动提高人们的科学文化知识素养和专业技能的同时,充分发掘文化所包含的思想政治教育资源,并赋予其新的时代内容,以此潜移默化地感染人、影响人,从而促使人们把一定的社会要求内化为自己的品德素质。可见,文化载体能满足人们全面发展的多方面需要,是把思想道德素质的养成和科学文化素养的培养有机结合起来的有效途径。

(3)形成与社会主义现代化相适应的全民一致的价值观

引导人们树立正确的价值观,进而在全社会形成符合社会主义现代化要求的大体一致的价值观，是当前思想政治教育的重要任务。以文化为载体，是完成这一任务的重要环节。文化的核心是一定的价值观，而就其心理机制而言，文化可以看作一定群体所形成的共同的心理程序，即群体成员对一定的社会刺激产生的类似反应。例如，在特定社会里，被文化所否定的事物和行为，必定为大多数人所鄙弃；被文化所肯定的事物和行为，必定为大多数人所追求。文化的这一机理显然有助于形成全社会共同的价值观。以文化为载体，将社会主义现代化所要求的价值观融入文化建设中，可更充分发挥这一机理的作用，使人们经过文化的熏陶，在社会生活的基本方面形成大体一致的价值观。

（三）思想政治教育的活动载体

1.活动载体的内涵和特征

思想政治教育活动载体是指教育者有意识地开展各种活动，寓思想政治教育内容于活动之中，使受教育者在活动过程中受到教育并提高思想道德素质。在活动这一教育形式中，受教育者在接受教育的同时也在直接践行教育要求，这是活动载体区别于其他载体的一个显著特征。教育者施加教育影响、受教育者接受教育、进行自我教育与实践教育要求在活动中有机统一起来。

作为思想政治教育载体的活动是指职业活动以外的一般的社会活动，如文化娱乐活动、社会服务活动、社会调查活动、参观访问活动、学习英雄模范人物活动、精神文明创建活动等，当然也包括围绕经济、业务工作所开展的各种有益活动等。大学生在社会生活中，除了在校参加学习活动外，还会参加大量的其他的社会活动，以满足自身精神文化生活和精神世界发展的需要。随着社会的发展和生活的多样化，大学生的闲暇时间相对较多，是很多社会活动的主体力量。在这种情况下，既要求新时代大学生思想政治教育必须重视大学生各种群众性活动的开展，善于寓教育内容于活动之中，学会运用活动载体进行广泛的教育工作，又为思想政治教育运用活动载体创造了有利条件。

思想政治教育活动载体的具体形式多种多样，每一个具体形式都有各自不同的特点，但总的来看，它们都具有以下共同特征。

（1）明确的教育目的性

与一般活动不同，作为教育载体的活动是围绕着思想政治教育目标而开展的，具有明确的引导性、组织性和目的性。教育目的性是将作为载体的活动和一般的活动区别开来的重要标志，也是我们判定某一活动是否是思想政治教育载体的标准。实践表明，只有明确活动载体的教育目的性，其思想政治教育功能才能得到发挥。

(2)广泛的群众参与性

作为思想政治教育载体的活动，其指导者是教育者，但其主体则是广大群众。广大群众积极主动参与，是教育活动顺利开展的基本条件，是思想政治教育落实到城乡基层的标志，也是实现活动载体教育功能的保证。

(3)突出的社会实践性

与思想政治教育的其他载体相比，活动载体的实践性最为突出，因为活动本身就是一种社会实践形式。一方面，活动就是实践和检验思想政治教育理论的过程。另一方面，活动是受教育者践行思想政治教育传播思想道德观念及规范的过程。在开会、谈话、理论教育等其他载体中，教育对象主要是接受教育内容；而在活动这一教育形式中，受教育者在接受教育内容的同时，也在直接践行这些内容，接受和践行是同时进行的。在活动载体中，接受和践行思想政治教育的内容是紧密相连、相互促进的。这既是活动载体实践性特征的重要表现，也是活动载体独特功能的体现。

2. 活动载体的确定依据

选择活动为思想政治教育载体是坚持马克思主义实践观的要求。马克思主义把实践看作是认识的基础和检验真理的唯一标准，他认为“社会生活在本质上是实践的”，强调实践活动在社会发展过程和社会生活过程中的作用。马克思主义的实践观启示我们，实践活动是人的发展的决定性因素。

选择活动为载体是对思想政治教育优良传统的继承和发展。通过各种活动对人们进行教育是思想政治教育的好传统。在过去各个历史时期，党都非常注意通过多种活动对党员、干部及广大群众进行思想政治教育，其影响广泛而深远。过去的做法主要是经验型的，活动方式也较单一。新时代大学生思想政治教育对活动载体的运用，既继承了思想政治教育的好传统，又有新发展，主要表现在：明确提出以活动为思想政治教育的载体；创造了大量的新的群众性精神文明创建活动形式，如“为您服务活动”、“青年志愿者”活动、“讲文明，树新风”活动等。这些活动有很多本身就是作为思想政治教育活动开展起来的，有明确的思想政治教育目的，蕴含着丰富的思想政治教育信息，因而效果明显。可见，新时期思想政治教育的活动载体无论是内容还是形式相较于过去都有较大发展。活动载体的新发展是思想政治教育与时俱进的重要体现。

　　选择活动为载体也是思想政治教育的内在要求。新时代大学生思想政治教育就是要培养大学生具备良好的思想品德并促使其外化为相应的行为，而良好的思想品德只有通过教育并在社会实践活动中才能得以形成和巩固，符合社会规范的行为也只有通过社会实践活动才能得以表现。新时代大学生思想政治教育的过程及其结果都离不开实践活动，这是新时代大学生思想政治教育的特点所在。活动是人们社会实践的重要内容，以活动为载体(即积极组织和引导人们参加各种社会活动，使人们在活动中逐渐提高自己的思想道德素质)，是促使新时代大学生思想政治教育顺利进行并取得实效的内在需求。

　　3.活动载体的功能

　　(1)活动载体能较好地使思想政治教育内容"活化"

　　思想政治教育有认知性的教育成分，因而通过理论教育、开会等形式集中地向人们传播思想道德知识是必要的；然而这些思想道德知识本身是一种实践智慧，来自人的各种实践活动。要让人们真正理解并内化这些知识，离不开实践活动：一方面，教育实践活动使思想政治教育内容得以生动、形象、具体地体现出来，使受教育者能够直接感知它，并将对教育内容的理性理解和感性认知结合起来；另一方面，受教育者在活动过程中是在践行思想政治教育内容，故会产生直接经验，能够更好地将教育内容活化。这样，思想政治教育的内容就可通过活动中的人和事活化起来，即变成活生生的现实图景，极大地感染着人们，使人们在不知不觉中受到教育，其思想道德素质会呈现一种潜滋暗长的态势。这种效果正是思想政治教育所要追求的较理想的效果。

　　(2)实现教育和自我教育的统一

　　思想政治教育过程是教育者和受教育者相互作用的过程，在这一过程中，教育者对受教育者提出的教育要求，最终必须通过受教育者自身内在的思想矛盾运动才能达到。只有受教育者不仅能正确认识和评价自己，而且能自觉地按照社会要求进行自我调节和控制，并主动向社会要求的方向发展时，思想政治教育的目的才算达到。这种"无教之教"应当是思想政治教育的理想形态。要达到这一状态，就必须帮助教育对象形成自我教育的机制，使其能够将自己作为一个"对象"去时时反省、改进和提高。以活动为载体，可以使受教育者在社会实践中获得自我反思、自我评价、自我学习的机会，从而提高自我教育即自我认识、自我监督、自我激励、自我控制、自我调节的能力。

　　不仅如此，活动载体还是教育和自我教育相统一的重要形式。把思想政治教育的内容有机地融入活动中，并积极组织广大群众参加各种活动，这是教育的过程；而群众在实践活动过程中，在受到感染，不知不觉地接受教育的同时，又会自我鉴别、比较、判断、取舍，从而提高认知，使自己的思想品德向社会要求的方向发展，这又是自我教育的过程。在活动中，教育与自我教育是密不可分、有机地统一起来的。

(3)使新时代大学生思想政治教育的客体主体化，有助于扩大教育面

在思想政治教育过程中，教育者处于主导地位，起着重要的引导作用。但教育者主体作用发挥的出发点和最终归宿都是为了更好地调动和发挥受教育者的主体性；只有调动起受教育者的主体能动性，教育才是成功的。不仅如此，受教育者的主体积极性调动起来后，就会对其他的受教育者产生教育影响，从而在一定程度上发挥教育者的作用。这就是思想政治教育客体主体化的含义。活动载体就具有这样的功能。参加各种活动的群众相对于教育者来说，是受教育者——思想政治教育的客体。他们在受到教育，使自己的思想道德素质提高的同时，又以自己的行动在感染、教育其他参与者或未直接参加活动的人，影响和改变着社会风气。这样，他们又在某种程度上扮演了教育者的角色，使教育面大大扩展。例如，"青年文明号""青年志愿者"等活动，使参加者的行为得到规范，文明程度得到提高，为人民服务的意识得到加强，同时，他们的优质文明服务，又会把社会主义精神文明带给更多的人，使广大大学生群体通过他们的服务活动受到感染，言行举止趋向文明化，社会风气也得以改善。

(四)思想政治教育的大众传播载体

1.大众传播载体的内涵和特征

思想政治教育大众传播载体，指思想政治教育主体通过各种大众传播工具向广大群众传导思想政治教育内容，使人民群众在接受众多的社会信息的同时，接受思想政治教育，从而全面提高自己的思想道德素质。这一概念包含两层意思：一是更好地制作、传播思想政治教育信息，使其内容正确、鲜明，具有时代特色，形式精彩、多样，不断出新，可有效地吸引广大群众；二是对广大群众的阅读、收听、收看行为进行积极的引导，包括有组织地开展读书活动，收听、收看重要会议、领导人讲话、英雄模范人物报告实况转播，看电影等，从而帮助人们更好地接受大众传播所传导的思想政治教育的影响。

大众传播载体因其使用的媒体不同，表现为许多具体的形式，如报刊、书

籍、广播、电视、电影、录音、录像、网络等。不同的形式具有一些各自不同的特征，但总的来看，它们都具有以下共同特征。

（1）覆盖面广

大众传播渠道多，报刊、广播、电视深入社会的每个角落，影响每一个人。特别是电子媒介的出现和普及，使大众传播的覆盖面进一步扩大。因此，通过大众传播进行思想政治教育，就能广泛地作用于社会各阶层、各群体乃至每一个人，使新时代大学生思想政治教育真正具有全民性。

（2）传播迅速，时效性强

大众传播媒介利用自身庞大的通信网络、先进的通信手段和熟练的通信技巧，正日益缩短信息传播所需要的时间，往往可以在事件刚一发生时就迅速及时地进行传播，甚至同步传播。这一特点有助于我们利用大众传播及时对人们进行教育，增强教育的时效性。

（3）影响具有增值性

新时代大学生思想政治教育的其他载体如谈话、开会等所作用的对象是个人或少数人，而大众传播同时作用于众多的人，因而教育内容一经大众传播，其影响便迅速扩大，呈加倍之势。一个先进模范人物的事迹，如果仅靠开会宣传，其影响所及可能只是某一单位或地区，但如果经过大众传播媒介报道，就可能扩散到全国。同时，我国的大众传播媒介尤其是由权威部门主办、历史悠久、享有盛誉的媒介往往具有权威性，大学生往往特别重视这些大众传播媒介所传播的内容，大众传播对大学生的影响因此而加强。这种增值性要求思想政治教育者要精心组织好教育内容，充分运用大众传播对大学生进行思想政治教育，以增强思想政治教育的影响力。

2. 大众传播载体的确定依据

大众传播的迅速发展及其影响的日益增长为思想政治教育将其作为载体提供了客观条件。改革开放以来，我国的大众传播迅速发展，已形成覆盖面较广、辐射力较强、较为完整的大众信息传播网络。几乎所有人的生活和思想都受到大众传播广泛而深刻的影响。大众传播工具的快速发展为日益社会化的思想政治教育以大众传播为载体提供了科技条件和物质基础，而其越来越大的影响力也要求思想政治教育必须以此为载体，对人民群众进行广泛的宣传教育。

第一，以大众传播为载体是继承和发展思想政治教育优良传统的要求。通过大众传播进行思想政治教育并非从现在开始的，而是思想政治教育悠久的传统，以大众传播为载体，就是对这一传统的继承和发展。这主要表现在：明确提出以大众传播为思想政治教育的载体；注重通过多种形式的大众传播开展教育，形成了全方位运用大众传播载体的格局；互联网逐渐成为新时期思想政治教育的重要载体。可见，新时期思想政治教育对大众传播载体的运用，既有对优良传统的继承，又有许多创造性的新发展。

第二，以大众传播为载体是更好地发挥大众传播的积极作用，抵制其消极有害影响的需要。在现代社会，大众传播为人们所提供的信息本身就包含着思想道德方面的内容，会对人们思想品德的形成和发展产生影响。但这种影响大多是自发的、无序的，既可能是积极的，也可能是消极的。以大众传播为载体，一方面要通过大众传播系统地向广大群众进行思想政治教育；另一方面就是要更好地协调和整合大众传播已有的思想政治教育因素，使其成为有效影响新时代大学生思想品德的一种力量。此外，我们应看到，我国的大众传媒是参差不齐的，在为新时代大学生提供有益精神食粮的同时，也有少数媒体传播了一些糟粕，对人们尤其是大学生产生着消极有害的影响。在运用其他手段抑制这些消极影响的同时，通过大众传播对人们进行思想政治教育不失为一个重要措施。通过各类传媒以丰富多彩的形式，向广大群众生动、直观地宣传马克思主义理论、党的路线方针政策、社会主义道德、民主和法制等内容，能帮助人们形成正确鉴别、选择大众传播信息的良好心理机制，提高分辨是非的能力，从而有效地抵制和消除大众传播中的消极影响。

3. 大众传播载体的功能

(1) 促进社会主义精神文明建设

大众传播可以把一国的生活思想规范传导给人民，具有引导人民形成共同的理想和目标，组织激励人民齐心干事业的作用。我国是社会主义国家，大众传播从根本上反映了人民的利益和愿望，可直接传达党和政府的声音。它的一个重要任务，就是要向人民群众宣传马克思主义理论、党的路线方针政策、社会主义思想及代表时代精神的新人新事。大众传播的这种广泛、深入、持久的宣传教育，对于提高社会主义精神文明水平，提高全体社会成员的思想道德水平，使广大人民树立中国特色社会主义的共同理想具有特别重要的作用。

(2) 满足人们社会化的需要，促进人们不断地与时俱进

在现代社会，人的社会化与大众传播之间的相互作用越来越突出。虽然在学校学习在今天仍然是人社会化的主要途径，但调查表明，绝大多数现代人接

触大众传播的时间要比在学校学习的时间多得多，因此他们对大众传播满足其社会化的需要也越来越迫切。同时，随着现代传播媒介的发展与普及，大众传播对大学生的社会化的影响也越来越大，其作用主要表现为：帮助人们获得消息，增长知识和技能；帮助人们形成一定的价值观及其制约下的规范体系；帮助大学生更好地学习和扮演社会角色等。总之，大众传播能较好地满足大学生社会化尤其是继续社会化的需要，而促进大学生的社会化进而促进大学生的全面发展正是思想政治教育的重要任务，通过大众传播施加以价值观为核心的社会化教育，有助于这一任务更好地完成。

（3）通过调剂人们的生活，提升人的精神生活品质

思想政治教育的一个重要作用就是满足人们精神世界发展的需求，提升大学生精神生活的品质。大众传播通过调剂大学生的生活，有助于这一作用的充分发挥。例如，通过大众传播，人们可以开阔眼界，了解外部世界许多有趣的事物；可以"游览"名山大川，领略异域风情；可以读小说、诗歌、散文等文学作品，听音乐，欣赏戏剧，看体育比赛、电视剧等，从中感受到快乐，得到休息；可以从大众传播的内容中感受到某种刺激，使单调的生活激起一点波澜，为平静的心灵增加一点亢奋等。这无疑会丰富大学生的生活，提高新时代大学生的生活质量，使人们得到多方面的发展。

（4）营造良好的思想政治教育氛围，强化新时代大学生思想政治教育效果

新时代大学生思想政治教育向人们传导的思想道德观念和规范，只有在社会生活实践中为各种环境因素所肯定、所强化，才能更好地被人们所接受并逐渐内化为个体意识，成为人们行动的指南。因此，优化社会环境，营造良好的教育氛围，就成为新时期思想政治教育的重要任务。大众传播是社会环境的重要因素，并且会对整个社会环境产生重大影响。只要大众传播长年不断地宣传社会主义核心价值，宣传反映时代精神的先进人物、先进事迹，鞭挞落后腐朽的事物，就能够形成积极强大的"舆论场"，由此带动社会风气的好转，社会环境的优化，从而为思想政治教育营造良好的氛围。同时，大众传播对先进思想的倡导，对先进人物的表彰，对先进事物的宣传，对不良现象的批评，对魑魅魍魉的揭露和抨击，会持续不断地作用于人们，使人们从中获得正面的经验和积极的体验，避免获得反面的经验和消极的体验，以进一步理解社会要求的正确性和合理性，从而强化思想政治教育的效果。

第五节　新时代大学生思想政治教育机制的创新发展

一、思想政治教育机制的含义

思想政治教育机制是指思想政治教育运行过程中各构成要素由于某种机理形成的因果联系和运转方式。它主要研究思想政治教育过程中思想政治教育现象的各个侧面和层次的整体性的功能及其规律，包括其运行所依据的原理和原则，运行过程的状况即运行中各个部分之间的相互作用以及和思想政治教育系统之外的其他系统之间的相互作用等。思想政治教育机制的主要含义：第一，它是思想政治教育各构成因素的总和；第二，它的功能是各相关因素功能的耦合，其功能的发挥依赖于各构成要素之间的相互衔接、协调运转，依赖于各类要素功能的健全；第三，它是一个按一定方式有规律地运行着的动态过程。不言而喻，把思想政治教育机制引入思想政治教育学的研究，是为了揭示和再现思想政治教育复杂、生动的过程。因此，它的立论重点并不在于分析思想政治教育系统，而是力图通过对思想政治教育系统动态运行过程的考察，对多因素、多变量的思想政治教育运动作一种整体的、动态的刻画，从而达到实现思想政治教育运行的最优化控制的目的。要加深对思想政治教育机制科学内涵的理解，还必须从机制自身的特点上来认识。

二、新时代大学生思想政治教育机制的基本特征

1. 目标性

新时代大学生思想政治教育机制的目标性体现了新时代大学生思想政治教育的目的性或指向性。它首先确定了思想政治教育机制的运行方向，即做什么、达到什么样的目标。这一目标不仅指示了在中国特色社会主义新时代，大学生思想政治教育各项工作的方向，也规定了思想政治教育应获得的结果，思想政治教育的具体目标是由总目标分解而成的，统一于总目标之中，思想政治教育工作应始终沿着目标所规定的方向开展。

2. 规律性

新时代大学生思想政治教育不是由人们主观意志所决定的，而是由其产生

和赖以存在的客观条件所决定的，受到新时代的物质生产条件的影响，因而具有客观必然性。思想政治教育机制是思想政治教育实际的客观反映，因此，在运行中必然呈现出许多规律性的特点。

3. 整合性

新时代大学生思想政治教育是一项复杂的系统工程，无论是其工作系统内部，还是与外部的联系，必须对其进行整体性的统一协调，才能使其处于一种良性运行状态，保证目标的实现。整合性特征是指新时代大学生思想政治教育机制具有的这种整体综合、统一协调的功能。思想政治教育机制的整合性功能，能协调各部分的行为，使之相互关联，相互促进，形成共同的着力点，产生整体大于部分之和的综合效应。同时整合性还体现在系统内部各个因素间的相互制约作用。

4. 能动性

新时代大学生思想政治教育机制的能动性特征，充分体现了新时代大学生思想政治教育系统具有自我约束、自我调整、自我完善的自觉性和主动性。建立、完善新时代大学生思想政治教育机制是一个随着客观情况及人们思想认识的变化不断深化、完善的过程，思想政治教育机制必然是在"适应—不适应—新的适应"的过程中前进的。

三、当前大学生思想政治教育体制和机制现状

(一)大学生思想政治教育合力还不足

首先，对人才培养目标任务的分割制约了"全员育人"的实现。大学生培养目标被人为地分割为智育和德育，学校的人才教育培养也随之形成两条线，分别由不同的学校领导分管，智育由教务部门执行，德育由思想政治理论课教学部门和学生工作部门执行。在德育内部，也被人为地分割为课堂内的思想政治教育工作和经常性的思想政治教育工作，这就导致学生培养无法在一个统一的思路和框架下进行。学校的教学、科研、管理等方面或多或少存在着与德育脱钩的现象。现有的体制无法有效动员教师、管理人员和服务人员开展工作，"全员育人"只能流于形式。其次，思想政治教育系统内的工作分割导致思想政治教育工作缺乏整体推进的动力。从系统的横向看，高校各思想政治教育工作部门独立制订工作计划，推动部门职能范围内的工作，缺乏彼此协作整体推进

思想政治教育工作的动力；从系统的纵向看，统筹、统管部门往往重视教育理念和教育规划，院系、班级往往更重视事务性工作任务的完成。这些因素都严重影响了思想政治教育系统内合力的形成，影响了大学生思想政治教育的效果。

(二)大学生思想政治教育工作机制不能确保职责落实完全到位

大学生思想政治教育工作机制不能确保职责落实完全到位的原因，一是现有的大学生思想政治教育机制缺乏工作职责有效落实的系统功能，不能确保高校内部的教育、管理、服务部门自觉履行大学生思想政治教育的职责；二是思想政治教育目标机制和规划机制尚未构建；三是思想政治教育过程控制机制和质量评估机制尚不成熟。

(三)思想政治教育制度保障机制还需进一步完善和落实

近年来，针对大学生思想政治教育的主渠道建设、校园文化建设、队伍建设等，中央有关部门分别制定了一系列的文件，有效地保证了大学生思想政治教育工作的顺利推进。但地区之间、高校之间在贯彻落实中央文件精神上不平衡，存在着较大的差异性，导致有些地方、高校不能确保政策到位、队伍到位、投入到位。如部分高校没有把教师教书育人的状况作为评聘教师职务的首要条件，教书育人的要求打了折扣；没有解决好辅导员评聘教师职务问题，影响辅导员工作的积极性、主动性、创造性；没有把开展思想政治教育工作方面的经费列入预算并加大投入，影响各项工作顺利开展，等等。

四、当前大学生思想政治教育机制存在的主要问题

1.大学生思想政治教育的目标和规划机制构建落实不到位

大学生思想政治教育向来被看作一项软约束的工作，高校领导和思想政治教育工作部门普遍感觉很难制订有效的目标和规划，导致工作计划性较弱。如学校的工作规划和年度工作要点中与大学生思想政治教育相关的内容往往都是务虚的。同时，随着学校分管领导或部门领导的变更，大学生思想政治教育的重点差异性非常大。因此，大学生思想政治教育目标和规划务虚导致院系和基层辅导员在开展工作的过程中缺乏明晰的目标概念和阶段概念，不利于大学生思想政治教育实效性的提高。

2. 大学生思想政治教育管理机制有待完善

当前，党中央和国务院高度重视高校思想政治教育管理体制机制建设，多次强调要建立健全党委统一领导、党政群齐抓共管、有关部门各负其责、全社会大力支持的领导体制和工作机制，形成全党全社会共同关心支持大学生思想政治教育的强大合力。仅就高校内部而言，近年来，随着我国高等教育事业的快速发展，高校的工作环境、工作内容、工作方式等都发生了深刻的变化，高校各级党政组织和群团组织都负责学生的思想政治工作，但是高校内部机构设置繁多、分工细致，各个实施机构只做自己分内的事，机构之间缺乏沟通和协作，即使做了工作，往往也只是注重形式、轻视效果，大多以开研讨会、听讲座形式代替实际行动。尤其是学校规模不断扩大，在校学生越来越多，大多数学校存在重视整体教育而忽视个体教育的现象。这些现象都使得大学生思想政治教育达不到预期的效果，并影响了大学生思想政治教育的实效性。

3. 大学生思想政治教育沟通机制不够畅通

加强和改进大学生思想政治教育是一项重大而紧迫的战略任务，要努力拓展新形势下大学生思想政治教育的有效途径。拓展沟通渠道、加强沟通与交流是大学生思想政治教育取得实效性的一个关键环节。新时代大学生思想政治教育的沟通机制至少应包含思想政治教育主体与客体之间、主体与主体之间、客体与客体之间三个方面的内容。实际上有些大学生不仅和家长缺少沟通，大学生与辅导员、同学之间，学校与家长之间都缺乏及时、有效的沟通，使得大学生思想政治教育无法深入到学生的心里，不能实现预期的教育目的。

4. 大学生思想政治教育保障机制不够健全

思想政治教育保障机制，是指保证思想政治教育活动得以正常、有序进行的必要的内外部条件，也称为思想政治教育"安全阀"。首先，由于缺乏物质和经费的保障，大学生思想政治理论课教学不得不以说教的方式为主，在教育教学方式、方法上缺少创新，在思想政治教育理论的研究上跟不上时代的发展。其次，在队伍保障方面，大学生思想政治教育人员配备不足。仅就高校辅导员队伍建设而言，有的高校辅导员与学生的比例十分不合理。辅导员忙于应对各种日常琐事，不能深入细致地分析大学生的实际思想状况，当然也就无法有针对性地开展好大学生的思想政治教育。

5. 大学生思想政治教育质量评估机制和过程控制机制不成熟

思想政治教育机制存在的一个重要问题是质量评估机制和过程控制机制还

不成熟。其一，大多数高校主要采用量化考核等硬性要求对学生进行评定，而不结合学生的思想实际对其作出科学的评价；其二，学校的评价人员往往是学校的领导、老师，忽略了对学生知之甚详的同学的评价；其三，评价大多重视课内知识的评价，忽视学生个人综合能力的评价；其四，评价方式过于陈旧、缺乏前瞻性，并且大多都是走形式，很难达到理想的效果。近年来，随着国家对高等教育质量的重视，大学生思想政治教育的考评也逐渐从工作任务的考评向质量评估转变，部分高校已开始探索建立思想政治教育质量评估的指标体系。从过程控制来看，如果将高校思想政治教育工作划分为教育类工作和事务类工作，目前的过程控制机制能够保证事务类工作得到有效执行，但教育类工作的推进控制得不到很好的保证。从质量评估来说，从工作任务的考评转向全面的思想政治教育质量评估还有很长一段路要走，其关键在于全面质量评估指标体系的构建。

五、新时代高校思想政治教育机制创新举措

思想政治教育机制包括多个方面，其中最主要的有管理机制、激励机制、评估机制、监督机制等，因此，思想政治教育机制创新也主要是指管理机制创新、激励机制创新、评估机制创新、监督机制创新等方面的内容。

(一)新时代大学生思想政治教育管理机制创新

新时代大学生思想政治教育管理制度的创新，主要是要充分运用管理载体，应从以下几方面努力。

1.提高思想政治教育者运用管理载体的自觉性

思想政治教育是我们党的政治优势，在长期的革命和建设中发挥了巨大的作用，被视为军队工作和经济、业务工作的生命线。但是，当党的工作重心由革命转向建设，尤其是改革开放以来我们以经济建设为中心，党的各级组织和其他社会组织都越来越重视管理工作，也加强了对管理理论的研究。相比较而言，思想政治教育则不为人所重视，被有意或无意地淡化甚至削弱。管理的决定因素是人，出发点和最终目的是人，核心对象也是人，而人是由思想意识支配的，思想政治教育就是专门解决思想意识问题的。从一定意义上说，没有思想政治教育，就没有完善的现代管理。

在实践中，很多国有企业表现出了运用管理载体的自觉性，创造出许多有

效方法，积累了很多经验，如"双文明工作法""一岗两责、干部轮岗"等。有的企业结合我国加入WTO的形势，结合自身发展面临的机遇和挑战，对员工进行爱国主义、爱厂精神教育；有的企业把抓思想放在抓产品质量的前面，认为质量是企业的生命，但质量意识是思想问题、责任心问题，开展现场开会、质量问题大讨论等活动，增强员工的社会责任感。相对而言，其他领域的思想政治教育运用管理载体的意识还不是很强。事实上，其他领域和行业的思想政治教育也完全可以充分利用管理载体。如对干部的思想政治教育可以以人事及行政管理为载体，对学生可以以教学管理为载体，对市民可以以社区管理、职能部门的业务管理为载体，对个体工商户可以以工商管理为载体等。加强和改进思想政治教育工作是时代的要求，只有充分地认识到管理载体的优越性，提高运用管理载体的自觉性，才能使管理载体得到普遍的、恰当的运用。

2. 提高思想政治教育者自身的素质

思想政治教育者自身的素质，是其工作取得成效的关键，是实现新时代大学生思想政治教育目标的重要保证。思想政治教育是一项政治性、思想性和实践性很强的工作，要求其从业者具备很强的综合素质，包括政治素质、道德素质、知识素养、心理素质、思想素质和能力素质等。政治素质是指社会主义的政治方向、鲜明的政治立场、坚定的政治原则和政治信念、优秀的政治品质及较高的政治水平；道德素质是指良好的道德观念和优秀的道德品质、道德习惯；知识素养是指马克思主义基本理论、思想政治教育的基本理论及相关学科诸如心理学、教育学、伦理学、政治学、社会学等学科的知识；心理素质是指坚韧的意志品质，良好的心性修养及广泛的兴趣爱好；思想素质是指正确的思想意识、科学的思想方法及严谨的思想作风；能力素质包括组织管理能力、分析研究能力、社交应变能力以及语言表达、总结概括能力等。

要想有效运用管理载体，思想政治教育者就应具备管理意识和组织管理能力，善于寓教于管。首先，要充分认识管理载体的现实意义，自觉地将自己的工作与管理结合起来，把管理作为加强和改进思想政治教育的一个重要途径和方式；其次，要有一定的管理知识，管理作为一种专业工作，有其内在规律，管理学就是专门研究这些规律的科学，思想政治教育者要运用管理载体加强管理基本知识及相关学科的学习；再次，要具备一定的社会管理、具体业务工作管理能力；最后，要善于寓教于管，在管理活动中贯彻教育意图，掌握在管理背景下开展思想政治教育的基本技巧。管理载体为思想政治教育提供了一种新形式、新途径、新平台，要求教育者善于利用管理资源，结合管理的程序、形式和过程开展思想政治教育，使管理和思想教育工作良性互动、共同提高。

3.提高管理者的综合素质

作为思想政治教育载体的管理是多领域、多层次的，涉及的管理者也多种多样：按其职责，可分为一般管理者和管理的领导者；按其位置和层次，可分为高层管理者、中层管理者和基层管理者；按其所管理的对象，可分为行政管理者、经济管理者、科技管理者、文教卫体管理者和军队管理者。

对管理者的素质要求通常强调能力素质，包括技术和业务能力、组织和指挥能力、影响和号召能力等方面，管理载体的广泛运用，要求管理者不仅要具备这些管理业务素质，而且要具备相当的思想政治素质、道德素质和教育能力。只有当管理者都具备一定的马克思主义基本理论知识，较高的政策水平，较强的政治责任感和敏锐性，较好的道德修养和思想政治教育意识，思想政治教育管理载体的运用才具备较好的前提。因此，对各级各类管理者的考察、选拔、培训、监督，都要在制度上加上这些素质要求。

有了人的素质，机制的建立和健全也是运用好管理载体的重要条件。

第一，要建立"一岗两责"制度，即各级各类管理者都要根据业务性质和工作分工，围绕"管什么，怎么管"确定其思想政治教育责任范围，明文规定其在完成业务管理的同时，必须承担思想政治教育任务。所有管理者一个岗位，两种责任，既抓业务又抓人头，实行双项考核，并以此作为干部奖惩任免的主要依据。为此，在思想政治教育组织管理体系上，各单位要完善垂直式领导和扇形管理交叉结合的模式，即由最高行政领导全面负责，自上而下垂直进行领导和管理的同时，保证本单位思想政治教育目标任务的完成。上下左右都建立思想政治教育机制，层层分解指标，形成层层相连、环环相扣、纵横交叉、互促互补、点面结合的组织管理体系；在"两责"落实的过程中，要实行目标管理，即把思想政治教育列入本单位发展目标和总体规划，逐年制订年度总目标，并分解出各部门、各岗位的分目标，年中进行跟踪监测指导，确保良性运行，年末进行目标评定，评定和评价目标要把定性与定量指标相结合，具体指标要明确且具有可操作性。

第二，要建立思想政治教育干部与业务管理干部定期交换轮岗制度，即在一定范围内，让思想政治教育干部与业务管理干部定期交换，在一定期限内，让思想政治教育干部去从事业务管理工作，让业务管理干部去从事思想政治教育工作。这样做可使思想政治教育干部有机会站在管理者的角度，熟悉管理工作，钻研业务技术，提高自己的管理能力；使业务管理干部有机会站在教育者的角度，理解和熟悉思想政治教育工作，提升自身的教育意识与能力。这一制度要求组织、人事部门加强考察和培养，尽量做到用人得当。同时，在干部的培养、训练方面，要在加强业务、管理素质培训的同时，加强思想政治素质、道德素质和教育能力的培养，使干部既懂业务管理又懂思想政治教育，在工作中能挑重担，促进教育与管理的有机结合。

4. 提高管理水平，改善和优化思想政治教育环境

思想政治教育以管理为载体，对各种业务管理的水平提出了特有要求。管理水平的高低，决定了管理载体的优劣，直接影响到思想政治教育环境的质量。

第一，管理以人的素质为核心因素，各种各样的业务管理工作，不管其直接对象是什么，对人的管理是其根本，因为任何工作最终是要人去做的。因此，管理工作需要以教育为基础，以教育提升人的素质，并且在管理实施过程中，继续着对人的教育。这种人的素质不仅包括管理对象的素质，也包括管理者的素质；这种教育不仅包括对管理对象的教育，也包括对管理者的教育。管理水平的提高，包含人的素质的提高，而人的素质的提高，既是思想政治教育的目标，也是优化思想政治教育环境的需要。

第二，优化管理，就是优化思想政治教育载体。科学规范的管理能够体现人本精神，把满足人的需要作为管理的目标，做到尊重人、相信人、团结人，充分调动人的积极性和创造性，同时转变思想、化解矛盾、理顺各种关系。这样，思想政治教育的内容就易于渗透，思想政治教育的目的就易于达到，管理的载体功能就更强。

第三，在一定意义上，科学规范的管理本身就是一种思想政治教育。科学规范的管理是制度的管理、民主的管理、体现公正与公平的管理，也是符合并尊重人的思想、行为规律的管理，这种管理是业务展开的过程，也是说服劝导、沟通交流、情感贴近、促使习惯养成的过程，显然，这也是一种教育过程。这种管理与教育过程可提升人的各种素质，理顺各种人际关系，营造民主、和谐、积极进取、同心同德的气氛，当然也就优化了思想政治教育的环境。

为了加强管理，促进管理机制的健全，社会发展、文明进步是个大前提，整个社会成员的基本素质和广大管理干部的能力素质是基本条件，加强管理理

论的研究、加强培训与交流是基本途径。这里面，思想政治教育是一个很好的促进因素，思想政治教育者要利用"一岗两责""干部轮岗"等机制，积极支持并参与各种管理过程，使管理走向制度化、规范化、民主化、科学化，逐步提高全社会的管理水平。这样，思想政治教育不仅可以管理为载体去教育广大群众，而且可以管理为载体去推动全社会管理水平的提高，为自身营造一个优良的教育环境。

(二)新时代大学生思想政治教育激励机制创新

新时代思想政治工作要正确对待人的需要，不仅要坚持以马克思主义的需要理论为指导，而且还应当正确运用激励机制。在科学发展实践中，学界对激励机制已有很多研究，且出现了与此相适应的三大激励理论，即内容型理论、过程型理论和行为改造型理论。内容型理论着重研究激发人的工作动机的因素，以美国著名心理学家马斯洛的需要层次论为代表；过程型理论着重研究从动机的产生到采取行动的心理过程，其中有美国著名学者亚当斯的公平理论；行为改造型理论着重研究如何改造和转化人的行为，变消极行为为积极行为的一种理论，主要包括美国著名学者斯金纳的强化理论。这些理论运用在实践中可具体分为外激励和内激励两种。外激励包括强制行为、外界压力和物质奖励；内激励着眼于人的内心世界，促使个人主动、创造性地达成目标。思想政治教育工作必须充分借鉴这些激励理论，充分发挥激励的作用。同时，我们还必须积极促进思想政治教育工作激励机制的创新。

新时代大学生思想政治工作中激励的方法是多种多样的，主要有目标激励法、强化激励法、榜样激励法和情境激励法。同样，思想政治工作激励机制的创新也就是这些激励方法的创新。

1.目标激励法及其创新

(1)目标激励法的含义

所谓目标激励法，就是通过设置一定的目标来激发人们的积极性的方法。目标，就是指满足人们需要的对象，也是调动人的积极性的有形的、可以测量的成功标准，或者说，目标是人们期望在行动中所需要达到的成就或结果。简言之，目标就是人们的行为目的。

就人的行为来说，需要是激发动机的内在条件，而目标则是它的外在条件，目标、需要和动机一起调节着人的行为。一般来说，当人的需要达到某种程度，而外界又有满足需要的对象(目标)出现时，需要就会立即转化为动机推动人的活动，使人向目标前进。从这个意义上说，目标是一种诱因，是一种外界刺激。目标设置，实质上是为调动人的积极性而提供的诱因。目标作为一种外在诱因，既可以是物质的对象，如产量、质量、利润指标或者工资、奖金、其他物质报酬，也可以是精神的对象，如达到一定的文化水平、技术水平或者得到一定的权力、地位、荣誉、知识等。

理想信念是一种远大的目标，是人生的精神支柱，是人的行为最有力、最复杂的动机，对人能产生强大而持久的激励作用。一个人的目标越高远，他的才能就能发挥得越充分。思想政治工作中的激励从根本上说，就是要帮助人们树立坚定的理想信念，在理想信念的鼓舞下，积极主动地投入到社会主义的伟大事业中去。同时，我们也要看到，近期可以实现的具体目标，对个人的激励作用更直接、更实际。因此，目标激励要把实现远大的目标与实现具体的目标紧密结合起来，使远大目标因具体目标而变得现实可行，使具体目标因远大目标而更具价值、更具激发力。

(2)影响激发力的因素

根据目标设置理论，目标对人的积极性具有激发力。影响激发力的主要因素为：

①目标价值。不同的目标对同一个人有不同的价值，人总是根据自己对目标价值的估算来决定值不值得为其努力；同一目标对不同的人有不同的价值，这是由于不同的人价值观不同，因而有的人愿意为此目标而努力，有的人则不愿意。

②目标可行性预期，即目标成功的概率。目标成功概率大，会增强人的信心和勇气，目标的潜在作用就大，反之作用就小。

③目标距离。目标激发力的大小，受目标与人之间距离远近的影响。一般时间和空间距离越近，趋向目标的力量越大，这类似于赛跑中的"冲刺效应"。研究表明，价值大的长远目标其激励程度高于价值小的近期目标，但目标太遥远，其激发力就会趋于微弱，故要对长远的大目标进行分解；在大范围内提出的目标因覆盖面过大，其激励作用较小，因此要将其分解成小范围的。

④目标清晰度，即目标的明确程度。目标清晰度高，对人的行为积极性的影响就大。

⑤目标后效。人们对目标实现后所带来的社会效益和个人效益的基本估计，将影响其行为积极性的大小。

（3）目标激励法的创新

要想实现目标激励法的创新，应从以下几个方面努力。

①注重设置有激发力的目标。注重设置有激发力的目标，具体来说，第一是目标要兼顾群体的需要和个人的需要，使人们能够把外在的目标转化为自己的内在追求。第二是目标要适当，应是经过一番积极努力方可达到的。目标不可过高，也不可过低：目标过高，使人感到高不可攀、可望而不可即，容易丧失信心；目标过低，轻而易举就完成，不利于发挥人的潜能。如果一个目标从多方面来说是"宏伟"的，但是在一段时间内根本没有实现的可能性，行为者也不可能从目标的实现中获得满足，由此而产生的激励力量同样是微弱的。第三是目标要有针对性，即针对激励对象不同的需要层次，设置不同层次的目标，来调动人们的积极性。第四是目标要具体而确定，尽可能量化，有可操作性，便于检查考核。

②目标激励的实施要循序渐进。任何事物都是不断发展的，都是阶段性与连续性的统一。目标激励需要根据对象的具体情况，善于将长远目标分解为若干较小的奋斗目标，引导对象循序渐进，先完成较小的目标，体验到成功的喜悦并进一步增强自信心后，再向下一个目标迈进。在实施过程中，如果遇到挫折，要帮助其分析引起挫折的原因，总结经验，给予必要的关心和鼓励。

③以内酬和外酬的方式促进人不断努力。当目标完成、有所收获时，目标完成的满足感同样可以促使人们继续努力，但这种继续努力必须通过一定的内酬和外酬才能获得满足。所谓内酬，是人获得的内在的满足感，如尊重感、荣誉感及自我实现的成就感，这是人的高级需要。所谓外酬，是指外在的奖励和表扬，只有通过一定的奖酬使人们获得满足后，才算是善始善终地完成目标激励过程。

2. 强化激励法及其创新

（1）强化激励法的含义

强化激励法是指通过对工作对象行为的肯定或否定，使其行为继续进行或停止的激励方法。

人的行为是一个连续不断的过程，在整个行为过程中，人需要得到不断的强化。无论是正强化，还是负强化，对于每一个人来说都是必要的。正强化是指对人们某些行为给予肯定和奖励，使这些行为得到巩固和保持，包括表扬和奖励两个方面。表扬是指表扬好思想、好作风、好方法、好经验和好人好事等，主要是口头形式；奖励中的精神奖励，则是将表扬用一定的荣誉形式固定下来，以激发人们的进取精神，满足其思想上的需要；奖励中的物质奖励则是通过满足人们一定的生理需要和物质需求，调动人们的积极性。负强化是指对人们某些行为给予否定和惩罚，使之减弱或停止，主要包括批评、惩处、罚款等形式，如"失败是成功之母""逆境励志"等也是负强化，即从失败中吸取教训，在逆境中磨炼意志，变坏事为好事。

（2）强化激励法的创新

强化激励要坚持正强化与负强化相结合，以正强化为主。正强化与负强化是强化激励的两个方面，一般以正强化为主导，以负强化为补充，适当搭配，相辅相成。在工作学习中，只要大学生有所进步，就应当鼓励；凡做出成绩的，就应当表彰；有所贡献的，就应该奖励。对于那些暂时处于后进状态的大学生，哪怕只有点滴的进步，也应当鼓励，给予表扬，促使其向先进转化。以正强化激励为主，是指表扬、奖励要比批评、惩罚多一些，以便更好地激发人们的热情，调动人们的积极性；但也不是盲目强调表扬和奖励，将激励等同于奖励。有时负强化产生的内疚心理和耻辱感，会获得比正强化更好的效果。古人说："知耻近乎勇。"知耻所产生的勇气，就是负强化的作用。

强化激励还应注意以下几个方面的要求：一是表扬和奖励应正确和公道，一视同仁；二是把握好正强化，对后进者的进步应及时给予表扬，使其增强信心；三是批评要掌握分寸，以理服人，避免引起抵触和反感，以便化消极因素为积极因素；四是表扬的范围宜大，批评的范围宜小，表扬批评的量都不宜过多，表扬过多则泛滥，批评过多则容易挫伤大学生的积极性。

3.榜样激励法及其创新

（1）榜样激励法的含义

榜样激励法就是通过先进人物的典型事迹和高尚的情操，激人效仿，催人上进的方法。

大学生的行为不仅受直接经验的影响，而且受观察的影响。大部分大学生的行动是通过对榜样的观察而习得的，即一个大学生通过观察其他同学或老师知道了该怎样做，这一被编码的信息在后来起着引导行为的作用。也就是说，任何大学生在社会生活中都会自觉或不自觉地学习、模仿自己心中的榜样。有了榜样，大学生就能够学有方向，赶有目标，会时时受到激励。榜样具有时代特色，代表了前进的方向。作为榜样的模范人物，其言行生动地告诉大学生，应当怎样做、不应当怎样做，提倡什么、反对什么。大学生耳闻目睹榜样的感人事迹，容易引起情感上的共鸣，从而产生教育、鞭策的作用，激发大学生去模仿榜样，使外在的榜样变成催人上进的内在力量。

（2）榜样激励法的创新

榜样激励法的创新，应注意以下几个问题。

①充分发挥思想政治工作者身体力行的表率和示范作用。

思想政治工作要真正说服人，一要靠真理的力量，二要靠人格的力量。所谓人格的力量，是指人的内在精神因素在实践中所产生的效应，这里是说思想政治工作者必须以身作则，言行一致，带头实现自己所提倡的人生追求的奋斗目标。人格的力量是一种非权力的影响力和号召力，其自然渗透有无限的张力，不受时空的限制，能通过震撼、感染、舆论、传播，使人产生敬佩、信赖、亲切感。在它的作用下，被影响者会心悦诚服地去效仿，因而它的影响和激励作用比那种带有强制性并由传统、职位、资历等因素构成的外加力而使人产生的敬畏感、被动心理、被动服从行为的影响更长久。古人云，"其身正，不令而行；其身不正，虽令不从"，强调的就是人格的力量。运用人格的力量要求思想政治工作者的言行举止具有强烈的示范效应和引导功能，成为有方向性和代表性的力量。如果思想政治工作者按自己在思想工作中所讲的道理去做，实现自己的诺言，使群众从他们身上看到人格的力量，内心里就会产生一种崇敬、佩服的感觉，行动才会变得自觉。因此，思想政治工作者应既立言又立行，时时、处处、事事用自己的模范行为为群众树立榜样，将真理的力量和人格的力量统一起来，形成无形却巨大的说服力、感染力、号召力和凝聚力。

②要树立先进典型。

人们常说榜样的力量是无穷的，榜样之所以能够引导人们的行动趋向一定的要求，做到与群体行为保持一致，是因为人们的行为普遍会受到模仿心理机制的影响，从而产生模仿行为。特别是人们对现实社会的知觉会受到替代经验——也就是通过大众宣传工具所看到的、听到的或读到的东西的影响。在思想政治工作激励过程中，进行榜样引导就是通过树立一定时期某一方面的榜样，进而大力宣传榜样的好思想、好品德、好行为，使榜样产生感染力和说服力，潜移默化地对人们产生影响，从而引发模仿行为，自觉主动地向榜样学习，形成比学赶帮、力争上游的氛围，推动各项工作的顺利开展。

树立榜样，应注意以下几个方面的要求。

第一，要树立适宜的榜样。榜样激励的有效性取决于两个方面：一是接受影响主体一方的特点；二是榜样本身的心理影响力量。一般说来，最重要的起主导作用的是榜样本身，影响力强的榜样通常具有能够引起他人效仿的各种特点。这就要求我们在树立和选择榜样时，除了必须考虑给不同的激励对象树立和选择不同的榜样，以切合他们的实际需要和思想特点外，更重要的是要努力使树立和选择的榜样具有先进性、典型性和可及性。所谓先进性，是指榜样人物的思想和事迹，要体现和反映共产主义的思想品德，代表社会向前发展的方向。是所谓典型性，是指榜样人物的先进事迹突出，优秀品德比一般人多，让人愿意学。所谓可及性，是指榜样人物的事迹是实实在在的，是常人经过努力完全可以办到的，且容易学、好模仿。如果变得高不可攀，那么这样的榜样，就难以引发人的模仿行为。当然，榜样也是人，不是神，也可能有这样或那样的缺点，但不以影响榜样的先进性和典型性为限度。

第二，要特别注意发现和培养具有共性、覆盖范围广的榜样。当榜样与人们处于共同的社会环境，有共同的需要和愿望，有大致相同的困难时，榜样的先进思想、典型事迹，更能引起人们的共鸣，更能启发人、教育人和鼓舞人。如雷锋的事迹和精神，不仅对当时的人们起了极大的激励作用，而且至今仍在激励着并将继续激励着人们去做好事。他的精神经久不衰，并被国外所宣扬。当然，对于各行各业来讲，其情况千差万别，人们的思想状况更是各有不同，可以按不同的标准，树立行业、单位的榜样。榜样应是多方面的、多层次的，使各方面、各层次的人们都有自己学习、模仿、追赶的对象。

第三，要重视榜样的时代性，不断推出新的符合时代精神的榜样。榜样不是固定不变的，也不是高不可攀的。发扬榜样的激励作用，就应分析榜样形成的条件，指明赶超榜样的途径，及时发现、培养和推广涌现出来的新人、新事、新思想、新经验，形成"长江后浪推前浪，一代更比一代强"的局面，使榜样能更好地激发人们的积极性。

4.情境激励法及其创新

情境即人所处的情形、环境。情境是人的生存和发展空间，既包括自然情境，也包括社会情境。情境直接影响着人的思想和感情，对人起着潜移默化的作用，而与情境相和谐、超越和驾驭情境则是人们在长期的社会实践中产生并培养出的一种内在的追求与动力。因而，利用情境因素能够激发人的不甘落后、奋发向上的积极精神。

情境激励法的具体方式是多样的，主要有民主激励、竞争激励和舆论激励。

（1）民主激励

民主激励是社会主义条件下独有的一种激励方法，社会主义民主本质是这一方式的前提条件，当家作主、享有民主权利是人们的一种强烈的社会归属感，对这一归属感的追求与满足能激起人们的主人翁意识，激起人们积极主动地参与社会、管理社会以及创造物质文明与精神文明。

（2）竞争激励

竞争激励是利用人们不甘落后的心理创造竞争氛围，来激发个体和集体奋发向上的进取精神，如评比竞赛就是一种竞争激励，在竞赛中，人们通过学习先进、赶超先进、帮助后进和相互学习，逐步树立为人民服务的思想意识，有着很好的效果。在发展社会主义市场经济的今天，有着激烈的竞争氛围。没有竞争，人们就无责任感、紧迫感、危机感，就没有压力和动力，竞争是催人奋进的号角，是医治懒散的法宝。

（3）舆论激励

舆论激励，也叫荣辱激励，它是运用社会公德、职业道德的一般规范，营造某种舆论氛围，使激励对象产生一种荣辱感。其主要方式是通过报纸、杂志、会议、墙报、广播等宣传媒介，对先进事迹进行表扬，对不良行为进行批评，从而达到弘扬正气、抵制歪风的目的，形成奋发向上、你追我赶的良好氛围。荣辱之心，人皆有之；趋利避害，人之常情。纵观古今中外历史，人们都是十分重视荣誉的，以至于有人把荣誉当作是第二生命。激励作为评价行为、肯定成绩、给人荣辱的重要手段，对于人们荣辱观念的形成起着重要作用。

（三）新时代大学生思想政治教育评估机制创新

构建一个科学、客观、可行的新时代大学生思想政治教育评估机制是思想政治教育评估工作的重要内容，没有科学完整的评估机制的思想政治教育评估只能是零散而不系统的一般评价活动，难以称为科学的思想政治教育评估。当前我国思想政治教育评估机制在一定程度上还不完善，需要进行创新，具体应从以下几方面努力。

1.完善新时代大学生思想政治教育评估体系的整体结构

(1)新时代大学生思想政治教育评估体系的组成部分

新时代大学生思想政治教育评估机制的创新，首先要求完善思想政治教育评估体系本身的整体结构。思想政治教育评估体系作为思想政治教育活动的重要组成部分，其整体结构的构建是一个庞大、复杂而又艰苦的系统建设工程。思想政治教育评估体系包括三个子系统：思想政治教育评估组织体系、思想政治教育评估指标体系、思想政治教育评估方法体系。这三个子系统在思想政治教育评估活动中处于同等重要的地位，不存在等级高低的问题。思想政治教育评估缺少其中任何一个子系统，都不能称其为一个完整的评估体系，也就不能执行任何的评估活动。但是它们又是相互联系的，它们的设计与构建活动是相互联系、相互作用与相互交错的。组织体系的构建涉及其他两个体系的设计人员的选配；指标体系的设计涉及评估方法的选择与设计人员的参与；方法体系的设计则涉及其他两个体系的顺利构建。

(2)明确和完善新时代大学生思想政治教育评估体系的内在联系

新时代大学生思想政治教育评估创新不仅要求完善思想政治教育评估体系本身的整体结构，还需要明确和完善思想政治教育评估体系的内在联系。

新时代大学生思想政治教育评估体系的内在联系是指构成整个体系的三个子系统之间的相互关系，正是由于它们之间具有很强的逻辑关系，所以构成了完整的思想政治教育评估体系。

①思想政治教育评估组织体系与思想政治教育评估指标体系的关系。

思想政治教育评估组织中的领导决策机构从宏观上确定了思想政治教育评估目标，思想政治教育评估目标是评估指标设计的首要基础，只有明确了评估目标，才能分解目标，把评估目标转化为具体的指标体系、指标集合与末级指标，而评估目标的确定是由思想政治教育评估组织中的领导决策机构所确定的。

在确定了思想政治教育评估目标之后，评估操作组织开始了指标体系的设计，评估操作组织中的设计组织的主要任务是分解目标，初步设计出指标体系；确定具体的操作方法与评估软件设计和测试；进行评估指标的实验从而完善和确定指标体系。

②思想政治教育评估组织体系与思想政治教育评估方法体系的关系。

思想政治教育评估组织中的领导决策机构从宏观上决定了思想政治教育评

估方法。所谓从宏观上，是说思想政治教育评估领导决策机构根据评估客体的不同，对思想政治教育评估方法的选择从政策、方向及重点方法等方面进行了决策与确定。这里所说的评估客体的不同主要是从评估客体所处的工作领域等对评估客体有特殊性质规定的角度来讲的。譬如，当思想政治教育评估客体是解放军战士时，领导决策机构对方法的确定就与评估客体是大学生不同。

评估管理组织对思想政治教育评估活动具有计划、组织、调控和反馈的管理职能。计划职能是思想政治教育评估决策的落实过程，它为实现评估目标服务，是评估管理活动的桥梁，是其他组织管理活动的基础；组织职能的作用是保障思想政治教育评估活动良好运行，这里的组织职能不是广义上的组织管理，而是对思想政治教育评估活动运行环节、步骤的安排，是计划职能的落实；调控职能是保证思想政治教育评估计划与实际工作动态相适应的管理职能，有效的调控可保证各项评估活动朝着目标前进；反馈职能是指整个思想政治教育评估活动中所有信息的相互交流，包括计划信息、组织信息、调控信息的输出与回应信息的输入，方法设计、指标设计的信息向管理组织的输入与回应信息的输出，等等。

思想政治教育评估组织的这些职能决定了思想政治教育评估管理方法应该包括计划管理方法、组织管理方法、调控管理方法与反馈管理方法。同样，思想政治教育评估操作组织决定了其相对应的评估操作方法。

③思想政治教育评估指标体系与思想政治教育评估方法体系的关系。

思想政治教育评估指标体系与思想政治教育评估方法体系设计之间的联系是间接联系，中间媒介是思想政治教育评估组织体系。思想政治教育评估指标体系的设计一方面涉及指标设计方法选择、权重的确定方法选择、评估专业方法选择等方法问题；另一方面，涉及在指标体系设计过程中出现的相关管理方法问题，而这些方法问题的解决是以思想政治教育评估组织体系的相关部门、人员作为介质来完成的。

2. 完善思想政治教育评估组织体系

思想政治教育评估机制的创新，除了要有完整的思想政治教育评估体系结构，还要求不断完善思想政治教育评估组织体系本身。

思想政治教育评估组织体系是思想政治教育评估活动顺利、有效开展的组织保障。在思想政治教育评估中，由于制约和影响思想政治教育评估工作的因素很多，评估组织的完善与否，对评估结果有很大的影响。因此，为了作出客观准确的评估，一个基本的前提条件是必须首先做好思想政治教育评估组织体系的构建。

(1)思想政治教育评估组织体系的含义和特征

按照现代管理学的理解，思想政治教育评估组织目标是对思想政治教育领域中某个评估客体进行价值判断。据此，思想政治教育评估组织体系可以理解为，它是指在思想政治教育评估活动中从事不同活动的各个评估主体，为了实现某项价值判断而组合起来协调行动的集合。从动态角度来说，思想政治教育评估组织体系是一个由评估领导决策机构统领的，由评估管理组织与评估操作组织具体运作评估活动的系统组织，它是一个动态地反映评估外在环境要求，有效地积聚新的组织资源要素，同时协调好组织中各个子系统之间、人员与任务之间的关系，有效地保证组织活动的开展，最终保证思想政治教育评估目标实现的组织体系。

通过对思想政治教育评估组织体系的含义进行分析，可以总结出思想政治教育评估组织体系具有四个特征，即调控性、规范性、分权性、复杂性。调控性，是指由于思想政治教育评估计划与实施之间的不完全一致性而需要评估管理组织进行动态适应的特征；规范性，是所有组织存在运行的纪律保证；分权性，是相对于集权性而言的，集权性表示组织中的决策权力主要集中的组织高层，反之，若下层组织人员具有更多的决策权力时就是分权；复杂性，用于描述思想政治教育评估组织体系内部的专业划分程度，以及组织人员之间、组织子系统之间存在的差别。

(2)完善思想政治教育评估组织体系的构成要素

完整的思想政治教育评估组织体系主要包括以下几个构成要素。

①思想政治教育评估组织目标。思想政治教育评估组织目标是对思想政治教育领域中某个评估客体进行价值判断的体现，它是思想政治教育评估的方向与具体内容，是由评估领导决策机构制定的，并由不同层次的子目标系统构成。

②思想政治教育评估组织成员。思想政治教育评估组织成员是组成思想政治教育评估组织的一定数量的个人的有机集合体，这些个人在评估组织中从事着不同的工作。思想政治教育评估组织成员包括：一是评估领导决策人员；二是评估管理人员；三是评估操作人员。他们在思想政治教育评估组织体系中从事着不同性质的工作。

③思想政治教育评估组织活动。思想政治教育评估组织活动是指为了实现思想政治教育评估组织目标而进行的一系列相互关联的有组织的系统行为。它的活动按评估主体的不同，分为评估领导决策活动、评估管理活动和评估操作活动，这三个活动构成了思想政治教育评估过程中的全部活动。

④思想政治教育评估组织资源。思想政治教育评估组织资源是指开展思想政治教育评估活动所需要的一切物质条件和精神条件，它是思想政治教育评估顺利开展的基础保证，具有可开发性、有用性、有限性和层次性等特征。思想政治教育评估组织的资源包括评估信息、评估的物质条件，以及获取评估信息和评估物质条件的手段。

⑤思想政治教育评估组织环境。思想政治教育评估组织环境是指思想政治教育评估组织所面对的一切外部客观存在。思想政治教育评估的活动必然会与外部存在的其他组织发生各种联系，一方面，外部环境会影响评估组织的活动；另一方面，评估组织也会利用自己的活动去影响和改造外部环境。

(3)完善思想政治教育评估组织体系设计的任务

完善思想政治教育评估组织体系设计的任务是指设计清晰的评估组织结构，规划和确定组织各子系统的职能及范围。为了达到评估组织体系设计的理想效果，组织设计者需要完成以下几项工作。

①评估职能的分析与设计。思想政治教育评估组织体系设计的第一职能组织是评估领导决策机构。领导决策机构在确定了评估目标之后，组织设计者将总的评估目标进行层层分解，分析并确定完成子目标需要哪些基本的职能组织，然后设计和确定组织内从事具体管理工作及从事评估操作工作的各类职能组织及各组织人员的类别与数量，分析每位组织人员应具备的资格条件，应享有的权利范围和应负的职责。

②评估组织子系统的划分。所谓评估组织子系统的划分，是指在思想政治教育评估组织中各职能分析设计的基础上，根据所有的评估人员所从事评估工作的内容、性质的不同，以及他们之间的相互关系，按照一定的原则，将所有组织人员合成若干个相互联系的评估组织子系统。

③评估组织体系的最终形成。在前两项设计的基础上，对初步设计的各个组织子系统与人员的职能进行必要的调整，使组织机构合理。确定各个组织子系统之间的职责、权限及义务关系，制定出组织活动的规章制度，最终形成一个完整的网络。

(四)新时代大学生思想政治教育监督机制创新

思想政治教育政策、思想政治教育行政制度、思想政治教育具体制度和思想政治教育人才培养和管理制度，主要解决的是为什么要做和怎样做的问题，这主要依赖管理机制和激励机制的创新和不断完善；而思想政治教育过程中还要解决做得怎么样的问题，这除了要依赖于建立和完善思想政治教育的评估机制，进行评估机制的创新外，还要求建立和完善监督机制，推进思想政治教育监督机制的不断创新。推进思想政治教育监督机制的创新，主要应从以下几方面努力。

1.建立目标监督实施的责任制

责任制应包括"四定"：定职、定责、定权、定效。不但要明确新时代大学生思想政治教育监督机制的职、责、权、效，而且要把它们统一起来，保证事事有人管，层层落实。其中的效，既是思想政治教育监督的出发点，又是落脚点，监督思想政治教育的根本目的是增强思想政治教育的效果，所以，职、责、权、效中的效是核心，是关键，必须紧紧围绕它进行思想政治教育监督。

2.制定保证政策落实的监督措施

措施要具体、可行、有力，并突出重点。措施条款虽然很多，但若没有主次之分，就很难起到相应的保证作用。

3.健全思想政治教育监督组织保障机制

进行思想政治教育监督的有上层力量、中层力量和群众力量；有专职人员力量、兼职人员力量和群众团体力量；有无意识监督力量(如公众评价)和有意识监督力量(如舆论导向、大会报告、开会讨论)。要以专职的思想政治教育监督领导和工作人员为核心，发动广大群众，组成监督大军。

此外，为促进新时代大学生思想政治教育监督机制的创新，我们还要在思想政治教育监督实施过程中，不断完善反馈系统。专职领导和工作人员，要经常深入监督对象，深入思想政治教育实施过程，去了解目标实施的情况掌握目标实施的进程，同时还应充分发动兼职人员、管理对象，及时反馈思想政治教育实施的种种信息。通过收集信息，分析信息，处理信息，监督和控制目标的实施，排除干扰，保证思想政治教育目标的顺利实现；或适应新情况，及时调整目标，使目标不断完善，从而保证思想政治教育沿着正确的目标前进。同时，在新时代大学生思想政治教育监督制度的实施过程中，监督主体要更新观念，转变作风。要从封闭型监督转为开放型监督；从具体任务型监督转为目标导向型监督；从分制型监督转为民主型监督；从集权型监督转为分权型监督；从孤军奋战型监督转为群策群力型监督；从单纯的过程监督转为过程和效果结合并注重效果的监督。只有这样，才是科学的思想政治教育监督机制，才能实现思想政治教育监督机制的创新。

第六节　新时代大学生思想政治教育管理的创新发展

一、思想政治教育管理的相关概念

(一) 思想政治教育管理

思想政治教育管理是学校思想政治教育工作的有机组成，核心是管理的有效性问题或实效性问题。

一般来说，思想政治教育管理主要包含以下几个方面。

第一，指明了思想政治教育管理活动的依据是思想政治教育目标和思想政治教育工作的规律。

第二，指出了思想政治教育管理的手段和任务是通过决策、计划、组织、指导和控制，有效地调节和利用思想政治教育系统内外关系以及各种直接或间接的影响因素。

第三，思想政治教育管理的结果能不断地促进思想政治教育系统目标的实现，揭示了思想政治教育管理的本质属性，可以说思想政治教育系统目标的实现过程，就是一个思想政治教育系统与环境以及思想政治教育系统内部矛盾不断得到调解和解决的过程，即思想政治教育管理过程与思想政治教育工作相伴始终。

思想政治教育管理的实质就是解决思想政治教育工作系统有限的资源投入与高效益地实现思想政治教育系统目标之间的矛盾。思想政治教育管理相对其他系统的管理有其特殊性，这主要是由思想政治教育工作系统的目标、人员组成、活动、结构与功能的特殊性所决定的。

(二) 大学生思想政治教育管理

大学生思想政治教育管理和大学生思想政治教育是两个从不同学科领域进行阐释的概念。大学生思想政治教育管理是从管理角度出发，根据一定的思想政治教育目标，对大学生思想政治教育工作进行管理的活动，其包括计划组织、领导管理、质量监控、考核评价等多个环节。思想政治教育管理是一种特殊的教育活动，既具有教育属性，又具有管理的属性。大学生思想政治教育是教育科学的重要组成部分，是隶属于教育学中的思想政治教育范畴，其出发点、实施过程和归宿均立足于教育这个基点，也是在教育规律制约下运转的。

大学生思想政治教育管理过程的矛盾及矛盾的特殊性，决定了大学生思想政治教育管理的特点：一是以育人为目标的管理；二是具有知识性特征的管理对象；三是主客体管理系统相结合；四是管理与自我管理相结合；五是管理过程具有系统性。它的客观效果不仅可以增强思想政治教育工作的科学性，而且可以优化、组合思想政治教育工作中的各种教育力量，获得思想政治教育工作的整体效益。

从某个角度而言，大学生思想政治教育是高校思想政治教育管理的逻辑前提，在实际应用中，经常容易混淆这两个概念，把二者混为一谈，显然，这是不科学的概念界定。

二、新时代大学生思想政治教育管理的创新途径

新时代思想政治教育管理是指根据党的教育方针和政策，依据思想政治教育过程的规律和特点去组织、协调和控制思想政治教育过程的人力、物力、财力等，建立正常的、相对稳定的教育活动秩序，使整个教育过程变得协调、高效率并达到最优。它是思想政治教育活动的重要组成部分，在整个思想政治教育工作中起着决策、指挥、协调等作用。可根据以下几点推进新时代大学生思想政治教育管理的创新与发展。

(一) 更新管理理念，为新时代大学生思想政治教育管理的创新提供前提条件

思想政治教育管理理念是管理过程的指导思想，是整个思想政治教育管理的导航塔。思想政治教育管理理念的滞后，将导致创新的缺乏，使思想政治教育工作欲速则不达。在经济全球化、思想多元化的今天，思想政治教育管理不

能像过去那样，为教育而教育，为管理而管理，必须树立新的理念，为思想政治教育管理的创新与发展提供与时俱进的、更为科学的指导思想。

1. 树立思想政治教育管理的服务理念

服务乃是现代思想政治教育管理的最高理念。其主旨在于为整个思想政治教育工作服务，为提高全民思想政治素质服务。从现代管理活动的本质来讲，思想政治教育的管理过程，就是为全社会的思想政治教育工作提供机制保障、提供服务的过程。思想政治教育工作者只是服务的提供者，并非施惠者。因此，新时代大学生思想政治教育工作者、组织领导者在进行管理活动时，必须认清自己作为服务者的地位，认识到整个管理过程中的每一个环节的服务性质。

2. 树立思想政治教育管理的有效理念

在新时代大学生思想政治教育管理中，我们要对思想政治教育的信息、预测、决策和实施进行管理，但几乎没有评价管理这一环，即使有，也是不科学的。强调树立思想政治教育管理的有效理念，也就是强调要重视思想政治教育的评价管理，对思想政治工作的现状及其效果作出评价与判断，以便全面了解思想政治工作决策的执行、落实情况，科学地总结思想政治工作的成败得失，积累经验，纠正偏差，进一步明确思想政治教育的目标与方向。调整或重新制订思想政治工作的计划与有关政策，实现思想政治教育的动态管理。不断提高思想政治教育的管理水平，确保工作"卓有成效"，杜绝出现像过去那样为教育而教育、从不问教育工作是否有成效的现象。

3. 树立思想政治教育管理的成本效益理念

当前的思想政治教育活动，只顾工作和投入，却很少问及投入之后的产出效益。这并不是思想政治教育活动本身的问题，而是思想政治教育管理制度的问题。只有在管理制度上加以完善，树立起成本效益理念，把思想政治教育工作者的任务延伸到效益阶段，而不是完成操作就算完成任务，才能促使思想政治教育活动去追求投入之后的最大产出。树立思想政治教育管理的成本效益理念，就是要杜绝出现那种只管种不管收、没有效益意识的现象。

(二) 完善运行机制，为新时代思想政治教育管理的创新提供制度保障

当前思想政治教育管理运行机制存在的弊端很多，如机构设置多、分工细却配合不够，总体投入大但形不成合力，管理观念落后，创新不够，管理缺位等。追求思想政治教育管理的创新与发展，必须完善管理运行机制。

1. 完善领导管理体制和工作机制

完善党委统一领导、党政齐抓共管、各相关部门紧密配合的领导管理体制和工作机制。现行的思想政治教育管理体制尽管为具体的管理工作搭建了基本框架，规范了总体原则，但还需要我们根据新的具体情况进行改革、补充、创新和发展，逐步形成党委全面领导，以各级党组织为政治核心，党政工团妇各司其职、密切配合、互相协调、齐抓共管的领导管理体制。完善我国思想政治教育管理体制，应该狠抓以下三个方面的工作：一是要努力加强党的建设，充分发挥各级党组织的政治核心作用和党员的先锋模范作用；二是要加强队伍建设，充分发挥专、兼职思想政治教育管理干部的骨干作用；三是各方面要密切配合，形成党政工团妇齐抓共管的思想政治教育管理新格局。

2. 完善思想政治教育队伍的管理机制

完善思想政治教育队伍的管理机制是关系到思想政治教育目标、内容、过程、评价能否得到贯彻落实，思想政治教育活动能否取得成效的关键。思想政治教育队伍管理重在建设，除了培养和选拔两个环节外，更重要的还要做好以下管理工作：首先要加强内部制度建设，建立相对稳定与合理的流动制度，完善思想政治教育人员的考核机制；其次要制定必要的倾斜政策，吸引更多优秀的人员加入这支队伍；最后要真诚关心人才，大胆使用人才。

3. 完善思想政治教育管理的保障机制

思想政治教育管理的创新与发展离不开保障机制。当前最重要的就是法规制度保障和人力、财力、物力的保障。首先是法规制度保障。在思想政治教育管理中，应建立健全与法律法规相协调、与人的全面发展相衔接、与青少年成才成长相适应的思想政治教育和管理的制度体系，使思想政治工作做到规范化、制度化；保证思想政治工作体系中的各责任单位都能很好地履行自己的职责，完成自己的任务，既做到各负其责，又保证协调一致地完成思想政治工作任务。真正做到依法教育。其次是人力、财力、物力的保障。要加大思想政治教育工作的经费投入，合理确定思想政治教育。工作方面的经费投入科目列入预算，确保各项工作顺利开展。各级党政机关及其他法人单位要为开展全民思想政治教育工作提供必要的场所与设备，不断改善条件，优化手段。

(三)转换管理模式，为新时代思想政治教育管理的创新开拓有效途径

1. 从灌输型管理转向渗透型管理

思想政治教育过程是教育者与受教育者之间相互影响、相互渗透的双向过程。一方面，教育者在思想政治教育活动中发挥着主导作用；另一方面，受教育者在思想政治教育过程中又发挥着主体作用。我们在强调发挥教育者主导作用的同时，必须重视发挥受教育者的主观能动性，重视并激发他们的主体性和积极性，多途径地了解受教育者的内心世界，积极创造各种条件，让受教育者在参与实践的过程中亲自感受，用潜移默化的形式循序渐进地进行教育，追求"春风细雨，润物无声"的效果。

2.从单向型管理转向全员型管理

随着现代社会思想的多元化，传统的单向型管理模式显得力不从心，促使我们转向全员型管理，全方位做好思想政治教育管理工作，形成党政工团妇齐抓共管的统一管理格局。各级党政部门还应健全广泛的管理育人网络，将思想政治教育管理渗透到人们的学习和生活的各个环节。只有把单向型管理转为全方位、上下左右互动的全员型管理，才能确保思想政治教育管理的实效性。

3.从训导型管理转向民主型管理

当前的思想政治教育管理应该摒弃过去"专制""训导"式的管理，那种管理模式只考虑集体的权威，很少考虑被管理者的感受。思想政治教育是思想教育、思想交流、思想管理三者的融合。管理者以一种居高临下的态度或方式去说教，极易引起人们的逆反心理。在现代社会条件下，要想实现思想政治教育的民主管理，管理者必须充分发挥管理集体的作用，善于调动受教育者的积极性，善于吸收其他管理者的意见，集思广益，实施集体管理，不搞"一言堂"。

4.从经验型管理转向规范型管理

规范的思想政治教育管理，要求管理者必须以客观事实为依据，从管理对象的思想实际出发，遵循思想活动发展规律，在管理过程中遵守科学的程序规范和方法规范，确保用公认的客观准则，分析判断事物，使思想政治教育管理工作能协调有序地运行。在思想政治教育管理过程中，不能凭经验随意决策，胡乱实施时要善于把原则性的目标转化为既可以具体把握又具有可接受性的规格或标准。形成一套系统、完整的规章制度。思想政治教育管理的创新与发展，是一个由旧质到新质的渐进与突变相结合的过程。面对社会环境复杂、人们的思想日趋多元化的社会现实，思想政治教育管理者应当始终坚持与时俱进的原则，结合新形势，研究新问题，不断推进思想政治教育管理的创新与发展，在全社会构建起社会主义核心价值体系，形成全民族奋发向上的精神力量和团结和睦的精神纽带。

后 记

  《新时代大学生思想政治教育的创新发展研究》即将付梓，感慨良多。作为本著作的主要策划者和撰写者，我对提出修改建议和具体参与修改完善的各位专家学者深表谢意。

  在此，要特别感谢我的导师——中南大学马克思主义学院周湘莲教授对本著作的全程指导，她修改和完善了提纲，对于撰写各章节内容提供了许多宝贵的意见。中山大学马克思主义学院张华博士、中南大学马克思主义学院韩凤华讲师、湖南工学院唐巧惠副教授等对本著作的修改完善亦有贡献。师弟张微东博士、师妹鞠巧新博士也对本著作的完成提供了一些帮助。在此，衷心感谢大家在书稿撰写中给予的大力支持和无私帮助！

  在这里还需要特别指出，《新时代大学生思想政治教育的创新发展研究》一书是在我主持的 2021 年湖南省高校优秀思想政治工作者青年骨干建设项目、2021 年湖南省社会科学基金一般立项项目"习近平总书记关于革命精神发展与创新"成果基础上形成的。本著作还有些不完善之处，也请各位读者多多包涵和不吝赐教！

  再次感谢团队成员对本著作撰写的指导和帮助。

彭国柱

2024 年 3 月

参考文献

[1] 马克思恩格斯全集：第一卷[M].北京：人民出版社，1956.

[2] 马克思恩格斯全集：第四卷[M].北京：人民出版社，1965.

[3] 马克思恩格斯选集：第一卷[M].北京：人民出版社，1995.

[4] 毛泽东选集：第三卷[M].北京：人民出版社，1991.

[5] 周恩来选集：上卷[M].北京：人民出版社，1980.

[6] 邓小平文选：第三卷[M].北京：人民出版社，1993.

[7] 江泽民文选：第一卷[M].北京：人民出版社，2006.

[8] 江泽民文选：第三卷[M].北京：人民出版社，2006.

[9] 习近平.习近平谈治国理政：第一卷[M].北京：外文出版社，2018.

[10] 习近平.习近平谈治国理政：第二卷[M].北京：外文出版社，2017.

[11] 习近平.习近平谈治国理政：第三卷[M].北京：外文出版社，2020.

[12] 习近平重要讲话单行本：2020年合订本[M].北京：人民出版社，2021.

[13] 习近平.在北京大学师生座谈会上的讲话[M].北京：人民出版社，2018.

[14] 中共中央文献研究室.习近平关于社会主义社会建设论述摘编[M].北京：中央文献出版社，2017.

[15] 中共中央文献研究室.十八大以来重要文献选编（下）[M].北京：中央文献出版社，2018.

[16] 新华月报.《新中国70年大事记(1949.10.1—2019.10.1)（中)》[M].北京：人民出版社，2020.

[17] 顾海良.高校思想政治理论课程建设研究[M].北京：中国人民大学出版社，2016.

[18] 冯刚.高校思想政治教育创新发展研究[M].北京：中国人民大学出版社，2009.

[19] 张慧荣.大学生思想政治教育的理论与实践[M].长春：吉林大学出版社，2020.

[20] 沈树永.大学生思想政治教育对策研究[M].上海：上海财经大学出版社，2020.

［21］谭月明.新时代大学生思想政治教育文化自觉研究［M］.北京：知识产权出版社，2020.

［22］闫晓静.大学生思想政治教育创新研究［M］.成都：电子科技大学出版社，2017.

［23］齐立石.大学生思想政治教育［M］.成都：电子科技大学出版社，2017.

［24］曾倩.大学生思想政治教育的时代诠释［M］.北京：研究出版社，2019.

［25］崔付荣.新时代大学生思想政治教育创新发展研究［M］.北京：新华出版社，2018.

［26］陈胜国.新时代高校思想政治教育创新发展研究［M］.北京：印刷工业出版社，2019.

［27］刘便花.高校大学生思想政治教育创新与实践研究［M］.北京：国家行政学院出版社，2017.

［28］刘敏，庹前进.新时期大学生思想政治教育研究［M］.北京：北京理工大学出版社，2018.

［29］王晖慧，李伟斯，李萌杰.新时代大学生思想政治教育发展探索［M］.长春：吉林大学出版社，2018.

［30］崔付荣.思想政治教育理论与实践研究［M］.北京：新华出版社，2017.

［31］党静雯，裴育萍，李慧.高校思想政治教育理论创新与实践探索［M］.北京：中国纺织出版社，2017.

［32］李松林，李会先.新时期高校思想政治理论课教学体系研究［M］.北京：首都师范大学出版社，2014.

［33］石书.现代思想政治教育主导性研究［M］.上海：学林出版社，2014.

［34］张禧，毛平，尹媛媛.大学生思想政治教育实效性探索［M］.成都：西南交通大学出版社，2014.

［35］刘丽红.当代大学生思想政治教育工作探索［M］.北京：中国文史出版社，2015.

［36］林琛.大学生成长与思想政治教育研究［M］.北京：教育科学出版社，2013.

［37］顾钰民.马克思主义理论学科建设和思想政治理论课教学研究［M］.北京：中国人民大学出版社，2016.

［38］范鹏.大学生思想政治教育的理论与实践［M］.兰州：兰州大学出版社，2012.

［39］刘绍怀.大学生思想政治教育工作的理论与实践［M］.昆明：云南大学出版社，2011.

［40］王蕊.当代大学生思想政治教育研究［M］.北京：中国农业科学技术出版社，2012.

［41］封希德.大学生日常思想政治教育实效性研究［M］.成都：西南财经大学出版社，2010.

［42］郭志栋.新时代背景下大学生思想政治教育研究［M］.天津：天津人民出版社，2019.

［43］魏锦京，郝晓丽，张月.新时代大学生思想政治教育研究与探索［M］.北京：研究出版社，2019.

[44] 汪铮.大学生思想政治教育研究[M].成都：西南交通大学出版社，2017.

[45] 习近平.坚持中国特色世界一流大学建设目标方向 为服务国家富强民族复兴人民幸福贡献力量[N].人民日报，2021-04-20(1).

[46] 习近平.稳扎稳打勇于担当敢于创新善作善成 推动京津冀协同发展取得新的更大进展[N].人民日报，2019-01-19(1).

[47] 习近平.坚持中国特色社会主义教育发展道路 培养德智体美劳全面发展的社会主义建设者和接班人[N].人民日报，2018-09-11(1).

[48] 习近平.深入学习坚决贯彻党的十九届五中全会精神 确保全面建设社会主义现代化国家开好局[N].人民日报，2021-01-12(1).

[49] 习近平.深入实施新时代人才强国战略 加快建设世界重要人才中心和创新高地[N].人民日报，2021-12-16(1).

[50] 习近平.把保障人民健康放在优先发展的战略位置 着力构建优质均衡的基本公共教育服务体系[N].人民日报，2021-03-07(1).

[51] 佘双好，王军.中国共产党百年征程中对思想政治教育的探索与创新[J].福建师范大学学报(哲学社会科学版)，2021(6)：11-22.

[52] 陈秉公.新时代思想政治教育理论的系统创新：评《新时代思想政治教育基本问题研究》[J].思想教育研究，2021(10)：155-156.

[53] 崔建西，白显良.智能思政：思想政治教育创新发展的新形态[J].思想理论教育，2021(10)：83-88.

[54] 王辉，陈文东.基于"育人共同体"的全员育人探究[J].思想教育研究，2021(4)：155-159.

[55] 韩宪洲，宋志强.习近平关于新时代教书育人论述探析[J].思想教育研究，2021(11)：3-7.

[56] 贾兆帅.数字化时代分享思想政治教育模式探析[J].思想教育研究，2021(9)：42-47.

[57] 周光玲，黄义灵，张品良.论智媒时代高校思想政治教育的路径创新[J].学校党建与思想教育，2021(18)：24-26.

[58] 陈文斌，袁承蔚.思想政治工作是党的生命线：习近平对党的思想政治工作优良传统的继承与创新[J].毛泽东邓小平理论研究，2020(12)：6-12，104.

[59] 尹毅，贾韬.从"解构"到"重构"：自媒体时代思想政治教育的创新发展研究[J].江苏高教，2020(12)：123-127.

[60] 王丽鸽.思想政治教育精准化发展的阈论分析[J].思想理论教育，2020(9)：58-63.

[61] 李怀杰，夏虎.大数据时代高校思想政治教育模式创新探究[J].思想教育研究，

2015(5)：48-51.

［62］王恩伟，张静.新媒体时代院校思想政治教育的创新发展路径：评《新媒体视角下大学生思政教育创新探索》[J].中国教育学刊，2021(12)：140.

［63］高盛楠，吴满意.试论高校思想政治教育的数据化转型[J].思想教育研究，2021(9)：29-35.

［64］罗志佳.教育类学术期刊创新发展探析：以《学校党建与思想教育》为例[J].出版广角，2021(17)：61-63.

［65］朱希.大数据时代高校思想政治教育再探[J].学校党建与思想教育，2021(6)：82-84.

［66］林海荣.基于协同育人的思想政治教育创新发展路径：评《思想政治教育实务》[J].中国教育学刊，2020(8)：135.

［67］赵鹏.新时代高校思想政治教育面临的挑战与对策：评《高校思想政治教育创新发展基本问题研究》[J].教育发展研究，2020，40(10)：86.

［68］梅萍，王瑕莉.论新时代高校思想政治工作理念的创新发展[J].学校党建与思想教育，2019(17)：42-46.

［69］吴满意，王丽鸽.从精准到智慧：思想政治教育创新发展的根本态势分析[J].马克思主义与现实，2019(4)：198-204.

［70］陈敦山.以习近平总书记贺信精神为根本遵循　努力推进西藏民族大学科研工作创新发展[J].西藏民族大学学报(哲学社会科学版)，2019，40(4)：1-4.

［71］徐曼，冯小桐.新时代思想政治教育创新发展研究[J].思想政治教育研究，2019，35(3)：80-84.

［72］梁齐伟，王滨.思想政治教育与创新创业教育协同发展机制及路径[J].广西社会科学，2019(2)：174-178.

［73］曾令辉.论网络思想政治教育方法创新[J].学校党建与思想教育，2018(23)：15-18.

［74］曾令辉.论网络思想政治教育方法创新发展的条件[J].学校党建与思想教育，2018(21)：68-71.

［75］徐徐.新时代大数据思想政治教育创新发展研究[J].学校党建与思想教育，2018(21)：77-79.

［76］佘双好.改革开放以来高校思想政治理论课教学方法的创新发展[J].思想理论教育导刊，2018(10)：9-15.

［77］张拥军.高校学生思想政治工作创新发展路径探析[J].思想理论教育导刊，2018(7)：139-142.

［78］姚上海.新时代民族院校大学生思想政治工作创新发展的若干思考[J].学校党建与思

想教育, 2018(12): 20-22.

[79] 刘妍良.高等教育的内涵式发展与思想政治工作的创新[J].人民论坛, 2018(16): 208-209.

[80] 温小平, 符成彦.思想政治教育叙事转向与国际传播[J].思想教育研究, 2018(5): 37-41.

[81] 段红艳.新时期思想政治教育创新发展的机遇与挑战研究: 评《思想政治教育理论与实践问题的研究视角》[J].探索, 2018(3): 192.

[82] 房正.党的理论创新与思想政治教育发展年度研究述评[J].思想教育研究, 2018(2): 27-31.

[83] 李东坡.思想政治教育复杂性及其创新发展[J].教学与研究, 2018(2): 34-42.

[84] 冯刚.互联网思维与思想政治教育创新发展[J].学校党建与思想教育, 2018(3): 4-8.

[85] 骆郁廷, 项敬尧.论新时代思想政治教育创新发展的基本遵循[J].思想理论教育, 2018(1): 4-9.

[86] 李忠艳.论高校思想政治教育创新发展的心理学支撑[J].黑龙江高教研究, 2017 (12): 142-146.

[87] 冯刚.增强高校思想政治教育持续发展的内生动力[J].中国高等教育, 2017(Z2): 25-29.

[88] 张耀灿.推进思想政治教育学科创新发展的若干思考[J].思想理论教育, 2017(7): 62-65.

[89] 刘社欣, 古晓兰.论思想政治教育的理念更新与方法创新[J].马克思主义与现实, 2017(3): 22-28.

[90] 李野.应用型本科院校思想政治教育创新发展的路径选择[J].社会科学战线, 2017 (5): 273-276.

[91] 吴超.扬弃与创新: 思想政治教育仪式当代发展的再审视[J].湖北民族学院学报(哲学社会科学版), 2017, 35(2): 166-170.

[92] 陶思亮, 陈正芹, 朱惠蓉.高校治理视域下德育工作创新发展探析[J].思想理论教育, 2017(3): 97-102.

[93] 谢守成.以科学思维引领高校思想政治工作创新发展[J].中国高校社会科学, 2017 (2): 4-10, 156.

[94] 何祥林.新时期高校青年教师思想政治教育创新发展[J].中国高等教育, 2017(Z1): 51-53.

［95］李梦楠，张波.论部队思想政治教育创新的着力点［J］.南京政治学院学报，2017，33（1）：126-129.

［96］冯刚.思想政治教育创新发展的四个着力点［J］.教学与研究，2017（1）：23-29.

［97］唐新格.高校思想政治教育创新与启示：评《当代思想政治教育方法论发展研究》［J］.中国教育学刊，2017（1）：137.

［98］刘娟.思想政治教育在网络时代的新发展：评《大学生网络思想政治教育机制创新研究》［J］.中国教育学刊，2016（12）：133.

［99］李兰.个性发展视域下思想政治教育原则创新研究［J］.山东社会科学，2016（12）：188-192.

［100］中国高等教育学会思想政治教育分会第八次代表大会暨第三届思想政治教育创新发展学术研讨会在北京召开［J］.中国高教研究，2016（10）：2.

［101］余四华.思想政治教育课程理论与实践教学的创新发展：评《大学生思想政治教育的实践与创新》［J］.中国教育学刊，2016（10）：126.